나의 삶과 기행

나의 삶과 기행

김기덕 수필집

작가의 말

꿈과 희망을 찾아서

아! 청소년기에 서울은 나에게는 너무도 낯선 곳이다. 피와 눈물과 진땀 나는 하루의 일과가 피곤했다.

그러나 파란만장한 삶이 날 아주 강하게 만들었는지도 모르겠다.

서울로 유학을 와서 글로는 다 표현할 수 없는 지옥 같은 삶을 살았다. 라면과 찬밥을 2년 동안 먹으면서 생명을 부지했다.

버스 운전기사님! 오늘은 제발 인정 많은 기사님이 오시기를 기도했다. 차 정차하는 곳이 멀어서, 그리고 러시아워는 아니니까 가까이 오셔서 부디 나 좀 태워주세요?

복지시설이 엉망인 7080시대에는 지체장애인이 버스 타기가 힘들었다. 타려고 하면 떠나버리는 인정 없는 운전기사들이 많았다. 먹고 살기 힘든 시대에 그들이 무슨 죄가 있으랴! 결국 학교 근처에 독서실을 찾아서 공부하면서 생활했다. 그 몰골은 노숙자와 무엇이 다를까!

다른 점이 있다면 나에게는 꿈과 희망은 있었다! 힘겨운 삶이었지만 인내로 버티었다. 독서실에서 아침저녁 라면으로 끼니를 때우고 삶을 이어가면서 공부하는데 한계를 느꼈다.

주일마다 미술 선생님(중학교 당시)이 찾아와 밥을 사 주고, 서울로 유학 온 것을 후회하면서 눈물로 밥을 말아서 먹은 적이 한두 번이 아니었다. 그러던 어느 날 나에게 가정교사를 소개해 주셨다.

나는 선생님 덕분에 부잣집에서 생활하게 되었다. 자유는 제한되었지만 배고픔을 해결하니 살맛난 세상이다.

첫 번째 도전은 의사가 되겠다는 욕망인데 무참히 꺾인다. 지체장애인은 원서부터 받아 주지를 않았다. 혼돈의 정치사에서 눈부신 경제성장에도 불구하고 장애와 비장애의 차별은 하늘과 땅 사이만큼이나 컸다. 그냥 편하게 소수 인원 과외교습이나 하고 돈 욕심 나면 학원에서 시간제 강사를 하면 되었다.

결혼은 내가 가장 어려워졌을 때 했다!

다정다감한 오빠 동생 사이로 지내오다가 11년 만에 결혼했다.

내 아내는 의상 디자이너이다. 세상에 하나밖에 없는 옷을 즐겨 입는 여인이기에 좋아하고 사랑에 푹 빠졌나 보다.

학원과 과외가 전면 금지된 상태에서 신혼생활은 힘겨웠다.

K대학교 대학원 행정실에 근무하면서 최루탄 냄새가 몸에 배어 있었다. 종일토록 전쟁터를 방불케 하였고 최루탄 소굴이다. 지옥이 따로 없을 정도로 고통은 말로 표현할 수가 없다.

살기 위하여 자전거로 통근하고 새벽에는 검정고시학원에서 시간제 강사로 뛰면서 나보다는 아내가 새벽잠도 자질 못하고 밤낮 고생이 많았다.

가난했지만 내 아내는 일편단심 사랑과 정성에 나는 늘 감사했다. 경쟁에서 이기기 위하여 나 자신도 모든 일에 열중했다.

서울시 전역을 자전거를 타고 다녔다. 그리고 고등고시의 꿈도 가져본다. 제29회 행정고등고시에 도전했다. 1, 2차 합격을 하고 3차 면접에서 낙방했다. 옷걸이가 좋지를 않아서 장안의 최고라는 맞춤 양복을 입고 정장 맞춤인데도 너그럽게 봐주지를 않는다.

이제는 송아도 아장아장 잘도 걷는다. 하늘에는 뭉게구름이 흩어져 막 조개구름으로 태어난다. 삽시간에 수십만 개의 조개들이 하늘을 덮는다.

서산에 지는 여름 저녁 햇살을 받으면서 호젓한 시골길을 걷는다. 내 고향 시골 냄새가 좋다. 하늘에는 살아있는 조개구름의 숨소리가 들리는가 싶다. 서울은 내게 잔인했다.

내 고향 안성이 좋다. 안성 최초의 주공아파트에 입주했다. 자가용도 사고 아내와 동시에 면허도 땄다.

이제는 신체적 불이익을 조금이나마 극복할 수가 있어 행복했다. 불법이긴 했으나 소수나 개인지도로 수험생들에게 열과 성의를 다해서 첫해에 명문대에 합격시키는 쾌거를 이루었다.

1993년 학원법 위반으로 구속되면서 매스컴이 떠들썩했다.

그래서 아내가 서점을 운영했다. 그러나 주 거래처인 출판사들이 IMF로 파산하면서 5년 만에 빚더미에 몰린다. 기하급수로 늘어나는 빚을 감당할 수가 없었다.

아내와 전국의 야생화를 찾아 곰퉁이 삶을 뉘우치면서 많은 것을 잃었지마는 야생화의 근성과 생명의 소중함을 배우고 익히게 되었다.

그러던 중에 친구의 권유로 2018년 서울문학 가을호 수필 부문에서 신인상을 받고 문단에 등단했다.

일평생 수학 강사로 지내왔는데 문단에 등단하자 많은 사람으로부터 축하와 찬사를 받았다.

2019년도 3·1절 100주년 기념식에서 대한민국 모범시민상을 받았다. 많은 지인과 제자들의 뜨거운 박수와 찬사가 좋았다.

7년 동안 많은 글을 서울문학과 월간문학에 기고하여서 예술인 협회 복지재단으로부터 작년 가을에 예술인 완료를 인정받고 2025년 창작비를 받아서 첫 번째 수필집을 내게 되어서 무한한 영광과 기쁨으로 간직하겠다.

끝으로 죽마고우 박영철 신구호에게도 출판에 많은 도움을 주셔서 감사드립니다.

2025년 10월
일검 김기덕 올림

|추천의 글|

도전挑戰하는 인생에서
원대한 꿈과 희망을 기대한다

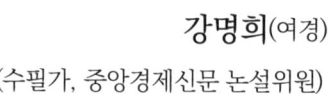

강명희(여경)
(수필가, 중앙경제신문 논설위원)

수필집을 발간한다는 낭보朗報가 들려왔다. 필자는 2018년 가을에 김기덕 선생님의 문학 입문에 지대한 관심을 가지고 취재한 적이 있다. 수학의 신神에로 문학에 입문이기에 지대한 관심을 갖게 되었다. 취재해보니 준비된 문학인이었다. 불편한 몸으로 국내는 물론 해외에서의 선진교육을 도입하여 수학발전에 지대한 영향을 끼쳐 필즈상에 버금가는 상을 추천했다.

이에 우리나라의 권위 있는 잡지사인 리더피플에서 2018년도 10대 화제의 인물에서 지명을 완료하고 심사에 들어갔다. 더욱 놀라운 것은 월간 리더피플에서 10대 화제의 인물에서 대상이다. 그런 세찬 바람으로 2019년에는 3·1절 100주년 대한민국 모범시민상을 받는 등 스포트라이트를 집중 받았던 작가이다.

김기덕 작가의 『나의 삶과 기행』은 제2의 삶을 유감없이 표현한 글이기에 문학계에 관심이 크다. 장애라는 위치에서 가슴으로 말하는 가족사랑의 파노라마와 불굴의 도전은 독자들의 심금을 울릴 것이다. 모정의 이별과 그리움은 사랑이 가득한 무언의 메시지이다.

"비상"과 "늦깎이 카톡 사랑"은 한 편의 드라마를 수필로 옮겨 감동의 글로 독자에게 신선한 바람을 예고한다.

시대를 잘 못 태어나 세계적인 예술인의 고독과 남다른 인연의 왕 선생님의 작품을 보면서 아쉬움이 가득했다. 늦깎이 카톡 사랑은 단편소설 같은 일화이지만 작가의 뛰어난 순애보가 한 편의 영화를 본 것 같다.

끝으로 김기덕 작가의 우수한 두뇌에서 나오는, 무한한 글들이 시청자들을 감동시키는 수필가 또는 웃고, 울게 할 수 있는 드라마 작가로서도 기대하는 바가 크다.

AI 로봇이 넘쳐나는 시대를 살고 있는 시점에서, 창의성의 대가인 그에게 무한의 작품 소재에 기대를 걸어 본다. 베스트셀러 작가가 되어 대중들에게는 기쁨과 위안을 줄 수 있는 대문호, 김기덕 삭가의 꿈과 야망이 이루어지기를 진심으로 바라며, 수필집 발간을 축하한다.

나의 삶과 기행
contents

contents❶

작가의 말
꿈과 희망을 찾아서 • 4

추천의 글
도전挑戰하는 인생에서
원대한 꿈과 희망을 기대한다 • 8

**제 1 장
샐비어 꽃사랑**

바람 부는 날 • 15
우리 집 가족 & 역사의 향기 • 28
모정의 혼불 • 44
샐비어 꽃사랑• 63

**제 2 장
나만의 사랑과 행복**

신혼여행 • 77
신혼의 아침 • 98
제29회 행정고등고시 • 117
나만의 사랑과 행복 • 154

**제 3 장
내가 좋아하는 것과 기행**

여행의 맛과 삼부 과외 • 167
어머님 전상서 • 181
내가 좋아하는 것과 기행 • 205

contents ❷

제4장
비상의 민낯과 삼류 작가

비상의 촉 • 237
"비상"을 소장한 미술관 • 247
왕 선생님과 나의 일기장 • 258
비상의 서가 • 271

제5장
늦깎이 카톡 인생

사랑이 싹트는 소리 • 283
국립극장의 뮤지컬 • 287
은밀한 사랑의 카톡 • 290
지난날의 사랑과 고행 • 292
카톡 인생 • 296
늦깎이 사랑 • 300
도깨비가 된 기분 • 303
산중휴게소에서의 사랑 • 306
아침 산책 • 308
어머니와 상면 • 310
8월의 생일 케이크 • 313

평론
가족이라는 묵은 정원에 만개한 순애보와
삶의 그림자 • 318

제1장
샐비어 꽃사랑

샐비어는
건강하고 활기찬 삶을 원하는 부부에게
한송이 매혹의 꽃으로 핀다

오직 한 사람만을 사랑하고
깊은 사랑과 행복을 추구하는 정조의 꽃
먼 옛날로 부터
정조의 사랑으로 여겨왔다고 한다

바람 부는 날

바람 부는 날이다.
나는 외출을 망설이게 된다.
자전거는 나의 유일한 운동이자 수족이다.
70대로 접어드니 어느 날 갑자기 다리에 힘이 쭉 빠진다. 걷기 운동이 좋다고 해서 시행하면 넘어지고 다친다. 다리 힘이 떨어져서 지팡이를 짚고 사는 삶이 외롭고 서글프다. 3살 때에 소아마비로 우하지가 마비된 상태에서 수없이 넘어지고 깨지고 무릎과 팔다리가 성한 날이 없이 성장하면서 기형이 된 울분의 삶이다.
아동기와 청년기 그리고 장년기에는 사회적 차별과 외면이 극심했지만 모든 면에서 긍정적인 생각과 삶으로 이겨낼 수가 있었다.
몸과 마음이 건강하고 그래도 걷기가 가능했는데 노년기에 접어드니 하루가 다르게 전신에서 힘이 빠지고 쇠약하게 되었다.

또한 운동을 제대로 못 하고 있으니 똥배만 나오게 되고 하체의 힘이 빠져 지팡이에 의존하는 삶이 서글프다.

지금은 중증 지체장애인이 되었고 굴곡진 인생의 파란만장한 삶이다. 젊었을 때는 넘어지는 것에 익숙해져서 크게 다치지는 않았다. 그런데 요즘은 아니다. 화장실 욕조에서 넘어져 한쪽 귀가 떨어져 나가는 불상사에 이어서 앞으로 고꾸라져 얼굴을 크게 다치는 등….

이제는 살얼음판의 호숫가를 걷는 기력이 상실된 노년의 삶이다. 순발력이 떨어져 넘어지면 깨지고 다치고 상처는 쉽게 아물지도 않는다. 매일 자전거 타기 운동은 하고 있어서 자전거 타는 기술과 순발력은 살아있다. 그러나 걷는 운동은 좀처럼 늘거나 향상되지를 않는다. 그래서 공식 석상이나 애경사에 참석할 때는 휠체어나 도우미가 필요하니 이런저런 생각이 많아진다.

한쪽 다리 보조기 착용은 번거롭고 별 효과가 없어서 생각을 접고 AI시대에 인체적 맞춤 로봇 다리 개발과 시행에 기대해 본다. 방콕 하면서 요즘에는 수학 문제를 풀거나 책을 읽고 쓴다. 무명 작가의 직분이지만 성공하기 위해서 긍정적인 마인드의 삶이다. 그런데 요즘에 눈이 갑자기 나빠져서 돋보기를 쓰게 되고 학생들을 한두 명 개인지도 하면서 유튜브에서 읽어주는 소설을 듣거나 동영상을 보고 듣는 재미로 살고 있다.

새해가 밝았다. 7년 전 나는 작가가 되어서 내 고장의 8경을 소개하면서 서울 문학 계간지와 월간 문학에 글을 올리고 블로그를 운영하면서 많은 사람의 관심과 사랑을 받고 있다. 그런 덕분에 작년 초가을에는 등단 6년 만에 한국예술인 복지재단으로부터 문학 부문에서 예술인 완료를 인정받고 5년간은 창작금을 받아서 문학에 정진할 수 있는 길이 열렸다. 노후에 수입은 줄고 생활하는데 버거움에 아내와 딸이 문학의 길을 반대했는데 그나마 천만다행이다.

나는 우선 먼저 추억과 사랑이 가득한 고삼호수의 빼어난 일출을 페이스북과 네이버 블로그에 6년 동안 해마다 홍보했다. '코로나19' 상황에서도 접속자들이 많았다. 전적으로 나의 홍보에 그 많은 사람이 새해 첫날 일출을 보려고 몰렸다고는 생각지 않는다. 인터넷이 발달하고 사진작가들이 홍보를 많이 했고 글을 유튜브에 올리고 다시 홍보한 결과라고 생각한다. 해마다 수백 명이 몰려서 2025년 을사년에는 고삼호수 향림은 신년 해돋이 명소로 확실하게 자리를 잡을 것 같다. 코로나로 2년의 공백을 세외하고는 다시 부활하는 신년 해맞이 행사는 일출의 명소답게 작년에 이어 올해에도 이른 새벽부터 자동차의 긴 행렬이 호수를 향하여 끝이 보이질 않았다.

약진하는 향림 둥굴레 전망대는 새롭게 부상하는 일출의 명소가 되었다. 나는 아내와 함께 전망대까지는 교통이 혼잡하여 진입을 못하고 차도에서 금빛 찬란한 일출을 보면서 새해 소원을 빌었다. 새벽의 고삼호수 지평선은 어둠에서 피어나는 안개꽃 밭이다. 조비산에서 떠오르는 일출은 구름 한 점 없이 영롱했다. 산에서 품었던 황금알을 낳은 비상이다. 기도발이 잘 먹히는 곳이다. 내 가슴에 추억과 사랑이 가득한 곳이다

새해 첫날 일출의 화려한 비상을 체험할 수가 있었다.
아내와 함께 건강과 사랑과 행복을 소원했다. 그리고 여름철 구봉산에서 떠오르는 일출은 근거리 화산의 분출과 닮은꼴이다. 둥굴레 전망대는 바로 눈앞에서 찬란한 일출을 경험할 수 있는 곳이다. 사계절 고삼호수 향림의 일출은 물안개로 유명하다. 바람이 부는 날에는 보석처럼 빛나는 물보라와 함께 거대한 천연 푸른 사파이어의 풍광을 몸소 체험하는 사색에 나는 익숙해져 있다. 향림은 매혹적인 안개를 배경으로 한 영화 "섬"의 촬영지이다. 영화감독 '김기덕'은 코로나로 낯선 해외에서 바람꽃이 되었지만, 동명의 나는 작가로서 홍보를 위하여 날이면 날마다 작품의 소재를 찾고자 호숫가를 산책하고 있다. 고삼호수는 송림이 울창한 비석 섬, 팔자 섬, 동그락 섬이 있다. 바위 속에서 금붕어가 나왔다는 설화가 흥미롭다.

둥굴레 전망대에서 소나무 숲을 지나면 낭만의 카페가 있다. 혼자 또는 죽마고우와 함께 사색에 잠기고 싶은 조용한 쉼표를 안겨주는 공간이다. 고삼호수는 특히 이른 아침, 수면 위에 내려

앞은 물안개와 함께 서정적인 풍경이 환상이다. 바람 하나 없는 고요함 속에서 호수 위 좌대들이 떠 있다. 중앙에 있는 비석 섬과 팔자 섬은 마치 수묵화의 한 장면처럼 펼쳐진다.

영화 『섬』은 이 고삼호수를 배경으로 촬영되었다. 영화 속 느낌이 여전히 남아 있어 풍경을 바라보는 것만으로도 묘한 감정이 밀려온다. 호수 전체가 세트장이었다는 사실은 지금 이 고요함을 더욱 특별하게 만들어준다. 그곳에는 소로리 낚시터가 있으며 터줏대감 백로 한 마리가 임을 부르는 서글픈 외침이 내 마음을 서글프게 한다. 소로리 낚시터에 수년째 터줏대감 백로 한 마리가 고삼호수를 배회하면서 외롭게 살고 있다. 나는 브릭하우스 카페에서 그리움으로 다가온 낚시터에서 노숙의 백로를 기다리고 있다. 고삼호수에서 비포장도로 차도 하나 건너 소로리 낚시터이지만 낮에는 호수에서 먹이를 찾고, 저녁이면 안식처를 찾는 백로의 일상 생활을 관찰하면서 나도 모르게 사무치는 그리움으로 자리를 잡게 되었다. 나는 오늘도 터줏대감 백로의 삶과 인연의 집념을 불태웠다. 어둠이 찾아오면 고삼호수는 거대한 흑진주로 변신한다. 백로를 찾지 못할 때는 꿈속에서 백로가 찾아왔다.

고삼호수의 휴게소 개장은 2025년 10월로 예상한다. 한국의 나폴리 '고삼호수 휴게소'란 건축물에 기대가 된다. 하늘과 호수와 연꽃과 샐비어 꽃동산, 자귀나무꽃의 풍광, 그리고 봄이 오면 진달래와 영산홍, 철쭉꽃이 지천이다. 고삼호수 휴게소는 부지 5만 6천 평, 건축 면적이 6,500평의 초대형 규모의 설계라는 홍보물이 차고 넘친다. 지하 1층 지상 3층의 과학과 예술이 빼어난 건축물이다. 쾌적하고 청정 실내형 첨단 휴게소가 올가을에는 선보일 것이다. 구리~세종 간 고속도는 세계 최초의 자율주행 고속도로가 될 것이라고 기대했지만 아직은 이른 감이 있다. 그러나 곧 정치와 사회가 안정되고 경제가 눈부시게 발전한다면 세계 최초로 자율주행 차량이 상용화할 시기도 멀지 않을 것 같다. 한국형 아우토반을 실현시킨다.

고삼호수 휴게소는 황금알을 품은 건축물의 본보기다. 과학의 힘과 예술의 미와 혼을 유감없이 선보일 것이다. 첨단정보통신 기술이 총동원된 꿈의 고속도로에 어울리게 건축물의 진가도 찬란하게 빛날 것이다. 안성시 고삼면에 있는 고삼호수 휴게소는 세계적인 호숫가 명소로 급부상할 것으로 기대된다. 고삼 IC, 상·하행선이 동시에 이용할 수 있는 휴게소이다. 호수의 관광 유원지로 인 아웃이 연결 호수 관광과 고속도로 개통 후에 핫 플레이스로 거듭날 것으로 생각된다. 고삼호수의 일출과 고삼휴게소 오픈의 을사년에는 핫팩처럼 소중하고 뜨거운 열기의 바람이 불게 될 것이다. 고삼호수 휴게소가 완성되면 일 년 365일 일출의 명소로 주목을 받을 것이고 관광 수입도 기대가 된다.

구리~안성맞춤 IC 고속도로는 2025 새해 첫날 개통되었다. 제1의 최첨단 세기적인 고속도로 일부 구간을 개통한 것이다. 포천~세종 간 고속도로에서 일부분이 개통된 첫날에 나는 가족과 함께 신년 해돋이 행사를 마치고 새롭게 조성된 안성맞춤 IC 요금소로 진입하였다. 시원하게 달릴 수 있는 고속도로가 완전 비행장 활주로 같았다. 안전 주행 요소도 강화한 최첨단 고속도로가 선보이게 된 것이다.

　나는 미래형 고속도로를 최고 속력 120km로 달리면서 멋진 드라이브를 만끽할 수 있었다. 안성맞춤 IC에서 구리까지 72km 최첨단 고속도로를 신나게 달렸다. 반도체 클러스터 주요 신도시를 연결하는 인체의 심장 같은 고속도로다. 크고 작은 터널 18개는 아름다움이 가득했다. 애당초 계획한 설계도라면 최고 속력 시속 140km로 달릴 수 있도록 설계된 세계 최초의 자율주행 고속도로이다. 그러나 전 차종 운행이 가능했고 차폭 도로가 기존의 고속도로 더욱 넓고 색다른 도로에 멋진 드라이브 코스의 문어발식 고속도로에 찬사와 감탄을 자아낸다.

　나는 팔당과 양평의 두물머리를 찾아서 새해 첫날을 즐겁게 보냈다. 운수가 대통인 날이다. 세미원과 두물머리는 최고의 명소로 이름이 난 곳이라서 교통체증이 항상 심했는데 오늘따라 일사천리 녹색등이다. 두물머리 입구도 한산했고 교통도 원활했다. 아내와 딸이 신이 났다. 두물머리를 산책하는데 오늘은 날씨도 온화했다. 나들이 나온 사람들도 모두 다 선남선녀로 정겹고 까치 가족의 합창단 같다. 두물머리는 북한강과 남한강이 만나는 곳이다. 물안개와 일출 일몰이 장관이다. 두물머리에는 400년이 된 느티나무가 큰 눈을 부릅뜨고 북한강과 남한강의 만남과 사랑의 상징이다. 두물머리의 뜻은 두 개의 물줄기가 한곳에 모여서 몸을 섞는 부부의 자화상 같다는데서 유래한다.

핫도그는 최대 명물로 4천 원의 행복을 만끽했다. 두물머리에는 새해 첫날에 온화한 바람이 불고 있었다. 느티나무 아래 긴 벤치에 앉자 수도권의 젖줄 팔당 상수도원을 바라보면서 을사년 새해에는 좋은 일들이 풍성하기를 기도했다. 느티나무에 앉아서 70년의 나의 삶과 인생을 그려보게 되었다. 그런데 10년 단위로 한 띠그래프는 생동감 넘치게 두뇌에서 발끝까지의 청룡으로 비상하는 운세이다! 올해에는 건강을 지키면서 모든 일들이 잘될 것 같은 예감이 든다. 운수 대통의 사랑과 행복이 충만할 날들을 소망한다.

나는 책도 많이 읽고 글도 많이 써 왔다 지체장애인의 파란만장한 삶에서 지혜와 꿈과 희망을 찾기 위함이다. 일평생 수험생들과 함께 있으면서 그들에게 꿈과 희망을 심어주고 공부를 잘 할 수 있도록 열과 성의를 다해 온 입시인이다. 그런데 나는 중증장애인이라는 지체 장애의 삶이니 항상 내 주변 사람들에게 미안하고 물심양면으로 사랑받고 정성을 다하는 절친들에게 항상 고맙고 감사할 뿐이다. 특히 내가 거동이 불편하니 나의 수족이 되어 준 사람들에게 내가 한없이 작아지고 나 자신이 어느 때는 초라하게 느껴질 때가 있다. 전신에서 혈기가 쭉 빠져나가는 위기를 느낄 때가 한두 번이 아니다. 머리가 하얗게 되는 원인이 뭘까!

앞에서 인사나 소감을 말할 때가 대표적이다. 즉석에서 말하는 임기응변의 말재주가 없는 인자로 태어난 것인가! 말 잘하는 것은 선천적이라 하는데 나는 친가의 판박이라서 그럴까!

지체장애인, 그것도 중증이라는 아픔과 슬픔, 넘어지고 깨지는 것이 빈번하니 위축이 될 수밖에는 없는 것 같다. 그러나 사람은 다 살게 마련이다. 아무튼 나는 대중 앞에 나서기가 겁나고 당황하게 된다. 공개 석상에는 무리가 따르고 특히 신체가 따라주지를 못한다. 진행과 지도력은 신체적인 약점에서 상실한 지 오래되었고 족보를 꺼내면서 변명 아닌 병명이다.

경주김씨 상촌공파 37대손인 나는 선대 가족들의 프로필을 알아보았다. 아버지는 벽창호에 말재주가 없으시고 착하기만 하셔서 사기와 향약의 가난뱅이로 도깨비에게 홀려서 이 산 저 산을 헤매는 약자의 모습을 보이셨다. 할아버지는 직접 뵙지는 못했으나 대쪽 같은 성격에 말이 없었던 분이라 하셨다. 그런데 외갓집은 다르다. 외갓집은 웅변의 가문으로 어머니는 학식이 높으시고 유창한 말솜씨와 지도력이 뛰어난 분이셨다. 나는 왜소하고 신체적으로 지체 장애라는 큰 약점이 있다. 그 후유증으로 선뜻 나서면 말문이 막히고 머리의 뇌세포가 잠시 놀라서 정지된다. 발표할 때 신체적인 약점으로 여러 번 실수했다. 어린 시절과 청년기에 연단에서 또는 시상식에서 어처구니없이 넘어지는 일들이 빈번했다. 이것이 몸과 마음과 두뇌에 트라우마로 자리 잡아서 병적이 되었는지도 모르겠다. 대중들 속에서 한없이 작아지는 느낌이 바로 이것이다. 그래서 머리가 하얗게 되는 것 같다.

70대에 접어들었는데 노망이라고 질책하지는 말아주세요? 공포증 극복을 위하여 공부하면서 노력한다. 책 출간! "나의 삶과 기행"이다. 올해에는 꼭 성공해서 좋은 모습 보이겠다. 이런 뜻에서 노후라는 고정개념을 깨고 핫팩 같은 인생의 삶을 다시 설계하고자 아내와 함께 번개 여행을 준비한다.

바람이 부는 날이다. 봄바람이다. 기도발이 잘 받는다는 지리산에 새봄이 왔다. 속살이 훤히 보이는 산천이었는데 구례 고속도로 나들목에서 나오자마자 딴 세상이었으며 벚꽃 세상이 환상적이다. 끝도 없는 벚꽃 터널이다. 수많은 벚꽃의 꽃망울이 일시에 터져서 유혹하고 있었다. 봄의 소리가 들린다. 봄이 오면 나는 매년 아내와 함께 꽃길 따라 전국을 구경한다. 몇 년을 더 할

지는 모르겠으나 건강이 허락하는 한 아내와의 혼전 약속과 사랑을 이행하기에 성심을 다할 것이다. 인생의 절반은 여행하면서 살아왔고 기운이 있는 한 여행은 계속할 것이다. 12년 동안 오빠 동생으로 지내다가 철쭉꽃이 만개한 고삼호숫가를 산책하다가 사랑하게 되었다.

1984년 1월 15일 한겨울에 결혼했다. 봄이 오면 바다만큼이나 큰 호수는 진달래 개나리 철쭉꽃이 지천이다. 호수와 호수를 둘러싼 산천에는 산불 같은 꽃 천지였다. 결혼한 지 벌써 41주년이 지났다. 신혼에는 서울의 야경 드라이브와 덕수궁과 남산의 벚꽃을 찾았다. 최루탄으로 가득한 안암골의 K대학교에도 봄이 오면 꽃이 피었다. 신혼 초 나는 공채에 모교에서 행정직 직원으로 일했다.

"민족의 힘으로 민족의 꿈을 가꾸어온 민족의 보람찬 대학이 있어 너 항상 여기에 자유의 불을 밝히고 정의의 길을 달리고 진리의 샘을 지키느니 지축을 박차고 포효하거라. 너 불타는 야망 젊은 의욕의 상징아 우주를 향한 너의 부르짖음이 민족의 소리 되어 메아리치는 곳에 너의 기개 너의 지조 너의 예지는 조국의 영원한 고동이 되리라."(자유 정의 진리의 k대생들이 사랑하는 응원가 "민족의 아리아"의 원작)

37년 전 K대학교 총학생회에서 "민족의 아리아" 대형표구 액자를 받았는데 우리 집 보물 제1호이다. 지금도 나는 전국의 거미줄 교통망에도 주저하지 않고 봄이 오면 꽃길 드라이브를 검색한다. 칠순 나이가 되었는데 여행하려면 가슴이 떨리고 마음이 설렌다. 그리고 우리 부부는 꽃사랑이 남다르다. 수년을 한결같이 아침에 일어나면 꽃들과 인사를 나누고 꽃들과 대화할 정도로 꽃 사랑과 정성이 남다르다. 강원도와 동해안을 줄기차게 꽃을 찾아 여행했다.

이른 봄에는 경포호의 벚꽃 로드를 따라 신나게 자전거 페달을 밟았다, 배가 고프면 초당두부가 단골 메뉴였다. 그리고 일주일 후에는 청풍호반 벚꽃축제에 참석해서 화려한 벚꽃축제가 좋았다. 그동안 많은 여행에서 단골 맛집이 곳곳에 있다. 관광명소에 맛집을 정해놓고 좋은 인연을 이어오면서 여행의 진수를 한층 돋보이게 한다. 맛 좋은 안성 포도의 거봉과 입안 포도 향기가 가득한 마스카트를 차에 가득 싣고 번개 여행을 떠난다. 이것이야말로 여행하면서 뜻있고 내 인생의 즐거움이며 행복인가 싶다.

운전은 우리 부부가 모두 다 즐기고 좋아한다. 온종일 운전해도 나는 피곤을 모른다. 운전하면 쌓였던 피로와 스트레스가 확 사라진다. 밤 운전을 좋아해서 지인들은 날 보고 도깨비 눈을 가졌다고 비아냥거린다. 벚꽃이 만발하면 전국을 돌아보면서 여행의 멋과 젊음을 한층 불 살리면서 봄의 창가에서 사색에 집중하는 봄나들이 한다. 가을에는 겨울이 올 때까지 단풍여행을 한다. 바람이 부는 날에도 우리의 사랑과 행복은 여전히 건재하다.

우리 집 가족 & 역사의 향기

우리 집은 사계절 야생화가 가득하게 핀다. 그래서 햇볕이 잘 드는 남향집을 선호한다. 어릴 때부터 꽃밭에서 살아왔고 지체 장애의 후유증에서 오는 아픔과 울분을 삭히기 위해서 아내와 자주 번개 여행한다.

아내는 꽃을 좋아한다. 아침이 시작되면 화초들과 가장 먼저 인사하고 대화한다. 사랑으로 꽃들도 건강하고 활기찬 미소가 좋다. 아내와는 어릴 적부터 남매같이 지내다가 쏠쏠한 마음의 일치에서 11년 만에 결혼했다. 봄이 오면 추억과 사랑이 가득한 고삼호숫가를 산책했다. 진달래꽃이 한창 피었을 때 둘만의 살짝 데이트가 있었다. 노랑 꾀꼬리 한 쌍이 다가와 그렇게 좋고, 사랑하면 결혼하라고 꽃향기를 뿌리고 시샘했다. 하트 모양에 사랑의 메시지였다.

내 아내는 이름도 예쁘다. 진양이며 안동 김씨 7남매 중에 맏딸이다. 2남 5녀의 가정의 나는 맏사위인데 항상 마음뿐 물질적으로 베풀지를 못해 마음이 짠하다. 1984년 1월 15일에 결혼했고 온양 온천과 아산으로 신혼여행을 갔다.

그해 10월 말에는 송아(개명 : 태영) 여식이 태어났고 뛰어난 운동 신경과 공부도 잘하고 건강하며 특히 예능에서 다재다능했다. 무남독녀 외동딸은 2018년 8월 12일에 결혼했고 믿음직한 사위도 얻었다. 딸은 수원에서 요가학원을 운영했고 사위는 건축 사무실을 운영하며 근면 성실하다. 나는 홈 학습을 운영한 지 13년 4개월이 되었다. 매년 기적의 합격자를 배출하면서 나만의 비법으로 오늘도 한 치의 오차도 없이 입시 현장을 둘러보고 있다. 올해에는 몇 명의 고3 수험생들의 입시를 지도하면서 건재함을 과시하고 있다.

이른 아침부터 입시 철인 요즘은 하루 12시간 이상의 수업을 강행군한다. 입안이 헐고 입술이 만신창이가 되어도 수험생들의 자신감 넘치는 얼굴을 보면 아픔과 피곤이 감쪽같이 사라진다. 앞으로 10년 20년…. 더 할지는 모르겠으나 나는 언제나 수험생들과 함께 공부하면서 산뜻한 교감을 나눌 것이다. 그리고 세상을 깜짝 놀라게 할 신교육의 비법을 계획하고 창조할 것이다.

아버지는 1902년 5월 14일생(음력)으로 경주 김씨 상촌공파 36대 자손이다. 충북 음성군 양덕면 서리 출생이며 논과 밭 10만 평의 재력가 외아들에 유희를 즐기시며 방랑 생활이 인생의 절반이라고 하셨다. 젊은 시절에는 화려한 생활이었지만 가세는 기울고 6·25 전쟁을 겪고 나서 날 낳으시고 파란만장한 삶을 나는 어머님에게서 항상 듣고 성장했다.

　아버지는 1977년 음력 8월 22일 향년 75세로 선종하셨다. 그 당시의 나는 학원가에서 잘 나가는 청년이었다. 안성에서 장학 교실을 운영했고 많은 학생을 과외 지도했다. 서울 학원가에서도 나는 몸이 불편해서 삼류 강사였지만 수입이 적지 않았고 항상 시간에 쫓겼다. 아버지가 운명하실 때 내 손을 잡고 우리 막내아들 고생시켜 미안하다, 말씀을 하셨고 결혼을 걱정하시면서 눈을 감으셨다.

　아버지 유품에서 나와 진양과 나란히 찍은 사진이 있었다. 그 사진을 가지고 자랑하셨다 한다. "우리 막내아들과 각별한 사이며 결혼하면 좋겠다."고 나는 서울 유학 시절에 오빠 동생으로 진양을 만났고 낙원 사진관에서 인증 사진을 찍었다. 그리고 11년이 지나서 한겨울에 결혼했다.

　어머니는 1906년 4월 5일(음력) 생으로 전주 이씨로 경기도 부천에서 알아주는 부호의 딸이다. 어머니 부친께서는 독립투사였고 전 재산을 사회에 기증했고 만주에서 독립운동하다가 옥사하셨다고 한다. 일제 강점기 보통학교까지 졸업한 엘리트. 한글은 물론 한문 일본어까지 박식하였으며 팔십이 넘는 나이에도 조선일보를 구독하셔서 세상 돌아가는 일들을 꼼꼼하게 읽고 계셨다. 쌀 한 가마도 거뜬히 지고 여중호걸 기색이다. 체격도 우람하고 힘도 천하장사. 동네의 추수 때에는 벼 가마 이동은 어머니의 몫이었다.

45세에 날 낳으시고 44년 동안 파란만장한 삶 속에 오직 막내에게 사랑과 정성을 다 쏟았던 모정이다. 1995년 5월 30일 pm 2시에 뇌출혈로 운명하셨다. 그날 성당에서 미사를 마치고 어머니께서 평소에 좋아하시던 가마솥 묵밥으로 외식까지 하셨다. 그리고 자가용으로 시골집까지 모셔다드렸다. 좋은 차로 아들과 함께 이곳저곳 구경하고 맛 나는 것도 먹으니 행복하다 하시면서 고추 모종해야 한다고 걱정하셨다. 그런데 어머님이 텃밭에서 쓰러져 119 응급차로 안성 의료원으로 모셨다는 급보를 받았다.

 이것이 마지막 이별일 수가! 향년 89세 어머니는 다시는 눈을 뜨지 못하고 이 갑순(세례명 : 이마리아)이라는 이름을 남겨 놓고 하늘나라로 떠나신 것이다. 나는 슬픔에 침묵으로 일관했다. 3일 내내 애도의 연은 이어졌다. 많은 사람의 기도 속에 저승 나라로 고이 가신 것이다. 대천동 성당에는 대 미사를 하였기에 족히 2~3천 명이 운집해서 장례미사를 집전했다.

 미리내 수녀원에서도 40여 명의 수녀님들이 단체로 참석하였고, 하늘 가시는 길에 명복을 빌었다. 하얀 국화꽃 대신에 당신께서 손수 사랑을 쏟았던 빨간 함박꽃 수십 송이를 따서 관을 채워서 보내드렸다.

장수 가문의 기화 여사 / 2025년

첫째 누님은 1922년생으로 103세인데 건재하시다. 온화한 성격에 평범하고 안일한 분이시다. 부드러움 속에 안전 제일주의로 조심성 있게 살아가시는 한평생 풍파를 모르고 평탄하게 되는 대길 수이다. 매산 아래 양지바른 삼성면 양덕리에 동리 마을은 50가구가 넘는 부촌이다. 마을 앞에는 동화에 나오는 그림 같은 양덕 저수지가 있다. 아들 둘을 낳으시고 큰 매형은 60년 전에 돌아가셨다.

큰 조카님은 일찍이 법원 공무원이었다. 퇴직하셔서 제천 의림지에 살고 있으며 몸이 쇠약하셔서 지금은 거동에 많은 불편을 겪고 있다. 작은 조카는 고등학교 역사 교사로 40년 근무하고 교장 선생님으로 퇴직한 모범적이고 교육직에 성실한 삶과 인생이다. 큰 조카님은 나보다 열 살 위인데 나 어릴 때 방학 때가 되면 방 한 칸의 비좁은 오막살이집을 눈치도 없이 찾아왔다. 오자마자 날 찾아 헤맸고 나는 숨었다.

"작은외삼촌, 절 받으세요?"

병인 조카님은 성격이 고지식하고 양반 자손이라서 언행까지 사뭇 달랐고 무섭기까지 했다. 아랫목에 앉게 하고 큰절해야 직성이 풀리는 큰 조카님이다.

둘째 병철 조카님은 친구 같고 어릴 때부터 국사에 관심이 많았다. 큰 매형이 계실 적에는 일 년에 두 번, 겨울방학과 여름방학에는 꼬박 찾았고 용돈도 받았다. 가는 길에 둘째 누님이 사시는 태봉에서 하루를 보내고 5리가 넘는 산길을 따라 큰누님 집으로 갔던 것이다. 겨울방학에는 차가운 연시감을 주셨다. 여름에는 참외와 수박을 마음껏 먹을 수가 있어서 좋았다. 큰 누님은 가만히 있는 성격이 아니다. 오줌이 차서 잠에서 깨었는데 벽시계는 새벽 4시다. 그때까지 누님은 인절미를 빚고 계셨다. 첫째 누님은 인정도 많고 목소리도 부드럽고 끔찍하게 날 사랑하셨다. 2025년 9월 현재 충주 한 요양원에서 기거하고 계시지만 지금도 총명하시고 이목구비에 큰 이상은 없는 듯하다. 거동의 불편함은 있어 휠체어를 타고 계시지만 건강은 양호하시다.

태봉에 사시는 기정 둘째 누님

둘째 누님은 6년 전인 93세에 소천하셨는데 성격이 직선적이고 확실한 성격이다. 6남매를 두었고 둘째가 아들이고 나머지는 모두 딸이다. 매형께서는 나 어릴 적에 돌아가셔서 얼굴을 뵈었지만 활달하셨는데 기억이 희미하다. 안성시 일죽면 화봉리에서 알아주는 땅 부자였다.

첫째 옥분 조카님은 여섯째 누나와 같은 또래에 촌수로는 막내 누나와 조카인데 친구 같은 막역한 사이다. 나 어릴 때에는 자주 우리 집에 왔고 활달한 성격에 강원도 속초에서 숙박업으로 산다.

　둘째 수석 조카님은 내 또래로 말이 전혀 없고 술 한 잔이 있어야 말문이 터지는 순정파이다. 내 부친께서 이웃 동네에 새색시를 중매해서 결혼했고 조카 안식구는 내 친구의 동생이기도 하다.

　셋째 순남 조카는 우리 집에 자주 왕래해서 친구 같고 수수하고 얌전한 성격이다.

　넷째 미인 조카는 뛰어난 미모에 이름도 미인이다. 건축업을 하며 사업에 성공했고 안성시 대림동산 전원주택에 살며 성격도 좋고 깔끔하다.

　다섯째 미화 조카는 성격이 발랄하다.

　여섯째 막내 미옥 조카는 언제나 예쁘고 고운 자태에 향기 나는 들국화 같다. 누님은 뵐 때면 생각나는 것이 있다. 아주 오래 전에 부모의 사랑과 관심을 한 몸에 받았던 둘째 조카님은 결혼하자마자 바로 아들을 낳았고 믿음직한 상훈이가 아기 때에 태봉을 갔는데 시도 때도 없이 날뛰어서 교육적으로 혼쭐을 냈는데 누님이 크게 화를 내신 적이 있다. 둘째 누님은 성격이 강직하시면서도 예민했다. 장기간 치매기가 있어 걱정했는데 2018년 12월 한겨울에 운명하셨다. 둘째 수석 조카님은 이리 왈 저리 왈 자주 왕래와 교감이 있어야 하는데 성격 탓으로 우리 가문에 유일하게 나 홀로 훈남이다.

기옥은 북극 칠성 별자리 3번째 보석

97세 셋째 누님은 옥이야 금이야 소중한 아들 하나만 보고 사시는 북두칠성에서 가장 밝고 아름다운 우리 가문에 세 번째 별이다. 조카님이 안성 한우촌 진달래 특실에서 생일 잔치했는데 그 맛은 일품이다.

누님께서는 6·25 때 매형과 헤어져서 청상과부로 오지 마을인 쌍령 마을에서 어려운 생활을 하셨다. 늦가을에는 항상 감을 따서 큰 상자로 가득 챙겨오셨다. 셋째 누님은 깊은 산속 마을 감나무 골짜기에 살아서 항상 일이 바쁘시다. 봄에는 나물을 캐서 오시고 가을에는 으름과 홍시를, 겨울에는 생선을 사서 우리 집으로 가져 오셨다. 조카님은 1남 2녀를 두었는데 모두 다 생활력이 강하고 사교성도 돋보인다.

집에서 쌍령까지는 8킬로미터가 넘는다. 나 어릴 때는 산길 따라 걸어서 쌍령 오지 마을을 종일토록 갔다. 감나무가 많고 경치가 빼어난 곳이다. 특히 고삼호수는 추억과 낭만과 사랑과 울분이 가득한 곳이며 백련과 넓은 호수와 산들이 절경이다.

영화 "섬"의 촬영지이며 물안개와 일출의 명소이다. 동쪽으로는 조비산과 구봉산이 있고 북으로는 외청룡 좌백호인 쌍룡 산과 시궁산이 있다. 진달래와 철쭉꽃이 호수 전체를 덮고 있어서 추억과 사랑이 가득한 고삼호수는 불타는 환상의 그림 같다.

오리온 별자리 기남은 넷째별 누님

정이 많고 겁도 많았는데 2025년 8월 17일 자정 00시 05분 안성 성모병원에서 94세의 연세로 운명하셨다. 성혜원 장례식장 6호실에서 가족들과 친지 이웃 사람들의 애도 속에 지난날의 추억과 파란만장한 삶을 살으셨다. 공통분모는 누님은 정이 많다는 것이다.

가족과 친척은 물론 이웃 사람들에게도 정이 가득하게 넘치는 분이셨다. 8월 19일 06시에 발인되었고 평온의 숲에서 화장해서 안성시립 추모공원 잔디밭에 모셨다. 넷째 누님은 5남 1녀의 다복한 가정에 땅 부잣집이었다. 그래서 인정 많은 매형과 누님은 가난을 벗어나라고 선뜻 야산을 사 주셨다. 3천 평의 돌이 절반인 야산이었다. 그곳은 가재가 많이 산다는 일급수의 샘터가 있었고 곤충과 파충류의 천국이었다.

어머니께서 꽃을 좋아하셔서 거대한 야생화 단지를 만들고 화전민과 다름이 없었지만, 온갖 과수나무들을 심고 수박과 참외와 포도, 자두, 복숭아 등을 심고 고구마와 감자도 심어서 먹을거리를 그것으로 해결했다.

매일 쌀밥을 얻어서 먹고 누나 사랑의 힘으로 불모지를 개척해서 먹을 것을 해결해 주신 넷째 누님은 우리 집의 가장과 같았다. 거의 매일같이 식사를 해결해 주셨고 하늘에는 보름달이 크게 웃고 있는데 매형과 함께 뜨거운 시루떡을 가져오셔서 흰 천을 오픈하니 따끈따끈하여 금방 한 군침이 확 도는 시루떡이었다. 영정 앞을 오래도록 지키고 있자니 지난날의 사랑과 추억들이 무한의 정과 사랑으로 충만했다.

우리 집은 넷째 누님 덕분에 한 칸 오막살이집을 벗어나 대궐 같은 슬레이트집을 짓고 나와 아버지와 조니(안내견)는 원두막에서 봄부터 가을까지 생활했다. 넷째 누님의 마음은 이것도 좋고 저것도 좋은 만사태평형이다. 매형은 바둑과 장기가 프로급으로 비가 오나 눈이 오나 집안일은 둘째요, 바둑과 장기에 몰입하셨다.

나는 청년 시절부터 내 고장을 대표할 만큼 장기의 고수라 했는데 매형과의 대국에서는 고양이 앞에서의 생쥐 꼴이다. 매형은 6년 전에 96세의 연세에 타계하셨다. 잉꼬부부로 항상 누님과 함께 동고동락했으며 사랑과 정성이 돋보이신, 그리고 건강을 잘 지키면서 서로의 애정이 남다르고 항상 붙어 다녀서 나는 고추잠자리 사랑 같다고 부러워했다.

넷째 누님은 90대에도 산에 올라 산밤과 도토리를 주어서 가족들을 챙겨주었고 이웃과 아는 지인들에게 아낌없이 선의를 베푸시고 나머지는 시장에 내다 팔기도 하셨다. 생활력이 강하시고 봉사 정신이 투철하셨다. 큰 조카님은 내 또래에 젊은 시절에는 가발과 재봉틀의 열풍에 큰 부자였지만 이혼과 사기로 가세가 어려운 시기가 있었지만, 지금은 안정을 찾았다.

둘째 조카는 생활력이 강하고 사회생활에서 대한민국 모범의 새 일꾼이다.

셋째 조카는 암 투병으로 힘겨운 삶으로 누님께서 걱정하셨는데 빨리 쾌차해서 건강과 사랑과 행복하기를 소원한다.

넷째 윤식 조카는 인정이 많고 가족 사랑이 누구보다도 강하고 심지가 깊다. 내가 청년 시절에 용산역에서 호출했는데 이른 새벽인데도 만사를 제치고 달려와서 아침 식사 대접하는 효행이 특별했다.

다섯째 관식 조카는 등산과 산악회에서 즐거움을 찾고 막내아들이라서 걱정했는데 사회성이 좋고 성격이 누님을 많이 닮아서 무사태평형이다. 여섯째는 박씨 가문의 홍일점으로 빨간 장미꽃 연순 조카이다. 연순 조카와 조카의 남편도 나의 수제자이니 아주 먼 옛날 유신 시절에 장학 교실이라는 공부방은 지금도 사제의 정이 건재하다.

형만한 아우 없다/ 기종

나보다 열 살 위인 기종 형님은 인간 맥가이버이다. 손재주가 뛰어나고 미술과 조각도 프로급에 동경의 대상이다. 형만 한 아우가 없다는 말처럼 항상 형의 머리와 손재주가 부러웠다. 각양각색의 플라스틱 칫솔로 나체상을 조각한 것을 보고 신비하고 최고의 작품에 놀라움을 금치 못하였다. 자수, 공작, 공예 등 여러 방면에서 실력이 출중했다.

형님께서는 셋째 누님의 중매로 쌍령 마을에 아리따운 여자를 신부로 맞이하였다. 피부가 하얀 형수님은 미모가 뛰어났다. 처남 꾐에 빠져 서울 바람이 불어서 3천 평이 넘은 과수원을 팔아서 서울 용산에 창틀 사업장을 냈는데 일 년도 못 가서 망하고 서울 동작구 사당동 달동네에서 갖은 고생을 다하셨다.

 삼 형제를 두었고 먹고 살기 위하여 아동 책자를 방문판매를 하면서 크고 작은 사고로 파란만장한 삶을 겪으셨다. 형수님은 오랜 세월 당뇨병으로 건강이 좋지 않았고 2007년 봄에 합병증인 췌장암으로 운명하셨다. 어려움 속에서도 삼 형제 조카 모두는 근면 성실하게 잘살고 있다. 두 조카는 결혼했고 손자 손녀들도 건강하게 공부 잘하고 예능에서도 두각을 나타낸다. 아쉬움이 있다면 막내 조카가 50대 중반 나이인데도 독신주의를 고집하고 있다.

수족 같은 견우와 직녀의 다섯 번째 누님(고)

 나보다 6살 위인 다섯째 기복 누님은 내 수족 같다. 미용실을 다녔는데 배움이 없어 한글을 몰랐다. 내가 공부를 가르쳐 주었고 한글을 마스터하고 수학에서도 박식했다. 친구 같고 엄마 같은 사랑이 가득한 누나였다. 날 공부시키기 위하여 결혼도 미루고 미용 기술에 몰입하였다. 항상 나를 품에 안고 잤다.

중학교 일 학년 초에 누님이 서울에서 왔다. 선물로 학용품을 한 박스 가득 사 왔다. 우리 막내 보고 싶었다고 부둥켜안고 좋아했다. 누나는 내가 중학교 입학시험에 전체 수석 합격했다고 너무나 좋아했고 자랑스럽다고 노래를 불렀다.

그로부터 두 달 후에 웬 날벼락인가? 형이 기가 죽어서 불쑥 자취방으로 들어오더니 누나가 죽어서 서울에서 화장하고 왔다는 것이다. 순간 나는 박차고 일어나서 누나가 왜 죽었느냐고 맹수의 울분을 토했다. 참을 수 없는 분노에 기절했고 학교를 무단결석했다.

기차를 타고 천안에서 서울까지 목적지 없는 방황에 미쳐가고 있었다. 누나를 찾아 서울의 왕십리 달동네에 노숙인이 되었다. 이런 상황에 어머니께서는 서울의 식모를 그만두고 내게로 돌아오셨다. 걷잡을 수 없는 방황에 학교에서는 숙이 누나를 찾아 주었다. 릴레이식 편지가 오고 갔다.

숙이 누나는 외가 누나인데 일 년 동안이나 자전거로 아침 저녁 학교에 통학을 도와주었던 고마운 누나다. 6학년을 두 번 다니는 수모를 겪었고 5킬로미터의 비포장도로에 힘이 부쳐 넘어져서 하루도 무릎이 성할 날이 없었다. 누나와 나는 고르지 못한 신작로에서 아픔과 서러움에 엉엉 운 적이 한두 번이 아니다. 내게 꿈과 희망을 심어주었고 이루어질 수 없는 하트 사랑까지 논한 웅변의 여걸이다.

그리움

노란 참외, 청포도가 맛있게 보입니다
3년 전 누나의 그리움
얼굴을 맞대고 웃고 싶습니다
얼굴을 맞대고 울고 싶습니다

천리 만길 멀리 떠나!
꿈속에서만이 웃고 울어야 하는 나날들

매미 소리 잦은 저 소리를 들으면서
그리운 누나를 부른다

- 1968년 중학교 2학년 때 쓴 글

배꽃이 피면 여섯째 누님 생각이 난다

나보다 4살 위인 누나는 19년 전 간경화로 운명하였다. 내가 초등학교 입학했을 때 누나는 3학년이었다.
4학년 때까지 초등학교를 함께 다니었고 봄가을 소풍 갈 때면 담임 선생님은 누나부터 찾았다. 내가 몸이 불편해서 빨리 걷지를 못해 누나가 업고 가면 담임 선생님이 짐을 덜기 때문일 것이다.

 소풍은 항상 고삼저수지였는데 초등학교에서 목적지인 고삼저수지는 한 시간 남짓인데 내가 걸으면 두 시간은 족히 걸리기 때문이다. 소풍 가는 날 아침이면 누나는 보이질 않는다. 과거 고생했기에 일찍이 학교로 가는 것이 아니라 목적지인 고삼저수지로 먼저 가 있는 것이다.

 여섯째 누나는 정이 없고 냉담했다. 자주 배가 아파서 양귀비 환약을 입에 달고 살았다. 내가 중학교 때 누나는 나막신 공장에 다니고 있었는데 심하게 몸싸움하여 아픈 다리가 부러진 적이 있었다. 그러나 내가 몹시 어렵게 서울에서 공부하고 있을 때 누나는 한국화장품을 다니면서 모든 면에서 아낌없는 사랑을 내게 주었다.

 20년 전 누나는 간경화 진단이 나왔다. 서울 신촌의 세브란스 병원에 입원했고 나는 간을 이식해 주기로 약속하고 피웠던 담배도 하루아침에 끊고 술도 자제했다. 누나는 제2의 삶과 희망에서 내 앞에서 뜨거운 눈물을 흘렸다. 재혼할 때 얻은 980평의 누나 배밭에 새 삶의 기대에 밝고 아름다운 미소를 내게 보냈던 것이다. 이곳 배꽃들은 누나의 사랑과 정성이 가득한 꽃들이다.

 이른 봄부터 한여름까지 수없는 검진과 검사를 통하여 최종 이식이 불가함을 받았을 때 나는 통한의 눈물을 쏟았다. 누나의 간 기능이 희생 불가로 나왔고 받을 수 없는 상황이라고 했다.

죽어가는 누나를 바라볼 수밖에 없었다. 나는 누나에게 가장 가지고 싶다는 세상에 하나밖에 없는 옥으로 만든 묵주를 목에 걸어 주었다. 누나는 묵주를 입에 물고 가을이 익어 갈 때 운명하였다.

 2006년 바우덕이 민속 세계 축제 첫날이다. 동수원 병원에서 운명하였고 성혜원 장례식장과 대천동 성당을 거쳐 당신의 땅 이화꽃이 만발한 당신의 땅에 묻히었다. 매년 이맘때면 누나 생각에 한 아름 꽃을 가져다드리고 배꽃을 둘러본다. 가을이 오면 탐스러운 배를 본다.

 누나의 생전 모습이 가득하게 몰려온다. 이곳 배꽃들은 누나가 심고 가꾸었던 것이라서 사랑이 넘치고 친근감이 간다. 온 세상이 이화꽃으로 가득하다. 산소에 민들레꽃들이 아름답다. 산소에 딸기꽃도 피었습니다.

 누님! 천국에서 편히 잠드소서!

모정의 혼불

1995년 5월 30일 초여름에 당신께서 가꾸신 목단화는 만발했는데 어머님은 하늘의 별꽃이 되셨다. 소천 후에 어머니의 큰 사랑은 꿈에서 또는 위급상황에서 나를 지켜 주셨다. 그것은 모정의 혼불이다. 나는 일정한 수입이 불규칙하니 운수 좋은 날을 기대하면서 가슴으로 간절하게 기도하고 있다.

내 아내는 불심이 강하다. 처가 형제들도 모두 불교를 믿고 있는데 전도에는 어려움이 많은 것 같다. 붓다도 깨달음을 이룬 후, 사람들에게 설법하기를 주저했다고 하지를 않았는가? 자신이 체득한 진리는 너무나 미묘해서 사람들에게 설한다고 해도 그들이 이해하지 못하면 자신만 피곤할 것으로 생각했기 때문이라고 한다.

연못에는 푸른 연꽃, 붉은 연꽃, 흰 연꽃이 있다. 물속에 잠겨 있는 푸른 연꽃의 중심 가치는 고통과 해탈이다. 물에 떠 있는 붉은 연꽃의 덕목은 자비와 무아이다. 물 위에 솟아 있는 흰 연꽃은 수행과 깨달음이라 한다.

　사람들의 근기가 다양하다는 것을 관찰하고는 설법하기로 했다. 그러면 누구에게 처음으로 설할 것인가? 붓다가 그들에게 처음으로 설한 가르침은 4제諦라고 하였다. 제는 '진리'를 뜻한다. 나는 블로그를 운영하고 있으며 어울림 미니홈피와 카톡과 페이스북 카스토르 등 다양한 장르의 마당발이다. 그래서 이른 아침부터 핸드폰을 아예 진동이나 무음으로 해 놓는다. 카톡 친구들이 많고 어울림 단톡방의 만남은 언제나 활기차다.

　처제들은 미모만큼이나 마음도 착하다. 금별, 은별 처제는 인정도 많고 돌봄도 안정감이 있다. 카톡 대화방에서는 친구 같고 연인 같고 신바람이 난다. 금별 처제는 한복을 즐겨 입으며 천안 다도회 회장을 맡고 있다. 도자기 미술품 골동품 등 경매에도 귀재인데 농담과 재치도 뛰어나다. 처제가 초대해서 천안에 갔는데 임금님 같은 밥상에 전통 가구와 경매에서 사들인 보석들이 산더미 같았다.

　두 딸이 있는데 모두 다 내게 맡겨서 처제는 학부모이기도 하나. 그런데 무지갯빛 사랑에 집안이 쑥대밭이 된 적이 있었다. 은별 처제와 함께 팔당 봉주르에서 녹두빈대떡에 음료수를 마시고 양평의 명소들을 두루 눈요기하면서 꿀맛 나는 데이트를 한 적이 있다. 그리고 가끔씩 만나 외식하고 꽃길 드라이브도 했다.

　개인비서를 자청하면서 돌보는 처제는 내가 몸이 불편하니 항상 팔짱을 끼고 수족 같은 안정적인 사랑과 배려가 돋보였다. 그러나 아내는 심술보에 뿔났다. 아내에게는 일심으로 불꽃 사랑의 티는 용납되지를 않았다. 제자들 외에는 없다. 많은 제자는 먹고사는 문제라서 이해를 하는 것 같다. 식사하고 차 마시고 데이트하고 만남을 수락했다. 그런데 처제도 문학 제자이다.

코로나의 전성시대가 끝나고 나는 시 낭송을 좋아하는 처제를 2022년 봄호 계간지에, 전통찻집을 하는 연희 동생과 경주 김씨 종친회 학원 회장님을 수필작가 입문으로 인도했다. 문학에 집중하면서 코로나 초창기에 불미스러운 일들이 많았다. 2019 코로나바이러스의 직접 체험의 경험은 없었어도 나는 간접적으로 지옥 세상을 여러 번 경험하면서 자신도 모르게 문학에 미쳐서 가족들에게 신임을 잃게 되었다.

칠십을 바라보는 나이에 이성을 잃고 왜 방황했는지 모르겠다. 나는 이웃 지인들을 위해 카페나 맛집 홍보에도 간여했고 많은 문인과의 대화와 미팅이 빈번했다. 처제들과의 만남도 빈번했으나 남모르게 어떤 매력에 빠졌는지도 모르겠다. 외로운 분재의 노송에 꽃 피기를 기대하면서 정성을 다하는 간호사 같은 매력은 희생과 배려와 봉사가 돋보였다. 온전치 못한 늙고 병든 나를 보살펴 주고 이해해 주면서 정성을 다한다는 것은 쉬운 일이 아니다.

나는 지체 장애 3급의 중증장애인이라서 살아가는데 수양동생·딸 등을 삼아서 온정에 많은 지인은 '날 사랑받기 위하여 태어난 사람'이라고 칭찬과 격려를 해 주었다. 그래서 나는 보답하는 차원에서 처제에게도 물심양면으로 성심을 다한 것 같다. 약속대로 꽃길을 드라이브했다.

 2019 코로나바이러스의 죽음의 지옥 소굴을 탈출한 처제에게 꿈과 희망을 심어주고 적극적인 사랑을 과감하게 실천했다. 살아있는 자도 죽음의 공동묘지로 직행하는 중국 우환의 코로나의 실상을 지켜보면서 세계인들은 죽음과 공포의 살얼음판의 삶을 두려워하고 거리를 두었는데…!
 나는 용감성을 발휘했고 건강을 자신하면서 코로나를 두려워하지를 않았다. 처제가 병상에서 겪었던 악몽의 보름 동안의 보상을 나는 믿고 의지하는 처제에게 몰지각인 줄 알면서 나도 모르게 고운 정을 외면할 수 없었다.
 벚꽃 명소들을 찾아서 드라이브했다. 오직 처제의 건강과 빨리 병마에서 완전 해방을 바랄 뿐이다. 처제의 사랑과 욕망의 몸짓은 적극적이고 허구로 가득 차 있었다. 이루어질 수 없는 사랑인 줄 알면서도 냉정하게 나는 근신하지 못하였다.
 코로나로 세상은 망조인데 나는 처제의 영업을 홍보해 주면서 알 수 없는 거짓과 공상의 늪에 빠지게 되었다. 처제의 말과 행동은 유창했으며 한 편의 영화 주인공처럼 돋보였다. 미래의 꿈은 한 편의 허구의 소설 같았다.
 "어제 꿈을 꾸었어요. 형부와 함께 공원을 산책하는 꿈이었어요. 형부는 휠체어를 타시고 저는 뒤에서 밀면서 행복을 만끽하면서 내일의 꿈으로 가득했어요."

처제는 자주 꿈을 꾼다고 했다.

"어제는 어디를 갔었나요?" 나는 무심코 반문했다.

"복사꽃이 만발한 강가를 마냥 산책했어요. 형부의 행복한 얼굴이 좋았어요."

천혜의 목소리를 가진 뮤지컬의 여왕 옥주현 같았다. 처제는 성우나 모창 가수가 적격일 것 같다. 종일토록 비가 오는데 드라이브했다. 비가 와서 봄꽃들은 입을 닫고 침묵으로 일관했다. 나는 바람을 쐬면서 산천을 누볐다.

용인의 와우정사를 찾았다. 거대한 두상이 눈에 확 띈다. 두상 앞에는 연못이 있고 연못에는 수많은 부처상이 정겹게 대화하듯이 생동감이 넘쳤다. 두 손을 모아서 코로나를 추방하고 삶의 길을 부처님께 소원했다. 늘 언론이나 매스컴에 나오는 대형 황금 부처님 얼굴상이 인상적인 절집을 꼭 한번 가보고 싶었는데 그 날이 오늘이다. 이름부터가 와우정사臥牛精舍이다. 소가 누워있는 집이란 뜻이며 불교에서 소는 부처님을 상징한다고 했다. 와우정사는 대한불교 열반종의 총본산이다. 나는 길이 험하여서 주차장 옆 연못에 있는 수많은 이색적인 부처상들과 거대한 두상에 시선을 두고 사진 찍는데 몰입하였다. 처제는 주차장에서 혼자 가파른 계단을 올라가면서 곳곳에서 건강과 소원을 빌고 있었다. 한 시간이 넘도록 와우정사에서 지체하였다.

와우정사에서 나와서 처제는 운전에 열중인 날 보챘다. 나는 처제에게 대꾸하지 않고 몸도 피곤하고 허하니 장어나라로 가서 점심을 먹자 했다.

처제는 "절에서 기도했는데 괜찮을까!" 의문을 제기하더니 갑자기 마음을 굳히고 장어를 먹자고 한다. 그래서 원곡에 장어나라를 찾았다. 민물장어 3인분을 시켜놓고 바닥이 미끄럽고 위험해서 처제의 부축을 받았다. 그런데 장어 기름에 가게가 온통 비린내가 진동하고 있었다. 비가 억수로 내리고 있으니 선택을 잘못한 것 같았다. 부처님이 노하신 것 같았다. 7만 원의 민물장어의 맛은 비린내로 진동하였다.

비는 계속 내리고 있었다. 빗길 드라이브는 그런대로 낭만이 있었는데 종일 빗길 드라이브로 동서남북을 구경했으니 피곤했다. 처제도 얼굴이 창백했고 피곤으로 가득 차 있었다. 헤어질까 하다가 아쉬움에 비비안 치킨을 한 마리를 주문해서 처제와 함께 단골집인 금강호수 전통찻집을 찾았다. 마담은 동생처럼 아끼는 지인이다. 여러 방면에서 상부상조로 하는 수양동생으로 삼았다. 마담은 물심양면으로 상부상조하는 찰떡 인연이다. 이제는 매일같이 방문하는 전통찻집이 되었다.

마담 연희는 처제의 우수한 고객이다. 연희는 친구처럼 훈훈한 정이 넘쳤다. 주로 나는 어릴 적 추억이 있는 목련차를 마셨다. 목련차는 머리를 맑게 해 주고 피곤과 스트레스를 한방에 사라지게 하기에, 그리고 어머니 생각에 목련차만을 고집했다.

그래서 연희도 오빠를 위하여 봄이 오면 오염이 없는 산중에서 백목련을 구입해서 정성스럽게 건조해 여러 병을 마련했다고 했다.

연희는 내가 가면 으레 초롱불에 백목련 차를 끓여서 여러 번 반복해서 백목련차의 맛을 음미할 수 있도록 배려했다. 촛불에 따끈하게 데운 재탕 삼탕…! 여러 번을 반복해 마셔도 목련의 달콤한 입안 향기는 그리움을 불러온다. 모정의 그리움에 가슴이 아련하다. 처제는 대추차나 쌍화차 아니면 보이차를 선호했다.

나는 마당발로 동서남북 잘 아는 지인들을 찾아서 S 보험을 홍보해 주었다. 그런 덕분에 코로나로 2달 이상을 쉬면서도 처제는 영업에서는 S 보험사에서 인정받는 최고 사원이 되었다.

"끝없이 밀려오는 파도 되어 내일을 향해 고객께 다가가고 싶어요. 사계절 활짝 피는 꽃이 되어 많은 고객으로부터 사랑받은 보험설계사가 되고 싶어요. 사랑과 정성으로 내 가족처럼 생각하고 자나 깨나 고객님들을 위하여 열중하고 있습니다."

처제의 말과 행동은 한 편의 시가 되고, 백화 등나무의 꽃향기같이 달콤하고 향기가 가득했다.

넷째 누님한테 전화가 왔다. 90세를 바라보는 누님인데 타인에게도 인정이 많으신 분이다. 고추장과 된장, 김치를 가져가라고 성화하셔서 저녁 늦게 베지밀 한 상자를 사 들고 방문했다. 따끈따끈한 집밥을 해 놓으시고 김치찌개와 함께 아주 오랜만에 밥 한 공기를 뚝딱 해치웠다. 누님은 내게 20만 원을 주셨는데 나는 극구 사양하고 오손도손 집안 이야기로 화제를 돌렸다.

2021년 5월 16일 22시 30분 밤은 깊어가고 있었다. 빗줄기는 더욱더 세차게 차 창문을 흐리게 하고 있었다. 누님은 비가 그치면 가라고 날 설득하고 있는데 고집스럽게도 집에 아무도 없어서 가봐야 한다고 변명 아닌 변명을 했다. 남북대로 모산나들목을 지나 100m 하행선 지점에서 하늘이 놀라는 자동차 사고가 있었다. 운전경력 40년에서 처음 있는 일이다. 나는 남북대로 산업도로 2차선으로 감속 운전하고 있었는데 별안간 도끼로 자동차를 찍는 거대한 소리였다. 차가 크게 요동을 쳤고 두 번째는 더 크고 무섭게 화산이 폭발하는 그런 엄청난 괴력으로 자동차를 무차별 공격하고 있었다.

시속 70km 규정 속도에서 비가 와서 50km로 감속 운전하고 있었는데 뒤에서 세차게 받는 소리에 깜짝 놀랐다. 천둥번개가 차를 때린 줄 알았다. 핸들을 꽉 잡고 있는데 다시 2차로 더 세차게 차를 뒤에서 치는 폭발음과 함께 그 소리는 수류탄이 터지는 아찔한 순간이다. 악몽에서 꿈같은 거대한 괴물이었다. 순간 하늘에 계신 어머님이 나타나서 정신을 똑바로 차리라고 소리쳤다.

"아들아! 핸들을 꽉 잡고 정신을 바짝 차려라. 살아야 한다. 정신 차리면 살 수 있다." 모정의 혼불이다.

정신 차리고 어서 빨리 핸들을 꽉 잡고 정신을 차리라고 다그

치신다. 핸들과 정면에서 에어백이 터졌다. 내 뺨을 후려치면서 혼불이 온전치 못한 내 전신을 보호했다. 흰 천으로 감싸고 나부끼는 어머니의 혼백은 위대했다. 위중함을 아시고 하늘의 어머님이 날 찾았다. 위기 때마다 오시는 모친은 나의 유일한 신이다.

  하늘의 별꽃이 되신 지 어언 26년이 되었다. 순간 정신을 잃고 깨어나 현대보험사와 119는 생각이 나질 않았다. 그런데 수족 같은 BK 친구가 생각났다. BK는 죽마고우 친구로서 눈빛만 봐도 척척 내 마음을 읽을 정도로 절친이다. BK친구는 신속하게 와서 보살펴 주었다. 친구는 물심양면으로 많은 도움을 받아온 내 마음에 보석 같은 친구이다.

  내가 연대보증으로 전 재산이 몰락하고 무남독녀 외동딸이 대학에 입학했는데 입학금을 선뜻 내주는 소중한 자리로 굳힌 35년 지기 친구이다. 내 인생에 가장 많은 대화를 하고 식사하고 차를 마시며 함께 있는 시간도 최장의 시간을 보낸 절친이다. 내가 물질적 정신적으로 가장 의지하고 믿는 친구이다. 2025년 지금도 매일같이 만나 식사하고 차 마시고 대화하는 소중한 친구로 자리를 잡은 지 수십 년에 이르기까지 진솔한 대화할 수 있는 마음의 친구로 굳게 자리를 잡게 되었다.

  BK친구는 네 딸의 아버지이자 아내가 있으며 딸 모두 다 효녀로 요즘 보기 드문 다섯 공주가 있는 가장이며 착한 왕이다. 부부가 모두 십수 년 전부터 어려운 삶을 이어가고 있으나 친구들 모두에게 잘하고 특히 어려움에 부닥친 친구들을 돕는 데 앞장서서 사랑과 봉사를 실천하는 이 시대의 진정한 친구답다. 40년 가까이 전파사를 운영하고 있다. 요즘에는 경기가 나쁘고 나이가 있으니 전기공사 등을 할 수가 없어서 생활의 어려움을 겪고 있으나 잘 이겨내고 있으며 건강에 각별하게 신경을 쓰고 있는 지혜로운 친구이다. 친구는 속히 달려와 교통사고의 현장에서 날 부축하면서 사고 원인과 대책 등을 상세하게 설명해 주었다. 레커차와 경찰차도 와 있었다. 가해자는 30대 초 직장인이었다. 음주는 아니었으며 졸음운전으로 자동차 사고가 났다고 최종 결론이 내려졌다. 졸음운전으로 가해자는 심하게 다쳐서 인근 병원 응급실로 갔다고 했다.

 그때 아내는 동해 속초에 있었다. 장모님과 처제들과 함께 여행 중이라서 나는 안심을 위하여 위급상황에서도 연락을 자제했다. 차는 심하게 망가져서 일천육백만 원의 견적이 나왔는데 매우 놀란 것 이외에는 천만다행으로 대수롭지 않은 타박상이다. 한 달 이상 렌터카를 이용했으며 광적인 여행의 맛을 느끼면서 전국을 탐방할 정도로 동서남북 많은 번개 여행했다. 대부분 코로나 정국의 무질서에서 아내와 함께 전국을 관광했다. 렌터카는 그랜저 3.0의 신차로 성능이 뛰어났다. 한 달 동안 6천 킬로미터를 탔으며 도깨비 번개 여행으로 광란의 질주이었다.

나는 모친이 실수로 늦둥이를 갖고 태어난 막내다. 모친은 1906년 4월 5일(음력) 경기도 화성군 동탄면 삼일로 필봉에서 아버지 이영웅과 어머니 정언년 사이의 외동딸로 태어나셨다. 이름은 이자 갑자 순자이며 가톨릭 집안에서 태어나 신앙생활에 충실했다. 모친의 아버지 이영웅은 사회개혁, 부녀자 계몽, 교육사업 등을 통해 자주독립의 길을 찾고자 홍호학교 운영에 가담하여 인재 배출을 위해 노력했다고 하셨다. 외동딸 교육과 여성 신장에도 적극적이었다. 이러한 노력 때문에 외동딸 모친은 학당에서 공부할 수 있었다.

모친이 태어난 곳은 화성군 동탄면이지만 인천시 제물포에서 소학교 교사이었던 엄마 정언년과 함께 생활하였다. 학교를 졸업하자마자 1922년에 일본의 무단정치에 위험을 느끼면서 충북 음성군 삼성면에 대 부호인 무학의 김학열한테 시집을 오게 되셨다. 그 당시 모친의 나이는 16살, 부친의 나이는 5살 연상의 자그마한 체구인데 마음은 온순했고 미남이셨다. 1922년 여름에 부모님의 애간장을 덜어드리기 위해서 맞선도 없이 결혼을 서두르게 되셨다.

아버지 이영웅은 만주로 피신하였다. 어머니 정언년은 독립신문에 일본의 만행을 연재했다는 이유로 옥중에서 행방불명되셨다. 모친은 어린 시절부터 가톨릭의 가정에 마리아라는 영세를 받고 이영웅 가에 금수저로 태어나셨다. 1918년 제물포 성당에 베드로 신부님의 추천을 받아서 교비 유학생으로 소학교에 입학했다고 한다.

13살 어린 나이에 일본어는 물론 영어까지 유창하게 구사했고 한자에도 박식하셨다. 그런 덕분에 1920에는 정신학당 보통과에 편입해서 학교 기숙사에서 생활하게 되었다. 모친은 1922년 3월 5일 정신학당 보통과를 졸업했다. 같은 해 고등과 진학할 꿈을 가졌지만, 일본인들이 부모님의 신원조회에서 낙제점을 받고 진학을 포기해야 했다. 살기 위해서는 빨리 결혼해야 한다고 교도소를 찾은 딸에게 정언년은 눈물로 호소하셨다. 지체하다가는 위안부로 끌려갈 수도 있다고 애간장을 태우셨다. 모친은 그날 밤 홀로 단신 살기 위하여 무작정 충북 음성군 양덕면으로 내려오셨다.

전형적인 농촌 풍경에 앞에 보이는 땅이 전부 우리의 땅이라고 예비 시아버님 김동구 님이 근엄하게 말씀하셨다. 조그만 체구의 여린 남성이 신랑이 될 경주 김씨 상촌공파 김학열이라고 말씀하셨다. 남매를 두었다고 하시는데 딸은 경기도 안성군 서삼면 박씨 가문에 시집을 보냈다고 하셨다. 후에 만나보니 삼성소학교를 졸업하고 마른 체구에 신랑 김학열과는 다르게 보기 드물게 키가 크고 몸맵시가 멋쟁이셨다.

모친은 1922년 한여름에 결혼하셨다. 신랑 김학열은 시아버님이나 어머님보다 체구가 작고 금쪽같이 키웠는지 결단력과 추진력이 미약했지만 마음은 온순하고 착하였다. 정신학당에 보통과 친구들이 10명이나 참석해서 그나마 자리를 빛내주었다. 모친은 결혼했고 여사가 되셨다. 그리고 어쩌다가 아버지 51세 여사 45세에 여덟 번째 아들을 얻었으니 올해 72세인 바로 필자의 탄생이다. 경기도 안성시 대덕면 진현리 명덕초등학교 앞 주막에서 태어났고 바람 부는 데로 물결 따라 딸미로 이사해서 어린 시절을 보내게 되었다.

나는 1952년 음력 7월 15일 백중 장날 아침에 태어났다. 주민등록상에는 출생을 늦게 해서 12월 21일생이다. 나는 4평의 움막 초가집에서 어려운 생활을 보냈다. 아버지는 딸이 부잣집 마리아네 머슴으로 어머니는 식모로 형은 아르바이트로 기복 누나는 공장과 미용실을 기숙 누나는 식품공장과 나막신 공장으로 전전하면서 극심한 가난과 병고에 시달려야 했다. 나는 아기 때에는 고삼저수지 공사장에 엄마 따라 찰거머리 삶의 복사판이었다. 아기 때라서 온종일 공사장 아래 모래밭에서 물장구치라고 했고, 나는 아기 때에는 혼자 노는 데 익숙했다. 3살 때에는 부패한 음식을 먹고 오른쪽 다리가 마비되는 불행이 찾아왔다. 나에게는 소아마비로 파란만장한 삶이 평생의 한과 억울함과 멸시와 조롱과 슬픔에 가난한 집안과 사회에 암 덩어리의 존재가 되었다.

나의 삶은 항상 먹구름이 끼어 있었다. 슬픈 딱따구리 인생과 닮은꼴이다. 젊은 시절에는 한쪽 다리로 꿈과 희망과 도전을 포효하는 안암골의 호랑이였다. 노년에 접어드니 이빨 빠진 호랑이로 전락했다.

인생사 새옹지마이다. 모친의 사랑과 교육은 위대했다. 그러나 빛을 발휘하지 못했고 유종의 미도 거두지를 못하셨다. 방황하는 만석의 부농이 몇 년 사이에 무너졌고 힘 있고 일본 강점기 일망정 0.1%에 해당하는 금수저였는데 지키지를 못하고 몰락해서 고달프고 불행한 일평생을 보내셨다.

저녁에는 고단함도 잊고 문맹의 마을 사람들에게 세상 돌아가는 이야기와 성경과 한글과 산수를 가르쳤다. 사랑과 봉사 정신이 투철하셨다. 역사는 물론 한자와 중국어, 일본어, 영어 등 언어에 능통하셨다. 신문을 구독해서 세상 돌아가는 정보를 익히고 조금의 여유가 있으면 책을 사서 읽은 습관이 몸에 배어 있었다. 동리에서 땅 한 평 없는 빈곤한 삶에서도 움막집에 문화와 행복은 가득 동네 사람이 부러워했다. 모친은 멋지고 아름다운 삶이었다.

모친은 늦둥이 나에게 부모의 죄를 덜기 위하여 온 사랑과 정성을 다 바치신 분이다. 독실한 가톨릭의 맹신자이신 어머니께서 한밤중에 장독대에서 보름달이 뜨면 두 손을 모아 작은아들의 건강과 성공을 간절한 기도로 막냇자식 잘되기를 염원하셨다. 나는 그런 모습을 훔쳐보면서 모친에게 백번 천번을 가슴에서 용서하고 사랑을 약속했다. 침술이 용한 사람들을 찾아서 전국을 헤매었다. 아픔에 기력을 잃고 10살까지 모친 젖을 물고 자는 덜 떨어진 아이로 자라났다.

  나는 모친의 막내아들이며 소아마비로 한쪽 다리가 마비되는 온전치 못한 기형 아이로 성장했다. 무서움을 모르고 자랐고 불구 몸에 창피함보다는 성장하면서 아픔과 고통이 정말 참기가 힘들고 어려웠다. 모친은 밤이 되면 동화 이야기와 전설 설화 등을 실감나게 들려 주면서 아픔을 잊고 잠을 잘 수 있도록 배려해 주셨다. 근동의 구봉산과 조비산 쌍령산 시궁산 고삼호수와 도깨비방망이, 초록 동자 등…. 역사와 설화와 전설의 파노라마는 끝이 없었다. 그토록 다양한 지식과 사랑과 배려에 동리 사람들에게 신임받았다. 아이들에게는 호랑이 어르신으로 통했다. 저녁에는 성경과 한글을 부잣집 사랑방에서 무료로 봉사하셨다. 그래서 나도 청년 시절부터 일찍이 학생들을 지도하고 아르바이트로 어렵게 공부하면서 파란만장한 삶을 살았는지도 모르겠다.

  모친은 쌀 한 가마도 거뜬히 지는 여장군 호걸이다. 체격도 우람하고 힘도 천하장사. 동네의 추수 때에는 벼 가마 이동은 모친의 몫이다. 80킬로 한 가마는 학생들의 책가방처럼 몸에 익어 자유롭게 탑을 쌓을 수도 있고 동리의 특급 일꾼으로 인기가 대단하셨다. 힘을 겨루는 씨름대회나 격투기가 있었다면 출전할 만큼 힘이 장사라서 전국이나 도 씨름대회에 출전에 하라 했는데 여성은 출전할 수가 없어 아쉬움이 가득하다 하셨다. 체중

80kg에 신장 170cm인데 그 당시에는 남자들도 여사의 체력을 감히 깔보지 못했다.

동네에서 가을 탈곡하는데, 아버지와 말다툼 끝에 화를 참지 못하고 아버지를 들어 볏짚 쌓인 곳으로 던졌는데 기절하신 일화가 이웃 동네까지 소문이 파다했다. 금수저 외동딸로 태어나 일제에서 공부하고 싶은 욕망이 대단하셨다. 애국심이 불타는 지성인이었다.

모친의 꽃사랑이 생각난다. 이른 새벽에 일어나 꽃들과 인사를 나누면서 하루의 일과가 시작된다. 실내에 있는 사량초와 제비꽃, 그리고 야생화들의 이름을 하나씩 호명하면서 호출을 보내시는 모친은 가문에 꽃의 여왕이다.

신발가게 사업에 가세가 기울고 전국을 떠돌아다니시다가 일거리를 찾아서 정착한 곳이 낯선 산내천이 있는 곳이다. 때마침 장기 가뭄을 대비하기 위하여 산내천을 막는 토목공사가 있었기에 체류하면서 삶의 터전이 되었고 국내에서 4번째로 큰 고삼저수지가 완공되기까지 어머니의 땀과 노력이 빛났으며 호수를 건설하는 데 일조하셨다.

10평도 안 되는 호수 인근에 황토집을 짓고 살았다. 가족이 일심동체로 황토 벽돌을 찍어내고 정성을 다하니 동화에서 나온 집 같다. 여름에는 시원했고 겨울에는 따뜻해서 좋았다. 꽃을 심어 황토집은 많은 사람의 시선을 집중시켰고 꽃 속에서 거주했다. 황토집에는 6가족이 살았다. 모두 다 꽃을 좋아했고 꽃사랑에 흠뻑 빠졌다. 모친은 백목련 나무를 선호하셨다. 순수한 마음과 진솔한 대화로 성실과 진솔함을 강하게 심어주신 모친이 백목련이 필 때면 생각이 난다. 묘목들을 화단에 심어놓으니 몇 년 후에는 백목련꽃을 수확할 수 있었다. 만개하면 꽃을 따다가 정성을 다해서 그늘에 말렸다. 향기로운 꽃차를 만드는데 일가견이 있었다. 그래서 나는 항상 목련차를 선호한다. 목련차를 마시면서 모친을 생각한다. 가족의 건강과 사랑과 행복을 위하여 그리고 꽃구경하러 오는 손님들에게도 꽃차를 대접해 드렸다.

어머님은 정성과 배려심이 남달랐다. 호수 둑 쌓는데 새벽부터 막노동하셨고 범이는 아가이기에 진달래가 핀 얕은 개울가에서 물장구치면서 혼자만의 시간으로 여사의 피와 땀과 눈물의 사랑을 보면서 가슴에 새겼다. 그때의 고삼호수는 봄이 오면 진달래꽃이 지천이었다. 지금도 엄마가 그리울 때면 나는 사랑과 추억이 가득한 고삼호수를 찾는다. 멀리 거대한 구봉산이 보인다. 전설과 설화 역사 방면에 박식한 모친은 리더십과 웅변의 달인이셨다. 별이 쏟아지는 밤하늘 아래에서 모친의 간절한 소원과 사랑은 늦둥이 막내아들에게 집중하셨다. 백목련은 막내 아들에게 건강과 꿈과 희망을 위해 심으셨다.

봄이 오면 그림 같은 황토집은 한 폭의 산수화 같다. 모친의 손녀딸 반지는 개나리 유아원에 입학했고 꽃집 여왕님이 있으니 반지 기세는 충천했고 모든 일에 적극적이었다. 모친의 고된 지난날의 삶을 기술하면서 하늘로 가신 지 30년이 되었지만, 모정이 그리울 때면 가슴이 허전하다. 그럴 때면 가족 납골당이 아닌 고삼호수를 찾는다. 호수에는 여사님의 꽃사랑과 혼이 존재하기 때문이다.

  호수 꽃 뫼에는 깊은 산중에 철쭉꽃이 만개했다. 산 전체가 완전히 불타는 꽃사랑이 빛났다. 나는 아내와 연애 중에 갑자기 노란 옷의 꾀꼬리 떼들이 몰려와 시샘을 부렸고 그렇게 좋고 사랑하면 결혼하라고 사랑의 메시지인 하트를 수없이 뿌리면서 결혼을 종용했다. 아내는 꾀꼬리와도 대화를 할 수 있는 예지능력이 충분하였다. 나는 진이의 결혼을 예언이라도 하듯 꾀꼬리들의 하트는 10년이 지난 어느 날 갑자기 호출로 이어졌고 한겨울에 결혼했다. 아내는 10년 동안 모친께 지극정성을 다해서 효도했고 해마다 철쭉꽃 축제일이 다가오면 모정의 혼불이 날 미치게 했다. 기후변화와 시대에 맞게 고삼호수에 불타던 진달래 철쭉꽃은 줄거나 자취를 감추고 각양각색의 영산홍이 호수 주변에 활짝 피었다.

  그로부터 몇 년 후에 진이는 호출을 보내왔고 꾀꼬리의 극성에 결혼했다고 고백했다. 백합꽃은 순결한 이미지가 돋보였다. 봄이 오면 모친은 꽃 씨앗들을 심고 황토집 사방에 화단부터 정리하셨다. 어림잡아서 100여 평은 꽃을 심고 가꾸면서 근동의 사람들은 물론 서울 인천 수원 등 먼 곳의 사람들도 꽃구경을 왔다.

백합 알뿌리가 약제에 쓰인다고 소문이 나서 해마다 이른 봄에는 외지에서 자가용을 타고 오는 사람들이 많았다. 그날 저녁에는 운수 대통인 날이다. 약제를 팔고 수입을 얻었으니, 백합의 소중함을 노래하면서 여섯 식구가 쌀밥과 생선을 배부르게 먹는 날이다. 모친은 꽃집에서 태어나서 꽃을 좋아한다고 했다. 외갓집의 대를 이어서 꽃집과 꽃사랑에 취해 있다. 그래서 우리 가족들도 모두 다 꽃을 좋아하고 사랑하는 것 같다.

샐비어 꽃사랑

깊은 밤 꿈속에 어머니가 오셨다. 샐비어꽃 속에 모친은 하얀 의상 차림에 고운 자태였다.

"한아름의 빨간 샐비어꽃을 들고 가족 사랑이 으뜸이란다."

흐트러진 내 마음을 톡 찍어 훈계하고 안개처럼 사라진다. 아내는 영원한 샐비어의 꽃사랑이다. 일편단심 불꽃 사랑이다.

어릴 적에 인형 같은 왕눈에 강렬했던 이미지는 50년이 지난 지금도 샐비어의 꽃사랑이다. 동생처럼 지내다가 10년이 지난 어느 날 진이는 핫팩 같은 호출을 보내왔다. 샐비어가 핀 제과점에서 가슴에 마음을 담아서 사랑을 약속했다. 이 세상 끝까지 영원히 변치 말자고 낙원사진관을 찾아서 기념사진도 찍고 나는 그 사진을 항상 지갑에 넣고 다녔다.

장애인을 학대하고 지체장애인의 삶에 회의를 느낄 때 나는 사진이 변색하기 전에 다시 제과점을 찾았다. 그리고 우리는 부부가 되었다. 샐비어는 생명력이 강하고 활력이 넘쳤다. 꿀 꽃이 피어난다는 화초인데 우리의 사랑이 차고 넘쳤다. 소중한 인연이다. 지체 장애의 애환은 혼란을 가져왔어도 샐비어와 함께라면 사랑과 행복이 충만했다. 온전치 못한 내 육체에 딱 맞은 신비의 샐비어에서 우리의 사랑은 시작되었다. 샐비어는 기억력을 높이고 우울증을 완화하는데도 탁월한 효과가 있다고 한다. 한쪽 하지가 성치 못하여 많이 넘어져서 무릎이 성할 날이 없었는데 샐비어는 내 마음과 육체를 보호해 주었다.

 진이는 어느 날 갑자기 나에게 호출을 전해왔다. 우리의 사랑을 굳건히 지켜주는 신의 선물이라 생각했다. 샐비어는 건강하고 활기찬 삶을 원하는 부부에게 좋은 꽃이 핀다. 그리고 샐비어의 꽃말 중 하나는 정조라고 한다. 고대부터 정조의 사랑으로 여겨왔다고 한다. 샐비어는 어떤 형태의 간음이나 폭력 그리고 바람피우는 몰상식한 사람에게 믿음과 소망과 사랑을 인정하지 않는다고 했다. 오직 한 사람만을 사랑하고, 깊은 사랑과 행복을 추구하는 정조의 꽃, 결혼 후에는 샐비어 꽃밭을 찾아서 적극적인 사랑을 했다. 그리고 샐비어꽃을 따서 시간 가는 줄도 모르게 꿀을 빨아 먹었다.
 내가 진이를 연인으로 만나기 십수 년 전에 이야기이다. 토요일 오후였다. 힘들게 어린 여학생이 내 앞을 지나간다. 교복 차림의 여중생인데 왼쪽 다리를 잘 못 쓰고 있었다. 땀을 비 오듯

흘리면서 비탈길을 위태롭게 올라가고 있었다. 그런데 고르지 못한 시멘트 바닥에 심하게 넘어졌다. 나는 쏜살같이 달려가 그 여학생을 일으켜 주었다. 그런데 오른쪽 무릎에서 피가 무섭게 솟구치고 있었다. 무릎이 많이 상했고 피가 철 철 흐르고 있었다. 나는 셔츠를 벗어서 여학생의 무릎을 이중삼중으로 동여매고 일단 피를 멈추는 데 성공했다.

여학생은 놀라서 울음을 멈추고
"오빠, 고마워요." 하면서 당황한 기색이다.

나는 그 여학생을 업고 가까운 제과점으로 무작정 진입했다. 제과점 주인은 정성을 다해서 응급치료해 주었고 하얀 붕대로 가지런히 붙여주었다. 그리고 빵과 우유도 주셨다. 그런데 제과점에는 온통 샐비어꽃들이 만개해 있었다. 여학생은 성격이 활달했다. 창백한 얼굴은 금시 환하게 웃고 있었다. 샐비어꽃을 지적하면서 꽃 이름을 물어본다.

"너무 예뻐요. 꽃들이! 그런데 이 꽃 이름이 뭐예요?"
제과점 주인장은 샐비어꽃이라고 했다.

주인장은 봉투에 샐비어 꽃잎과 잎사귀를 한 봉지 따서 주셨다. 집에 가서 곱게 쪄서 상처에 바르면 흉터가 생기지 않는 민간요법도 상세하게 설명해 주셨다. 여학생을 정성껏 돌봐 주었고 소중한 인연에 감사했다. 나는 청년 시절인 20살 때 진이 학생을 알았다. 깜찍한 여중생이다. 내 여동생이었으면 좋겠다고 생각했다.

쌀장사하는 고종 누나네 집에 오면 진이가 생각이 났다. 수년이 지나서 그녀는 꽃같이 예쁜 아가씨로 변신했고 의상실에서 디자이너로 일하고 있었다. 나는 그녀를 샐비어 아가씨라고 불렀다. 그녀와 크라운 제과점에서 오빠 동생으로 사계절 만났다. 그리고 만나면 긴 시간 동안 대화가 오고 갔다. 주인장이 이 세상 제일 멋진 남매라고 부러워할 정도였다. 해마다 주인장은 샐비어꽃 화분을 우리에게 선물하셨다. 단골집이 되었고 그녀는 오른쪽 무릎의 큰 상처를 샐비어 덕분에 감쪽같이 흉터를 면했다고 제과점 주인장한테 항상 고마워했다. 그녀는 의상 디자이너가 되었고 고마운 크라운 제과점 주인에게는 수제 모자와 의상을 선물했다. 나에게는 털실로 뜬 목도리와 장갑을 선물했다. 여름이 오면 해마다 제과점에는 샐비어가 지천이었다. 그중에서 가장 탐스럽고 건재한 꽃 화분을 나는 그녀에게 선물했다.

나는 그녀의 가족에 대하여 잘 모르고 있는데 그녀는 내 가족을 잘 알고 있었다. 7남매 중에 맏딸이라고 했다. 그녀의 동생이 나의 제자라고 했다. 그녀는 3살 때 소아마비로 왼쪽 다리를 잘못 쓰고 있으나 밝고 언제나 화사한 옷차림이다. 샐비어의 인연이라고 할까! 나를 만날 때면 빨간 원피스 차림, 긴 머리에 빨간 리본이 인상에 남았다. 나는 오른쪽 다리를 잘못 쓰고 있었고 서로의 힘이 된다면 좋을 것 같았다. 그녀도 나의 사랑을 긍정적으로 받아들인다.

긴 머리에 공주 얼굴은 금방 피어나는 샐비어의 꽃 꿀빵처럼 향기롭고 달콤했다. 부친이 개인택시 운전하시고 모친은 한일은행 연수원에 출퇴근하는 평범한 가정의 맏딸이다. 매달 만나면 꽤 오랜 시간을 제과점에서 유익한 대화를 나누었다. 고삼호수 텃골마을에 샐비어꽃이 필 때면 만나 데이트를 즐겨오다가 10년이 지나서 다시 만났고 결혼을 약속하게 된다. 그리고 결혼을 하게 되면 맡은 일에 충실하고 여행하면서 멋진 삶을 살자고 약속했다. 믿음과 소망과 사랑은 별들만큼이나 반짝이는 나날들이었다. 파란만장한 삶을 겪었지만 나는 핫팩 같은 열정을 만들면서 언제나 신혼 같은 샐비어의 삶이었다.

2025년 결혼 42년이 되었다! 시베리아의 한랭전선으로 유난히도 추운 을사년 새해를 맞이하였다. 입춘이 지났는데도 혹한이 계속되는 유별난 겨울의 끝자락이다. 봄이 오면 샐비어 꽃모종을 내서 추억과 사랑이 가득한 봉주르 주인장께 홍보의 글과 함께 선물할 생각이다. 봉주르를 처음으로 찾은 것은 35년 전이다.

그 옛날 봉주르는 황토방에 조그만 주막집이었다. 사랑과 낭만이 죽여주는 녹두 빈대떡에 동동주 한 사발이면 세상을 다 얻은 것 같은 황토집 동굴 속 사랑이다. 넓고 깨끗한 팔당 수원지와 이따금 지나가는 춘천행 완행열차의 기적소리가 동동주의 맛과 심신을 한결 포만감 있게 했다. 진이와 함께 밤을 꼬박 새우면서 모닥불 피워놓고 수다 떨던 추억들은 꽃단지 샐비어의 사랑이었다.

  하늘에는 보름달이 활짝 웃고 있었다. 북한강을 끝도 없이 드라이브하면서 한없이 나는 자신이 초라함을 느낄 때가 있었다. 나는 아내에게 울분을 토했다. 아내는 모정의 닮은꼴이다. 아내 덕분에 넋 다운의 외로움과 고독을 이겨낼 수가 있었다. 내게 헌신적인 사랑과 배려로 기력을 상실한 채 방황한 적이 있었는데 아내는 튀는 말과 행동으로 나를 놀라게 한 적이 있었다. 아내는 나의 모든 면을 사랑하면서 이해했다. 그래서 황소고집의 나도 아내를 이해하기로 했다.

  종교 선택에서 아내는 중심을 못 잡고 방황한 적이 있었다. 서로의 인격이 있어서 토를 달지 않았다. 신혼 때에는 장로교를 믿었다. 그리고 고향으로 낙향해서는 모친의 뜻에 따라서 천주교로 이적했다. 우리 식구들은 베드로, 세실리아, 로사의 영세를 받았다. 그런데 무남독녀 로사가 어릴 적에 방황하고 있을 때 성불사에 인연이 되어서 아내는 지금 성불사에 불자가 되었다. 어언 30년을 불심으로 가정의 안녕과 삶의 의지와 투혼이 빛났다. 지체 장애의 힘겨운 삶 속에서 세상 사람들이 비웃을 때도 있다. 그럴 때면 목적지 없는 드라이브를 한다. 거의 다 아내와 번개여행을 즐기지만 가끔은 제자와 은사님과 친구와 여행할 때도 있다.

나는 대구에 죽마고우 여자 친구가 있다. 어릴 때부터 팔다리가 되어 준 친구다. 이웃집에 살았는데 내가 거동이 불편하니 책가방을 들어다 주고 항상 나의 등·하교를 챙겨주는 체력이 좋은 친구이다. 바람만 불어도 못 걷는 나를 위하여 항상 돌봐 주고 아플 때나 시간에 쫓길 때는 업고 통학시켜주었던 찰떡 친구이다. 어쩌다가 친구 혼자 학교에 가게 되면 동리에서 소문난 호랑이 우리 집에 모친은 난리가 난다. 그래서 친구는 항상 혹뿌리인 나를 달고 학교에 다녔다. 초등학교 6년 동안 팔다리가 되어 준 고마운 우정이다. 최근 붐이 되는 요양사 같은 사랑과 배려를 일찍이 익힌 선구자의 친구요 빨간 샐비어꽃 같은 열정의 우정이 빛났다. 소중한 친구이기에 항상 건강하고 이 세상 끝까지 호출을 주고받는 안성맞춤의 녹색 신호등을 찍은 친구이다.

친구는 사회생활은 물론 자신의 직업에 충실하면서 부자로 잘 살고 있다. 대갓집 살림도 도맡아서 한다. 친구의 남편은 활달한 성격에 경상도 사나이의 무뚝뚝한 성격과는 달리 자상하고 활달한 성격의 소유지로 유머도 풍부하고 예의도 깍듯하다. 1남 4녀의 다산의 친구는 자녀들이 대구와 경산과 김해 그리고 청송에 산다. 청송에 사는 딸과 사위는 사과 농장을 하는데 사과를 선물하고 주문해서 우리 집과는 진품의 사과 맛을 보면서 우정을 돈독히 하고 있다. 효녀인 막내딸 현주는 늦둥이 친구의 보석 같은 딸이다. 이 시대에 함초롬히 핀 효행이 부럽고 샘이 난다. 가족 같은 착각에 빠질 정도로 아름답고 사랑스럽다.

2025년 5월 18일 일요일 오전 11시 경북 경산시 화랑로 8길 200 로터스 101단독 홀에서 신랑 신부 윤현주의 결혼식이다. 이른 아침 나는 아내와 딸과 함께 결혼식장으로 출발했다.

"두 사람이 꽃과 나무처럼 걸어와서 서로의 모든 것이 되기 위해 오랜 기다림 끝에 혼례식을 치르는 날 세상은 더욱 아름다워라."(이해인의 사랑의 사람들이여 중에서)

서로를 귀하게 여기겠습니다. 그 시작의 자리에 함께하시길 소망합니다. 나는 신부와 인증샷에 기념사진도 찍고 7분짜리 동영상을 촬영했는데 오늘의 주인공은 하늘에서 내려온 천사처럼 아름다운 신부였다. 엄마의 소중한 친구이기에 인증사진에 결혼 피로연에서도 신부는 주저함이 없었다.

내 친구는 억척같은 여인이다. 그리고 우정은 언제나 빛났고 찬란하다. 그리움에 대구에서 안성까지 240km가 넘는 먼 거리인데도 새벽 열차에 몸을 싣고 매년 봄가을 동창회에 빠짐없이 참석해서 우정의 건재함을 보인다.

내 친구는 샐비어 꽃방의 사랑과 빛이다. 70대의 적지 않은 나이에 새벽같이 출근해서 아르바이트로 일하면서 삶의 보람을 느낀다는 친구의 일상생활은 나에게 건강과 꿈을 심어주었다. 밝고 생동감 넘치는 얼굴에서 피어나는 사랑과 행복을 직선적으로 표출하는 호출은 나의 가슴에서 살아있는 자신의 초상화를 본다. 진정 간호학의 기초를 세운 플로렌스 나이팅게일이다.

"화가 나서 지체장애인과 결혼했는데, 신혼 첫날밤에 그가 일어섰어요.(휠체어 탄 남자와 결혼한다)"

플로렌스 나이팅게일의 유명한 일화이다. 나는 수학 천재도, 일타 강사도 아니다. 살아가기 위하여 파란만장한 삼류 강사, 삼류 작가의 삶과 인생이다. 친구는 삶의 보람을 느끼면서 후회 없이 살아야 한다고 강조한다. 친구의 생각은 확고했다. 그리고 나의 몸과 마음에 항상 아픈 곳을 치료해 주었다.

카톡에서 하얀 밤을 지새우면서 오뚝이 같은 자신의 수기를 이야기하면서 나에게 일어날 수 있는 지혜와 용기를 확실하게 심어준 죽마고우이며 생명 같은 소중한 친구이다. 이성의 감정을 초월한 사랑과 꿈으로 행복을 유감없이 나눌 수 있는 이 시대 감동과 우정의 연극 같다. 나는 남다른 위치에서 온갖 조롱과 학대, 찢어지는 가난 속에서도 험한 세상을 용케도 살아왔다. 나에게 소중한 친구가 있었기에, 그 어려움과 난관을 헤쳐 왔다고 자부해 본다.

나는 삶과 죽음의 갈림길에서 외롭고 쓸쓸한 삶을 살아왔다. 천사 같은 친구의 만남은 복이다. 친구는 내게 아낌없는 사랑을 주었다. 애경사에서 항상 내 팔짱을 끼고 사랑과 배려가 돋보였다. 넘어지지는 않을까 노심초사하면서 날 보살폈다. 처음에 나는 사람들이 두려웠다. 나 자신의 초라함을 친구에게 보이고 싶지 않고 대화에서도 아주 먼 사람으로 느끼기 때문이다. 성인이 되니 친구도 마찬가지였다. 아무리 친한 죽마고우라 해도 각자 가정이 있는데 너무 푹 빠지는 행위는 아니라 생각하고 있는데 어느 날 친구가 다가왔고 격하게 우정의 호출을 보내왔다. 다리에 힘 있을 때 자주 만나고 이 세상 끝까지 함께 하자고….

그리고 오늘 하루만이라도 친구를 위하여 나이팅게일이 되고 싶다고 내 팔짱을 꼭 끼고 하나에서 열 개를 모두 다 챙겨준다. 초등학교 친구들은 애경사에서 자주 목격하는 장면에 나를 보면서 사랑받기 위하여 태어난 사람이라고 부러워했다. 시기나 질투가 아닌 찬사와 70대에 접어들면 친구들도 멀어진다고 하는데 나는 아닌 것 같다. 뜨거운 우정의 호출을 보내는 친구들이 많아졌다. 내 아내까지도 챙기는 대구 친구는 진정한 우리 집에 플로렌스 나이팅게일로 확실하게 자리를 잡았다. 상대방과 진솔한 이야기를 나눈다는 것도 어려움이 많았는데 이제부터는 술술 풀리는 것 같다. 내 마음의 나이팅게일의 친구가 있으니 나는 건강하고 행복하다. 아내가 유일하게 믿고 의지하는 대구의 친구는 이른 아침 카톡으로 안부를 묻는 일상생활에서 동행하는 우리 집의 천사이다.

꿈속에 모친이 별나라에서 찾아오셨다. 그곳은 샐비어 꽃동산이었다. 71주년 내 생일에 친구 가족을 초대해서 고마움을 전하자고 한다. 2025년 초가을에는 친구에게 미리 초대장을 보냈다.

거봉이 익어가고 포도 중에서 포도 마스카트도 익어가고 있다. 친구 내외를 초대해서 작은 정성이나마 표하고자 한다. 친구가 기대하고 있다는 빠른 답신이 왔다. 아내와 함께 포도 농장에서 작은 파티를 마련할 것이다. 입안 가득한 거봉과 포도 향이 입안 가득히 퍼지는 마스카트가 그동안 쌓인 피로와 스트레스를 한방에 사라지게 하고 잃었던 힘을 불끈 솟게 한다. 바쁘게 인터넷으로 검색을 완료했다.

샐비어 아내가 오늘 바로 포도 농장으로 가서 예약하자고 보챈다. 올해에는 친구 가족과 함께 포도 농장에서 마음껏 포도 향에 취하고 친구를 위하여 작은 파티를 마련할 것이다. 그리고 빨간 꽃에 꿀방이 만개한 샐비어 화분을 선물할 것이다. 아내가 꽃밭에서 환하게 웃는다.

제 2 장
나만의 사랑과 행복

칼바위가 있는 조비산의 신녀 해돋이는
오메가 일출이었다

금빛 찬란한 햇살은 칼바위 얼굴을
순식간에 용의 기상의 산신으로 다가와
내 가슴을 항상 꿈과 희망으로
뛰놀게 했다

신혼여행

　1981년 6월 나는 서울 동대문구 제기동에 종합화장품과 현대음반사를 개업했다. 1972년부터 가정교사와 개인지도 그룹과외로 서울과 안성에서 천재 교실과 장학 교실을 운영했고 학생들과 학부형들의 인기를 한 몸에 받았다. 고등학교 2학년 때부터 선생님들의 사랑과 배려 속에 어린 나이에 서울 부잣집 가정교사가 되었고…! 이것이 인연이 되어서 평생 과외교사가 되었는지도 모르겠다. 파란만장한 굴곡진 삶을 생각하면 나도 모르게 눈물이 난다.
　1980년 7월까지 과외와 입시학원을 전전하면서 벌어들인 수입금은 꽤 많았다. 5공화국의 학원과 과외 등 일체의 사교육 말살 정책으로 그동안 저축한 돈으로 종합화장품과 현대음반사를 개업한 것이다. 일억 삼천만 원을 투자했고 막내 누나도 사천만 원을 투자했다. 누나는 한국 화장품에 오랜 외판 경력이 있고 이윤이 좋아서 해 볼만한 사업이라고 나에게 적극적으로 권유했다. 부자가 될 수 있는 나만의 노하우가 있다고 호언장담했다.

  1980년 7월 31일, 전두환 정권은 교육 말살 정책으로 입시학원은 물론 개인 그룹과외와 가정교사까지도 일절 금지했다. 그래서 나는 제2의 삶을 설계했고 바로 시행했다. 과외교사가 경영자가 된다는 것은 어려움이 많았지만 하면 된다는 자신감이 있어서 도전했다. 그리고 K대학교 교육 대학원에 입학했다. 사업자로서 자질과 향상에 큰 꿈과 야망으로 가득했다. 사업은 날로 번창해 갔다. 그러나 2년도 채 못 되어 파산에 직면했다. 엄청난 물량의 화장품은 하룻밤에 모두 도난당하고 바로 옆에 나드리 화장품은 미용 사원까지 살해되었다.

  대학원 동료들과 설악산에서 미팅이 있던 날 급보에 접했다. 청량리 경찰서의 긴급 호출이다. 이틀간 철야 조서를 받고 하루 아침에 날 거지 신세가 되었다. 나는 성치 못한 몸으로 이를 악물고 밤낮을 모르고 뛰면서 이루어낸 값진 삶의 터전이었는데 모두 다 사라진 것이다. 삶이 막막했다.

  한 달 후에 11명의 떼강도가 서울산업대학 인근 전농동 포장마차를 싹쓸이할 때 잡혔는데 그들 중에 한 아이가 학원의 제자라고 했다. 기가 막혀 말문이 막혔다. 경찰에서 나는 그런 제자를 둔 일이 없고 설사 강의를 들은 적이 있다고 해도 도둑질하는 수학과 사람을 죽이는 수학을 가르치지 않았다고 분개했다.

  매주 토요일에는 안성으로 내려와 어머니를 찾아뵈었다. 고생하시는 어머니가 보고 싶고 집밥이 그리웠다. 밤늦게 가게 되는데 택시를 타야만 시골집에 갈 수 있었다. 늦가을 어느 날이다. 늦은 밤에 서울에서 고속버스 막차를 타고 안성에 도착했다. 개인택시를 타고 시골집을 향하여 한참을 가고 있는데 갑자기 운전사가 조심스러운 목소리로

"자네가 기범인가?" 하면서 다짜고짜 묻는다.

지나가는 말이 아님을 직시할 수가 있었다. 나는 깜짝 놀랐다.

"저의 이름을 어떻게 아십니까? 어르신?"

운전사는 목소리를 한 톤 낮추면서

"내가 진이 아비 되는 사람이네."

나는 순간 머리에 스쳐 지나가는 예감이 예사롭지를 않음을 감지할 수 있었다.

"내일 택시 정류장에 있는 곰 다방에서 만날 수 있겠나? 할 말이 있어서 그러네!"

운전사의 일방적인 말이다. 운전사는 꼭 만나서 할 말이 있다고 상기시키면서

"내일 아침에 만나도록 합세." 하면서 급하게 떠나신다.

이튿날 아침, 나는 일찍이 버스터미널에 있는 곰 다방으로 갔다. 뚱뚱한 어젯밤 운전사가 다방에서 기다리고 있었다. 정중하게 인사를 드리고 조심스럽게 의자에 착석했다. 큰기침하시고 나서는 운전사가 나를 바라보면서 묻는다.

"자네 결혼은 안 한 것으로 알고 있는데 여자는 있나? 결혼할 상대 말이네."

나는 고개를 숙이면서 말했다.

"없습니다."

나는 지난날의 추억과 사랑에 희미한 기억이 살아나고 있었다.

"우리 애가 지금 집에서 기다리고 있네! 자네를 보고 싶다고 하네." 하시면서 자리에서 일어나신다.

일사천리, 나는 어르신의 말에 순종했다.

안성 초등학교 정문에서 세 번째 옛날 기와집이었는데 깔끔했다.

"오빠!" 하면서 반갑게 맞이한다.

아기로 생각했던 진이는 어엿한 숙녀로 변해 있었다. 나는 멈칫거리면서 예를 갖추고 낯선 어머니께 인사를 올렸다.

진이는 11년 전 중학교 때 알았다. 오빠 동생으로 남매처럼 지내오다가 시간에 쫓겨서 잊고 있다가 5년 만에 다시 만나게 된 것이다. 쇠고기 국과 하얀 쌀밥에 아침상이 들어왔다. 몇 가지의 나물과 멸치와 김치가 있었다.

"오빠 드세요. 시장하실 텐데?"

나는 아침 식사하고 온지라 밥과 국 몇 수저를 드는 둥 마는 둥 하다가 수저를 내려놓았다.

"오빠, 식사했구나?"

진이는 애교 있는 목소리로 나에게 가까이 붙으면서 용기 있게 다정하다는 것을 가족들에게 과시하였다.

"조금 쉬었다가 저하고 나가요. 맛있는 것 많이 사 드릴게요."

이것이 꿈이여! 생시여!

알 수가 없는 횡재이었다. 꿈을 꾸고 있는 착각은 아니겠지!

진이는 예쁜 숙녀로 변해있었다.

나는 31살, 진이는 26살이니 두 남녀가 결혼하는데 꽉 찬 나이다. 진이는 갓 스무 살의 어린 피부를 가지고 있었다. 나는 진이한테 혼을 뺏긴 멍청이가 된 것 같았다. 그것도 아주 빠른 속도로 사랑을 고백하고 싶었지만 자중했다.

서울행 고속버스 안에서의 아름다운 미팅이다. 양가 부모님께서 쾌히 승낙하신 것이다. 고속버스 안에서 진이는 적극적인 프로포즈로 날 유혹한다. 두 손으로 나의 오른손을 감싸고 반짝이는 왕 눈으로 수많은 하트를 뿌리면서 눈으로 말하고 사랑을 소원했다.

"오빠! 우리 결혼해요. 저 오빠가 좋아요."

진이는 거침없이 사랑의 하트로 날 압도했다.

"진이야! 오빠는 아직 준비가 안 되었다. 조금만 기다려 줄 수 있지?" 나는 차분하게 진이를 설득하고 있었다.

"오빠, 저는 오빠만 있으면 돼요. 오빠가 그 엄청난 일을 당하신 것을 저는 알아요. 무일푼에서 일어서는 데 동참하고 싶어요.

제가 힘이 되어 드리겠어요. 오빠!"

나는 가슴이 아팠다. 그러나 사랑하는 사람을 고생시킬 수는 없는 것이다. 서울역 서소문 공원 벤치에 나란히 앉자 결혼에 대하여 이런저런 이야기를 했다. 서로의 이견을 좁히지 못하고 있을 때이다. 어둠은 깔린 지 오래되었고 추위에 몸이 오무라진다고 느낄 때쯤 진이는 갑자기 사랑을 거침없이 고백한다. 나는 피하지 않았다. 혼미한 정신을 가다듬어 나는 진이의 작은 입술에 가볍게 입맞춤했다.

다시 일주일이 돌아왔다. 진이는 고속버스터미널에서 날 기다리고 있었다. 환한 웃음으로 나를 반긴다.

진이는 머뭇머뭇하더니

"아버님이 기다리고 계셔요?"

나의 놀란 가슴이 방아를 찧었다. 지난번 서울에서 늦게 보내서 호통을 치실 것이 분명했다.

진이는 내가 당황하는 것을 알고는

"오빠, 걱정하지 않아도 돼요. 오빠 오면 결혼 날짜 잡는다고 했어요. 걱정하지 마세요."

진이의 애교가 빠른 속도로 나의 마음을 진정시키고 있었다.

"빠르면 한 달, 늦어도 두 달 안에는 결혼 날짜를 잡게. 해를 넘겨서는 안 되네."

진이 아버님의 단호한 결단이었다. "약혼 생략하고 1월 15일

에 하겠습니다." 시원스러운 대답에 아버님이 놀라시더니

"그래, 좋다. 1월 15일로 정하고 준비하도록 하자."
 이 날짜는 일주일 전에 서소문 공원에서 결혼 날짜를 상의하고 진이와 함께 정한 날짜를 그대로 전한 것에 불과했다.
 "그런데 아빠! 저는 너무 억울해요. 연애도 한 번 못 해 보고 결혼하게 되잖아요?"
 진이의 애원이 자유를 선언한 것으로 아셨는지 아버님이 조금은 못마땅하게
 "그래, 예비 사위와 시간 내서 좋은 곳이 있으면 다녀오도록 해라. 결혼하기 전까지는 날 새 우는 것은 안 된다."
 빨간 선을 긋는 단호한 말씀이다.

 크리스마스이브 날이 되었다. 하얀 눈이 온 천지를 덮고 눈 내리는 서울의 야경을 사랑하는 진이와 함께 보내게 되었다. 나는 무거운 마음을 애써 감추면서 진이의 환희에 맞춘다.
 "오빠! 행복해요!
 오빠랑 함께 있으니 꿈만 같아요! 오늘같이 하트가 많은 날은 처음이에요.
 이 밤을 오빠와 함께하고 싶어요!
 아빠께서도 약조 위배를 용서하실 거야!
 "우린 결혼할 사이인데! 날 보내지 마세요! 오빠?"

진이는 날 제압하고 있었다.

밤은 깊어만 갔다. 서울의 한복판 명동에서 양주 한 잔에 비엔나커피 한 잔씩 들고 이제는 쉬어야 할 곳을 찾아야 하는데 쉽지는 않았다.

"어디에서 보내지?" 나는 방황했다.

"오빠가 가고 싶은 곳으로 가요?"

진이는 걱정 없다는 듯이 대꾸한다.

내 호주머니에는 20만 원의 거금은 있었다. 편히 쉴 수 있는 자리를 찾기는 쉬운 일이 아니다. 일급 호텔에서 편하게 쉴 수 있는 여건은 되지를 않고, 그렇다고 3급 여관으로 가서 밤을 보낼 수도 없는 일이다. 우선 택시를 타고 서울 외곽 지역을 둘러보기로 했다. 청량리 방면, 홍릉 방향으로 차는 달리고 있었다.

나의 삶의 터전이고 수년 동안을 사는 터라 지리에 밝았다. 홍릉을 지나 경희대학교 못 가서 휘황찬란하게 새로 지은 모텔이 눈에 확 띈다.

"진이, 걱정하지 마."

나는 떨고 있을 진이에게 마음을 안심시키면서 어깨를 살짝 끈다. 진이는 모텔 정문에서 주춤거리더니 이내 결심이 섰는지 내게 몸을 기댄다.

방은 넓고 화사했다. 새로 지은 건물이라서 깨끗하고 호텔 못지않은 시설을 갖추고 있었다. 침대가 웅장한 조각품이다. 이탈

리아 가구의 모양을 하고 있었고, 무지개 형태의 침실 분위기가 환상이다. 이런 곳에서 사랑이 시작되는구나!

화장대 위에는 부부생활에 필요한 기구들이 일렬로 놓여 있었고 탁자에는 크리스털 물 잔과 재떨이가 놓여 있었다. 냉장고를 열어 보니 맥주 2병과 음료수가 있었고, 누드 그림의 야한 비디오테이프 2개가 놓여 있었다. 진이는 떨고 있는 듯 처음으로 보는 이상한 물건들을 애써 외면한다. 나는 떨고 있는 진이를 부드럽게 껴안고 눈을 맞춘다. 그리고 입술을 향하여 조심스럽게 입맞춤을 청한다. 샐비어 꿀맛처럼 매혹적인 사랑의 속삭임이다. 달콤했다.

진이는 아무런 일이 없다는 듯이 목욕탕으로 들어가면서 문을 잠그는 소리가 적막의 밤을 깬다. 진이는 도톰한 입술로 날 유혹하면서 꿈과 희망을 심어주었다. 기운을 차리고 그대의 영원한 보호자가 되겠다고 약속했다. 그동안 쌓인 그리움과 사랑에 푹 빠져서 세상을 다 얻은 기쁨과 기운이 불끈 솟았다. 이것은 사랑의 적분으로 무지갯빛 사랑이다. 내 사랑 진이라서 고마웠다.

내 인생에 진이가 아닌 그 누구도 난 사랑할 수 없었다. 진이가 아니었으면 나는 사랑을 영원히 몰랐을 것이다. 20일 후에는 결혼한다.

전날 눈이 많이 와서 걱정했는데…. 1월 15일은 구름 한 점 없는 쾌청한 날씨다. 겨울 날씨답지 않게 포근한 날씨에 하객들이 많았다. 신부 측 하객들이 더 많았다. 장인께서 운수업을 하고 있고 마당발에 진이는 큰딸이므로 안성에서 크다고 소문이 난 고려 예식장이 비좁았다. 나는 실업 상태에서 정신적으로 혼미했지만, 결혼은 예정대로 추진했다. 진이의 동생들이 반대했지만 강행했다. 내 모친께서도 반대는 하지 않았지만 내심 좋아하는 분위기는 아니다.

어머니는 외갓집 숙이는 떠났지만 건강하고 신체적으로 문제가 없는 며느리를 원했을 것이다. 닭살이 돋은 애교도 생각날 것이다. 나는 며칠 밤을 새워 어머니께 무릎 꿇고 결혼 허락을 받아냈다. 독실한 천주교인 어머니는 마리아라는 세례명을 가지고 사랑과 봉사 정신이 투철한 신부님과 수녀님들이 인정해주는 분이다. 열정적으로 교회에 헌신하는 부지런하고 주일에는 성당에 나가는 기쁨으로 살아가시는 분이다. 미리내 성지에도 종종 가셔서 미사에 참여하시고 수녀원에 많은 봉사를 하시는 분이다.

"이루어질 수 없는 사랑"인데도 숙이는 어릴 때부터 막내아들을 챙겨줄 것으로 생각하셨다. 많은 기대와 관심을 두고 지켜보던 어머니였다. 가난한 가정에 가장이니 집안일을 도맡아 하셨고 막내아들에 대한 사랑이 각별했다. 6살이 넘도록 젖을 입에 물리고 애지중지 마비된 다리를 고치기 위하여 정성을 다했던 분이다.

자식 건강을 위하여 물불을 가리지 않고 건강만을 챙겼던 분이다. 나는 두더지를 삶아서 아침마다 먹기가 곤혹스러웠다. 어머니는 외가댁에서 큰어른이셨고, 대·소와 관계없이 모든 일에 관여하신 막강한 영향력에 학식이 높으신 분이다. 아침마다 조선일보를 읽으시고 세상 돌아가는 이야기등으로 역사와 사회는 물론 여러 방면에서 박식하신 분이다. 독립투사의 외동 따님이었고 친척들은 물론 동네 사람들의 우상이다. 힘은 장사였고 학식도 따를 자가 없는 여걸이시다.

막내아들과 숙이의 관계가 일그러졌을 때 모친께서는 크게 화를 내시고는 배신자한테는 일체 발을 끊으시는 무서운 성격의 소유자이다. 큰 집과는 한동안 교류가 있었으나 잘 나갔던 가세가 정치판에 놀아나 갑자기 기울고 땅에 떨어지니 모두 끊어 버리는 날카로운 성격의 소유자였다. 나에게도 생전에 외갓집과 발을 끊을 것을 종용했고, 당신께서 죽더라도 인연이 아니므로 연락하지 말라고 하셨다.

모친의 분노는 약조를 위배했고 짐승만도 못한 가문이라고 맹비난하셨다. 작은아들의 꿈과 희망을 꺾었다는 것이다. 결혼식장에서 내내 눈물을 훔친 어머니였다. 목소리가 예쁜 예비 처제는 두 사람이 모두 장애를 가지고 있어 결혼 생활에 불편이 있다고 반대의 목소리가 높았다.

가진 것이 없고 실업자이니 더욱 난색을 하면서 반대했다. 능력이 있다고 해도 가지지 못한 자는 행복할 수 없다는 논리다. 선진국이라면 몰라도 복지가 없는 우리나라에서는 생활의 어려움이 많을 것은 당연했다. 그러나 진이는 동생들의 말에 동조하지 않고 매몰찼다. 사랑의 힘은 위대했다. 안암골의 대학 다방에서 만나 혼인 취하를 종용했지만, 사랑의 위대함에 말을 하지 못하는 예비 처제다. 신랑 신부가 모두 장애를 가지고 있으니 다소 개혁적이며 아름다운 결혼식의 예를 준비했다. K대학교 음대 피아니스트를 초빙했다. 사랑을 위하여, 아베마리아, 결혼행진곡 등 피아노 연주가 이어졌고 신랑의 친구들 20여 명이 만일의 사태를 대비하여 신랑 신부를 보조하면서 일렬로 행동을 함께하는 이채로운 결혼식이었다. 수많은 하객이 몰려들었고 신랑 신부의 불편한 몸을 보면서 많은 하객들이 눈시울을 붉혔다. 피아니스트의 뛰어난 연주 솜씨에 감탄의 연발이었고 유명한 음악회를 방불케 했다. 주옥같은 피아노 연주가 결혼식장을 화사하게 했고 환희와 축복의 폭죽이 절정을 장식했다.

  주인공인 신랑 신부는 아름다웠다고 했다. 한 시간에 걸쳐 미치도록 몰입에 빠진 피아노 연주는 계속되었다. 신랑 신부의 꿈과 야망과 비상을 대변한 것이다. 피아니스트 자신도 놀라워하면서 손가락에 물집이 잡히도록 열정을 다하니 우레와 같은 박수와 함께 환호가 대단했다.

  온양으로 신혼여행을 떠났다. 서울 친구들이 자가용으로 온양까지 데려다 주고 숙소를 정해주는 등 온갖 편의를 제공해 주었다. 고마운 친구들이다. 온양에서 호텔 버금가는 화려한 온양장에서 신혼의 밤을 보내게 되었다.

아름다운 신랑 신부다. 짙은 감색 양복의 신랑은 종일 함박 웃음을 유감없이 뿌린다. 백설 드레스의 신부는 하늘에서 내려온 천사였다. 진이는 신부 화장까지 하니 두 배 세배는 더 아름다웠다. 온천에서 샤워하고 온천탕에 몸을 맡긴다.

"우린 사랑 하나로 출발했어요. 사랑은 모든 것을 이겨 낼 수 있어요. 오빠 곁에는 이제부터는 제가 있어요. 오빠의 아내 진이가 있다는 것을 한시도 잊어서는 안 됩니다. 힘을 내세요. 오빠"

나는 고마움에 눈물샘이 터졌다. 갑자기 머리가 혼미했다. 먹고살아야 하는 것이 걱정되었다. 지금은 백수의 탈출이 급선무다. 제멋대로 요동을 치는 삶의 요지경에 분노와 절망이 한꺼번에 몰려들고 벅차 오른다.

두려움에서 몸이 떨리고 입술도 떨린다.

"우리에겐 사랑이 있어요! 사랑으로 모든 것을 이겨내면 돼."

신혼 첫날밤, 진이는 불안에 떨고 있는 나에게 엄마 같은 사랑을 제공했다.

"여보! 이제부터 진이는 오빠의 아내야. 난 모든 것을 각오하고 있어요. 사랑으로 이겨내자 오빠, 사랑해!"

진이는 나의 얼굴을 더듬고 있었다. 샐비어꽃처럼 강인한 열정이 대단했다. 파란만장한 지난날들이 주마등처럼 뇌를 스쳐 지나간다. 학원가에서 인기 강사였으니 돈지갑이 터지기 직전까지 간 적도 있는데 이게 뭐람!

온갖 잡생각이 날 지배했고 분통이 터진다. 1980년대에는 철권 정치로 숨을 쉬는 것까지 감시했던 암흑의 시기다.

학원 강사와 과외가 학원법 위반으로 군사 정권의 폐쇄적인 횡포이었다. 1970년 중후반에 입시학원을 전전하면서 벌어들인 돈으로 청량리에서 종합화장품과 현대 음반사를 경영했지만, 떼강도에 의해 2년 만에 폐허가 되었다. 가장 어렵고 힘든 시기에 삶과 죽음의 갈림길에서 삶을 찾고자 노력했고 주저하다가 나는 결혼했다. 신혼 생활에서 사글세 보증금 20만 원이 전 재산이었다.

진이는 내가 겪어 온 사실을 알고 있다. 좋은 날에 투정을 부릴 수도 없는 일이고 진이는 숨은 사랑을 마음껏 발산하고 있었다.

온양장 203호. 신혼 방은 화사했고 금빛 찬란했다. 새하얀 침대에 무지갯빛 조명이 환상이다. 화장실도 옥돌로 꾸며져 있었고 온천물은 쌓인 피로를 한 방에 날려 보낼 수 있는 청량제였다.

신혼여행에 친구 김주우와 신동복이 동행하였고 신부의 친구는 명애가 함께 했다. 벨 만 누르면 도우미가 달려와서 식사는 물론 야식과 간식까지도 꼼꼼하게 챙겨주었다. 불편한 점이 없고, 편안하고 화사한 분위기의 신혼 방이다. 부족함이 없고 신혼부부를 위해서 특별하게 꾸민 VIP Room이라고 했다. 나는 온천수에 몸을 담그고 이제부터는 전신에서 점 하나하나까지도 읽을 수 있는 신비함으로 가득했다. 사랑과 행복의 꿈을 안고 한 몸이 되어서 하늘을 날고 싶다. 어릴 적에 어머니 젖을 빨던 그 시절이 생각이 난다. 어머니의 젖은 배고픔과 아픔을 해결했지만, 아내의 가슴은 신비함으로 가득했다. 소중하게 간직해 온 순결을 아낌없이 주었을 때 사랑의 위대함을 알았고 참사랑을 배웠다. 신혼 첫날밤에 간호사 같은 사랑과 배려에 감사한다. 일사천리 진이는 날 압도하고 있었다.

 죽도록 사랑하기에 우린 결혼했다. 혼전의 나는 이빨 빠진 호랑이 꼴이 되었다고 진이에게 시대와 운을 비판한 적이 있었다. 사랑에 굶주린 서방님한테 오늘은 충분한 사랑의 씨앗에 사랑의 양분과 물을 공급하겠다고 비상의 도전을 던진다. 짙은 사랑의 스킨십을 한 방에 날린다. 그리고 죽도록 사랑한다고 폭탄선언을 한다. 진이는 눈을 감고 있는 나에게 몸을 옆으로 세우고 바짝 다가선다.

 "무심도 하시지! 우리 서방님!"

 진이는 잠자는 서방님을 품었다. 주마등처럼 지나온 추억들이 진이의 머리를 스친다. 우리 서방님은 학원가의 마술사. 시대의 운이 닿혀서 잠자는 마술사입니다. 곧 때가 올 것이라고 회심의 미소를 짓고 있다. 이제는 제 몫입니다. 죽도록 사랑해서 우리 서방님을 행복하게 해 드리겠습니다.

 "족집게 강사! 우리 서방님은 구설수도 많고, 탈도 많다."

 신혼 첫날밤 진이는 행복에 취해 있었다. 세상을 다 얻은 기쁨과 행복과 야심으로 가득 차 있었다. 지난 일들이 영화처럼 뇌를 스쳐 지나간다. 1980년 여름에 학원법 위반으로 구속되고, 곧바로 사업에 뛰어들다가 마른하늘에 날벼락으로 산산이 부서지는 오빠를 보면서 그때 봉숭아가 가득 핀 울타리에 쪼그리고 앉자 진이는 그만 울어 버리고 말았다. 진이에게 꿈과 희망과 사랑을 주었던 잘나가는 오빠가 이런 일들이 있다니! 믿기 어려운 일이었다.

그 옛날 오빠는 내게 꿈과 희망을 주었다. 제과점에서 만나 처음인데도 어색함이 없이 해맑은 얼굴로 진이의 어깨를 치면서 공부하는 길은 얼마든지 있고 방송 통신 고등학교를 권유했다. 그래서 진이는 서둘러 방송 통신고에 입학하고 토·일요일마다 수원으로 나가 수업을 듣고 졸업했다.

부모에게 효자라는 소문이 나돌고 사업을 하다가 크게 망하여 결혼할 나이가 넘었는데도 혼처가 막히고, 가난뱅이 불구라는 이유로 못난 여자들이 한 단계 낮추어 농락하니 미칠 노릇이 아니고 무엇이겠는가!

어머니께서 몸져 누워서 계시기에 지극정성으로 토요일마다 시골집에 내려온다고 장돌뱅이 아주머니가 부친께 말을 걸어왔다고 한다. 아버지께서도 미래가 있는 젊은이로 소문이 자자한데 안 되었다고 안타까워하셨다.

진이는 놀란 가슴을 이내 진정하고는 잘 아는 오빠라고 말씀을 드린다. 아버지는 대수롭지 않다는 듯이 그 동네 장돌뱅이 아주머니가 중매를 설 모양이다, 하시면서 말을 흐린다.

　추석날이라서 작은집 식구들도 모였다. 작은아버지는 서울행 직행버스를 운전하는데 오빠 사정을 훤히 알고 있었다. 아빠께서 "그 집 망해도 한참 망했다."고 소문이 자자한데 짤막하게 말을 뱉고는 밖으로 나가신다. 작은아버지가 말을 잇는다. 그 청년이 토요일이면 안성에 오니까, 고속버스에서 기다리면 만나 볼 수 있다고 했다. 예의범절이 확실한 청년으로 보이더라. 말도 유창하고 예의도 바르고 나무랄 데 없는 청년이다. 작은아버지는 유신 고속버스를 운전하고 계셔서 오빠를 자주 본다고 입이 마르도록 칭찬하셨다.

　진이는 토요일마다 고속버스에서 기다린다. 그런데 오빠가 보이질 않았다. 오빠를 만나 진솔한 대화를 나누고 싶었다. 사랑하는 오빠의 아픈 사연을 듣고 가만히 있을 수가 없었다. 소문이 사실이라면 그 아픔을 조금이라도 덜어 주고 싶었다. 고마운 오빠인데 꼭 만나게 해 달라고 아버지께 애원했다. 그러나 아버지는 완강히 거부했다.

　오늘은 토요일이다. 오후 늦게 온다는 소식에 진이는 자신도 모르게 고속버스 정류장으로 향했고 그리운 오빠를 기다렸다. 오빠는 끝내 오지를 않았다. 불현듯 불길한 예감에 길바닥에서 졸도했다. 눈을 떠보니 병원이었다. 링겔을 맞고 집으로 돌아오니 눈물이 쏟아진다. 오빠 생각이 난다.

"그 젊은이가 그렇게 보고 싶고 고마운 사람이냐?"
아빠가 차로 집에 데려다 주었다.
소문대로 똑똑하고 예의 바른 청년이더구나!
"능력 있고 장래가 촉망되는 젊은이가 틀림없다."
너도 이제 26살이니 알아서 해라.
"아버지가 내일 아침 일찍 만나기로 했다."
이것이 꿈이여! 생시여!

진이는 가슴이 뛰기 시작했다. 26년 동안 철의 장막에서 완전 해방을 선언하시는 아버지가 좋았다.

"한눈에 봐도 똑똑하고 예의가 바르더구나. 믿음직하고 밥을 굶게 할 청년은 아니더구나!"

하면서 강한 인상을 어머니께 전한다.

"오빠를 좋아했어요. 오래전 만남이지만 사랑했어요!
나 오빠 좋아하고 사랑하고 있어요!"

진이는 하나에서 열 가지, 좋아하고 아쉽고, 연애편지를 쓴다고, 아빠로부터 눈물을 쏙 빼도록 혼쭐이 난 적이 있다. 회심의 미소를 날리면서 독백한다.

사업을 하다가 망했어도 곧 재개할 것 같아요. 좋은 시절이 오면 오빠의 실력과 재능을 마음껏 발산할 수 있어요. 진이는 신이 났다. 아버지가 한 말씀 더 던진다.

"그 젊은이 여자는 없다고 하더라. 내일 아침 집으로 데리고 올 테니 그리 알고 있어라."

헐~웬 횡재야! 호박이 덩굴째 굴러온다! 가슴이 뛰기 시작한다. 진이는 기분이 매우 좋아져 있었다. 우리가 사는 모습 그대로 보여 주는 것도 좋다.

"그만한 이해심은 없어 보이지 않더라."

그토록 반대했던 아버지가 오빠를 사윗감으로 생각하시는 것 같았다.

그런데 지금은 그 오빠가 내 품에 있다. 내 가슴에 얼굴을 묻고 있다. 청량리 사글셋방에서 신혼 생활이 시작될 것이다! 끔찍이도 사랑하기에 방 한 칸 없어도 된다.

내게는 오빠만 있으면 돼!

"오빠, 사랑해. 죽도록 사랑해!"

흐르는 눈물이 소나기 같다. 소나기성 눈물은 서방님의 머리로 떨어진다. 오빠 사랑을 송두리째 차지하니 행복하다!

사랑의 감미로움에 잠이 오지를 않는다. 침대 불을 끈다. 신혼여행 사흘째 되는 날이다. 곱게 잠을 자는 신부의 아름다움은 동화 속에 백설 공주 같다. 새하얀 피부에 티 없이 맑고 깨끗하다.

시계는 오전 10시를 가리키고 있다. 나는 신부의 얼굴에 가볍게 입맞춤한다. 문을 잠그고 모텔 밖으로 나왔다. 아나고(붕장어) 회를 사기 위해서다. 진이는 유일하게 아나고 회만 먹는다. 날씨가 차가웠다. 택시를 타고 횟집을 찾아 헤매고 있다. 대형 회 센터에는 찾는 회가 없었다. 작은 횟집을 가니 그곳에는 아나로그 회가 있었다. 일회용으로 2팩을 사니 푸짐하다. 양념장에 초고추장도 넉넉하게 챙겨준다.

  길에서 1시간 이상을 소진했다. 아직도 신부는 자고 있을 것으로 생각하면서 203호 문을 딴다. 신부는 거울 앞에서 화장하고 있었다. 흠칫 놀라면서 푸짐한 장바구니를 받아 든다.

"뭘 이렇게 많이 사오셨어요. 여보?"

  생각보다 진이의 목소리는 부드럽고 애교가 넘친다.

"너무 달게 자는 것 같아 깨우지를 못했어." 진이가 대꾸한다.

"우리는 부부예요. 여보! 이제부터 우리는 하나예요. 두렵지 않아요. 우리가 살아가는 데 2배의 힘을 발휘할 수 있다고 봐요."

  진이의 말은 점점 성숙하게 익어가고 있었다.

"오빠의 방황을 더 이상 용서하지 않겠어요. 저는 죽기를 각오하고 결혼한 거예요."

  동생들의 반대를 무릅쓰고 결혼한 것이기에 반드시 잘 살아야 합니다. 동생들이 언니의 이름을 지워버린다고 했을 때 반사적으로 결혼을 굳혔어요.

"오빠가 소중했어요."

  진이는 적극적이고 돌출적이었다. 키스를 청한다. 동백꽃보다도 더 진하고 샐비어보다도 더 열정적이다. 진이는 엄청난 변화를 가져왔다. 신선한 충격이다. 내게는 모정 같은 여자다.

  정착 생활하는데 진이의 사랑이 돋보인다. 만약에 진이를 만나지 못했더라면 나는 노숙자이거나 이 세상 사람이 아니거나, 폐인이 되어 있을지도 모르는 일이다. 아기는 하나만 낳아서 잘 키우고 사랑과 행복을 위하여 살 것이다. 사랑의 위대함을 마음껏 발산하고 있었다. 죽도록 사랑해서 행복을 찾자고 한다. 무엇이고 할 수 있고 거침이 없다. 가슴 터지는 그리움과 사랑이 없었다면 결혼이라는 숙제는 풀리지 않았을 것이다. 천상의 인연이다. 진이의 목소리는 작지만, 사랑으로 가득 차 있었다. 뜨거운 심장에서 터져 나오는 샐비어 빛 사랑이다.

  보석 같은 사랑! 진솔한 사랑의 눈물이다. 눈물샘이 터졌는지 그치지를 않는다. 시계는 오후 2시가 가까워지고 있었다.

신혼의 아침

청량리 홍릉갈비에서 전농동 방면으로 200미터 지점 언덕에 청량리 시장에서 순대를 파는 도매 집이 있다. 그 집에 신혼의 둥지를 마련했다. 종일 순대 냄새가 코를 찌르고 냄새가 밴 둥지다. 딱한 사정을 알고 성원이 어머니(학부모)가 결혼의 보금자리를 저렴하게 소개해 준 것이다. 보증금 20만 원에 월 5만 원의 아담한 사글셋방이다. 6자 되는 장롱 하나에 서랍이 달린 3칸짜리 서랍장, TV와 짤순이가 신혼살림 전부였다.

서로를 의지하며 사랑하는 행복한 신혼부부라고 이웃 주민들은 온정을 아낌없이 주었다. 장애 부부이기에 부족하고 답답한 점이 많았다. 신혼의 살림은 초라했지만, 사랑과 행복은 화사했다. 주인집 아저씨와 아주머니는 신혼의 보금자리를 점검하면서 삶의 의지와 사랑이 넘치는 아름다운 신혼이라고 칭찬의 일색이다.

15년 이상을 신혼부부만을 골라 세를 놓았다고 한다. 아름다운 신혼이라고 극찬을 아끼지 않았다. 아름다운 부부라고 동네에서 소문이 자자했다. 삽시간에 청량리 일대의 화제의 인물이 되어 있었다. 저녁이면 아내와 함께 자전거를 타고 시장을 본다. 남다른 위치에서 10년 이상을 청량리에 살면서 진학학원과 제일학원의 강사 경력이 있으니 학부형들의 입소문으로 마당발이다.

청량리 시장에서 아내는 인형처럼 예쁘다는 소문이 나 있었다. 예의 바르고 인사성이 밝고 예쁜 인형 같다고 했다. 아내는 홈 의상실 경력에 세상에 하나밖에 없는 옷을 즐겨 입는다. 외출하면 많은 사람의 시선이 집중된다. 결혼 전 2년이 넘도록 요가로 다져진 몸매라고 한다. 특히 인기가 치솟고 있는 탤런트와 닮은꼴이다.

아내는 같은 동네 가게를 제외하고는 혼자 다니는 일이 없다. 서울로 시집을 와서 지리를 모르기 때문이다. 전철을 어디에서 타고 어떻게 내리는지. 강남 고속버스터미널이 어디에 있는지도 모른다. 아내와 늘 동행했다. 시장을 갈 때도 외식할 때도 언제나 함께한다. 사람들의 시선이 집중되고 무서움을 많이 타는 아내다. 온실에서 자란 화초와 같다. 이틀 사흘 간격으로 자전거를 타고 시장을 쇼핑한다. 단골집만을 골라서 시장을 보니까, 이천 원을 내고 반찬을 사면 두 배 세배 덤을 더 주는 상인들이 많다. 상인 중에는 학부형들도 많기 때문이다. 그래서 예를 갖추고 대우를 해주는 것 같다.

나는 제5 공화국 출범 전에는 잘 나가는 학원 강사였다. 몸이 불편해서 인기 강사는 될 수가 없었다. 시간제 강사로 만족했다. 그리고 집에서는 소수정예 그룹만 지도해 왔다.

아! 그런데 이건 무슨 날벼락인가!

정권을 찬탈한 전두환 정권이 교육 정상화라면서 7·31 긴급 조치를 내린다. 악마 같은 돌머리 군정의 교육 철학이다. 학원들의 수강을 금지하며 전면 폐쇄한다는 것이다. 모든 학원 강의가 금지되고 학생들의 아르바이트도 할 수가 없다. 가정교사도 금지되었고 학습지 등도 할 수가 없었다. 무조건 구속 수사 원칙으로 전두환 정권은 교육계의 씻을 수 없는 오점을 남겼다.

5·18 광주광역시 시민들을 폭도로 몰고 무참하게 짓밟더니 이제는 학원 존재 자체를 부정하는 전두환 정권이다. 학원들은 전국적으로 문을 닫게 되었고, 먹고 살기 위한 비밀과외도 힘겨웠다. 특히 대형 학원의 인기 강사들은 누구를 불문하고 지역별 경찰서에 자진 출두하고, 그러하지 않을 시에는 구속 수사한다는 원칙을 내세웠다. 나는 입시학원의 시간제 강사라는 이유로 청량리 경찰서에서 조사받고 정부의 시책에 적극적으로 동조하겠다는 각서를 밤새워 쓰고 나왔다. 점조직의 수사망이 전국에 거미줄처럼 설치했다는 엄포로 웃지 못할 촌극을 벌인다.

실업자로 있으니 막내 누나가 사업을 해보자고 제안한다. 며칠을 고심하다가 누나가 평생을 해왔던 화장품 대리점을 생각하게 되었다. 청량리에 종합화장품점을 개업했다. 수년간 학원 강사로 벌어들인 전 재산을 투자했다. 화려한 인생의 파노라마를 연출하였는데 이년도 못 되어서 침몰한다. 11명의 떼강도에 의하여 무차별 난동 속에 결딴이 났다. 옆 가게인 나드리화장품 대리점 미용 사원까지 살해된 것이다. 떼강도 중의 한 명이 학원 제자라니 믿기 어려운 일이다. 일주일 이상이나 경찰서에서 조서를 받고 범인들이 잡히기 전까지의 한 달간은 지옥 생활이었다. 경찰서에서 연일 조서를 마치고 전 재산을 잃고 생사의 갈림길에서 많은 어려움이 있었다.

시장 사람들은 내게 관심도 많다. 나는 신사용 자전거를 타고, 뒤에는 아름다운 신부를 태우고 시장을 본다.

"선생님, 안녕하세요?"

가는 곳마다 날 선생님이라고 부르는 친절한 아저씨 아주머니가 많았다. 시장 상인 중에 단골집들은 내가 결혼했고 새색시는 내 아내라는 것을 알고 관심도 많다. 신사용 자전거를 타고 시장을 누비는 나는 청량리 시장의 화제의 인물이다.

매주 토요일이 되면 나는 안성을 내려갔다. 결혼 전이나 결혼 후에도 어머니를 향하는 마음은 변함이 없다. 효행을 실천하기 위해서다. 다른 점이 있다면 아내가 있고, 처가가 있다는 점이다. 안성에 갈 때는 택시로 강남 고속버스터미널까지 간다. 그리고는 고속버스를 이용한다. 그리고 가지 않을 때는 아내와 고궁이나 공원을 찾아 산책한다. 내일의 꿈과 희망으로 가득했다. 덕수궁과 창덕궁 마로니에 공원, 서소문 공원을 자주 찾아서 산책했다. 아내는 의상 디자이너이다. 외식할 때가 가끔은 있다. 사람들의 시선이 우리 부부에게로 쏠린다. 나는 항상 정장 차림을 하였다. 아내는 눈이 부실 만큼 세상에 하나밖에 없는 화려한 옷을 즐겨 입는다. 인기 탤런트 누구와 닮았다고 한다. 아내는 내가 고등학교 2학년 때 알았다. 중학교 1학년 인형 같은 여중생이었다. 다리를 조금 절고 있었지만, 너무 예뻐서 관심을 두고 지켜보았다. 10년이 넘도록 미팅했고 오빠 동생으로 지내왔다. 그 시절에는 장애인에 대한 차별과 멸시가 심했고 지옥 시절이었다.

 결혼 전에 중매가 들어와서 안성 소라다방에서 맞선이 있는 날이다. 고삼호수 꽃뫼 가는 나들목에 진밭이라는 작은 동네 아가씨다. 피부가 검었는지 중매쟁이가 미리 귀띔했다. 처음이라서 단둘이 만나고 마음에 들면 양가 부모님과 2차 만남을 약속했다. 그런데 약속 시간이 되었는데도 아가씨는 무소식이다. 중매 아줌마는 안달이 되어서 한시간째 속을 태운다.

 자리에서 일어나려고 하는데 정신이 온전치 못한 자가 나타나 의자와 탁자를 걷어차고 난폭한 행동이다. 아가씨 대신 아빠라는 사람이 와서는 장애인은 내 사위가 될 수 없다고 버럭 화를 내면서 다방의 분위기를 쑥대밭으로 만들어 놓고 나가버린다. 마른하늘의 날벼락에 다방 주인이 놀라서 문 앞에 소금을 뿌리고 날 위로해 주고 찻값도 받지를 않는다. 그때부터 나는 장애와 비장애의 차이와 벽을 실감하게 되었다. 이런 와중에 필연인지는 몰라도 진이의 아빠 차를 타고 인연의 고리를 이었고 일사천리 그리움으로 결혼하게 되었다.

 아내는 20살 꽃 같은 나이에 날 이성으로 사랑했다고 고백한다. 처음에 만남을 굳이었고 청소년 시절에는 오빠로 이성을 알았을 때는 내 남자로 찍었다고 겁 많고 야심 찬 아내가 하는 말이다. 다정하게 자세를 취하면서 둘이서 사진도 찍었다. 어쩌다가 미팅이 있던 날에는 들통이 나서 집에서 쫓겨났던 일을 생각하며 아내가 싱긋 웃는다.
 오빠! 지금은 뭘 하고 계실까요.
 연락은 없고 연락을 할 수도 없었지만 보고 싶었다고 고백한다. 둘째 처제가 나의 조카와 동기동창이니 간간이 소식을 전해 들은 것 같다.
 하루아침에 잘못이 되어서 재산을 다 탕진하고 교도소에 있다는 등 소문이 무성했다. 그때 진이는 나를 만나겠다고 결심한다. 지금은 내 아내가 되어 젊음이 넘치는 마로니에 공원을 산책하고 있다.
 많은 사람이 우리 부부한테 시선이 집중되는 것 같다. 나는 성격이 아주 급한 편이다. 시간과 장소에 관계없이 상대방의 말이 거슬릴 때는 물불을 가리지 않는 예민한 성격의 소유자다. 이런 성격에 어릴 때는 막무가내의 아버지로부터 여러 차례 작대기로 얻어터지고 맞을 이유가 없다고 대들면 다시 얻어터진 적이 허다했다.

국보위에서 학원의 일방적인 폐쇄를 선언함은 이 나라 교육을 책임지는 교육자에게 목을 따는 패륜의 정치라고 대들어서 겁대가리 없는 놈이라고 조사관들로부터 주먹으로 얻어터진 적도 있다. 맞을 이유가 없다고 항변하여 불리하게 조서가 꾸며져 국보위를 반대하는 인물, 과외 등을 할 수 있는 위험 인물로 찍혀 수년을 감시당하는 불이익을 자초했다.

이로 인하여 나는 사업을 서둘렀고 2년도 못 되어서 파경을 맞고, 전 재산을 잃은 것도 억울한데, 직선적이고 도발적인 반발을 한다고 일방적으로 얻어터졌다. 진이와는 가장 어려운 시절에 사무치는 사랑에 결혼했다. 소중한 사람과 함께 하고픈 욕망에 결혼했다. 삶과 죽음의 갈림길에서 사랑은 돋보였다. 화사하게 대화하면서 식사를 즐긴다.

식사 중에 이야기했다가는 얻어터지거나 밥그릇을 빼앗기고 쫓겨난 적은 어린 시절이었고, 지금은 내가 가장이고 식사 문화가 바뀌었다. 자유로운 식사 예절이 소화에도 도움이 되는 것 같다. 건강에 좋고 즐거운 식사법이다. 커피를 좋아하고, 후식에는 따끈한 커피를 주문하는 것이 기본으로 되어 있다.

내 가족은 사랑으로 가득하다. 짙은 신체접촉으로 남다른 사랑의 힘이 삶의 활력소가 되었다.

"여보, 당신은 역시 내 남자예요."

시장 아주머니, 음식점 아주머니, 교회 형제들, 동네 사람들이 당신을 인정해 주고 있는 것을 이제야 알았어요. 우리 가정이 아름답다고 하는 것은 바로 당신을 인정해 주는 것입니다.

"여보, 고마워요."

아내는 항상 감사하는 마음으로 사랑한다.

우리 부부에게는 모두 장애를 가지고 있어 교회에서 많은 도움과 편의를 제공해 주었다. 잘 나갔던 입시 강사였다는 소문이 삽시간에 퍼져, 하루에도 여러 차례 교회 사람들이 집을 찾아와서 자녀를 가르쳐 달라는 부탁을 받았다. 그러나 나는 학생들을 가르칠 수 없다. 과외나 입시학원을 할 수 있는 위험인물로 찍혀 감시받고 있어 학생들을 가르친다는 것은 생각할 수가 없었다. 발각되면 무조건 구속되며 교도소 신세를 면치 못한다.

하루아침에 입시학원이 사라지고 어떤 형태의 과외나 가정교사도 할 수가 없는 수학으로 말하면 공집합이다. 철저하게 색출하는 데 혈안이 되어 있어서 위험을 무릅쓰고 과외 등을 지도한다는 것은 위험천만한 발상이다. 살얼음판의 인생을 살고 싶지는 않다. 전국에 경찰서는 물론 각 지역 교육청과 학교마다 학원이나 과외 신고 센터를 설치하고 합동으로 단속을 하는 터라 위험하기 짝이 없었다.

교회에 모든 신도는 이를 너무도 잘 알고 있다. 이를 측은하게 여긴 몇몇 교인들은 우리 부부에게 적극적인 지원에 발 벗고 나셨다. 아내는 누추한 신혼집을 방문하는 교회 사람들에게 많은 호감을 주었다. 살기도 힘겨운데 나에게 공부할 수 있는 길을 터 준다.

"여보! 당신 공부를 더 하고 싶으면 하세요?"

직장 다니면서 공부하는데 힘드시겠지만, 공부를 좋아하니 뜻을 펼 수 있는 좋은 기회인 것 같아요. 당신이 좋다면 어떠한 어려움도 참아낼 수 있어요.

아내는 "여보"라는 단어를 많이 사용한다. 부모님 앞에서도 여보라는 단어가 입에 배었다. 어른들 앞에서 여보라는 말이 조금은 어색할지라도 여보라는 말이 입에 배어서 고치지를 못하고 있다. 사람들은 아주 듣기 좋은 말이라고 긍정적인 평가를 한다. 나도 아내를 부를 때 "여보"라고 부른다.

공채를 거쳐 모교인 K대학교 행정실에서 일을 하게 되었다. 영어번역 학술논문을 많이 써 왔기에 시험을 치르는데 유리하였고, 6대 1의 공채에서 최고 점수를 받고 합격했다. 출근 첫날부터 최루탄 연기로 자욱한 K대학교는 항상 긴장이 감돌았다. 연일 계속되는 데모로 초긴장 상태였다. 사무원 누구나 할 것 없이 직급과 관계없이 청소를 해야 하고 위험물을 운반해야 하고 학교를 지켜야 했다.

학창 시절에 입학 전날부터 수천 명의 경찰이 학교를 둘러싸고 최루탄을 쏴 가면서 4년간을 팽팽하게 대치하면서 단 하루도 최루탄 없는 날이 없었을 정도로 시위는 격렬했고 민주주의를 위하여 항거하는 격동의 시절에 제대로 공부하지 못하고 허수아비 사각모를 쓰고 졸업하는 불행한 세대에 나는 살아왔다. 그런데 다시 모교 행정실에 취직을 하였으니 고생하는 아내에게 자랑을 해야 하는데 퇴근하면 바로 목욕탕에서 최루 가스를 제거해야 하고 항상 긴장 상태에서 출퇴근해야 한다.

신사용 자전거로 출퇴근했다. 한쪽 다리는 불편하나 행동이 민첩하고 빨랐다. 검도 5년의 경험이 있고 검을 다루는 기술도 있다. 정신을 집중하는 데 좋다고 하여서 검도를 배운 것이다. 시간이 나면 사격과 검도로 체력을 단련했다. 이제는 일상생활이 되었고 정신적 신체적으로 많은 도움이 되었다. 정신이 혼미할 때면 지금도 시퍼런 날이 선 검을 보면서 정신을 집중하는 자세가 나온다.

대학 생활은 데모로 시작하여 데모로 끝난 전장을 연상케 하는 분노가 활화산처럼 분출하는 한 편의 드라마 인생이었다. 안암골의 호랑이는 용감했다고 K대인 이라면 누구나 자신 있게 대답할 수 있다. 민족의 혼으로 이루어진 민주주의의 산 역사다. 자유를 위해서는 목숨까지도 바칠 수 있는 각오가 되어 있었다. 총칼을 두려워하는 자는 K대인이 아니다. 하루에도 수천 발의 최루탄이 교정에 난무하고 혼돈이 거듭되어도 최루탄 연기에 묻힌 K대는 한 폭의 위대한 걸작이었다.

그 속에는 자유가 있다. 그리고 정의가 있다. K대인은 승리는 하지 못했어도 자신 있게 투쟁했다. 총칼이 부족하여 탱크까지 동원하여 K대인의 생명을 위협하는 만행을 서슴지 않았는데 자유와 민주화를 위해서는 결코 목숨을 아끼지 않았다. 저 포효하는 젊은이를 보라! 우리에게는 젊음과 낭만이 있다. 그러나 치솟는 분노를 자제할 수가 없다. 흰 것을 두고 검은 것이라고 우기는 전제 국가의 괴수 정권은 반드시 물러나야 한다. 그리고 그 졸개들도 정신을 차려야 할 것이다. 끝내 괴수는 그의 졸개에게 타살되었다. 졸개 중에도 전제 군주에 항거하는 자가 있었나 보다. 괴수는 죽고 졸개도 죽고 또 다른 졸개의 무리가 판을 치는 세상이다. 닥치는 대로 사람의 목숨은 이제 파리만도 못한 세상이 되었다.

전두환 정권은 제2의 전제 국가의 탄생으로 5 · 18 군사 특공대를 투입하여 광주부터 박살을 내고, 반대자는 무조건 용공으로 몰아붙여 삼청교육대나 교도소로 보내는 만행을 자행했다. 수백, 수천 명의 목숨을 보란 듯이 무차별 난사하는 추태를 자행하면서 공포의 정치는 계속되었다. K대인 들은 지금 제2의 전제에 항거하면서 목숨을 내놓고 전면 대치하는 상황이다.

나는 지금 이곳에 행정 사무원이다. 일촉즉발로 위험하다. 경찰이 적이 될 수도 있고 학생들이 적이 될 수도 있다. 하루에도 여러 차례 공방이 오고 갔다. 민주화를 갈망하는 K대인의 목소리가 높아가고 있을 때 나는 자전거로 출퇴근하여 항상 위험이

도사리고 있었다. 여보, 조심하셔요. 출근할 때면 아내는 접촉이 잦다. 주인집 아저씨 아주머니께서도 이제는 신경이 둔해졌다. 안집 아이들이 처음에는 아저씨와 뽀뽀하는 것 봤다고 놀려대도 아내의 사랑은 아이들에게 인기가 최고이다.

 맛있는 과자와 아이들이 좋아하는 음식을 만들어 주고 같이 놀아 주기도 하면서, 사랑하기 때문에 뽀뽀한다고 설명해 준다. 뽀뽀하는 것은 더러운 것이 아니라 아름다운 것이라고 자세하게 설명해 준다. 이제 아이들은 이런 아줌마와 친구가 되었다. 데모는 한층 격렬해지고 있었다. 경찰의 학교 내에 수색이 초읽기에 들어갔고 한 치의 양보도 없는 전쟁 영화와 흡사했다.

 아내는 겁쟁이였으나 초조한 마음을 진정할 수 없어 퇴근 시간이 가까이 되면서 학교 정문으로 왔다.

 나는 크게 놀랐다. 놀란 가슴을 애써 진정하면서
 "집에서 기다리면 되는데 왜 여기까지 나와요."
 나도 모르게 큰소리를 쳤다.

 울보 새색시는 못 말린다. 제5공화국 전두환 정권의 졸개들이 학교를 향하여 무차별 최루탄을 발사하고 있었다. 황색 최루탄 가스가 안개처럼 자욱하게 피어오른다. 안암골의 학생들과 교직원들은 오늘도 거세게 민주화를 요구하며 독재에 항거하고 있었다. 최루탄 연기와 가스로 가득한 학교 안에는 수천 명의 학생과 교직원이 있었다. 전제 정치의 괴수 전두환 정권은 물러가라고 외치면서 교문 밖으로 화염병과 돌을 던지고 각목을 휘두르고 교문을 사이에 두고 학생들과 치열한 전쟁터를 방불케 하였다. 나는 서둘러 아내를 자전거를 태우고 빠르게 시장으로 향했다. 청량리 시장의 주인집 가게를 찾았다. 순댓국을 전문으로 파는 음식점이다. 안쪽으로 가서 자리를 잡고 순댓국을 두 그릇 주문했다. 아내에게 화낼 일이 아닌데 오늘은 아내가 너무 위험하고 긴박한 상황이라서 화가 났다.

아내의 표정이 향나무처럼 굳어 있었다. 눈시울이 붉어지면서 나의 얼굴에서 시선을 떼놓지 않는다. 아내의 손이 얼음장같이 차갑고 떨고 있었다. 순간 가슴이 철렁 내려앉는다.
"여보, 데모 현장은 위험한 곳이야!, 홀몸도 아닌데 겁도 없이 위험한 곳까지 오는 거야?"
나는 눈꼬리를 풀고 아내의 찬 손을 녹이고 있었다. 진이는 얼굴 혈색이 제 모습으로 빠르게 돌아온다. 오늘부터 3일간은 휴가다. 동해로 여행을 떠났다. 아내는 버스를 타자마자 잠을 이기지 못한다. 강남 고속 터미널에서 속초를 향하는 고속버스에 몸을 실었다. 아내는 몸을 나에게 기댄 채 잠이 든다.
버스는 영동 고속도로를 달리고 있다. 5시간 후면 속초에 도착할 수 있다. 택시를 타고 바다가 잘 보이는 숙소를 정할 것이며, 이틀 정도 푹 쉬었다 올 생각이다. 아내에게 눈꼬리를 올리면서 화난 표정을 지었던 자신이 미웠다. 잠자는 아내를 바라보면서 나는 용서를 빌었다. 어제의 현장은 전쟁 같았다. 숨막히는 긴박하고 아찔한 순간이었다. 대학원 본관에서 교문 건너편까지는 100미터가 넘는 거리다. 종일토록 최루탄 가스에 중독이 되었던 터라 온전한 정신이 아니고 더구나 격렬해진 일급 비상사태였다. 대부분의 교직원이 퇴근을 포기하고 누워서 강경 노조도 아닌데 학교를 지키겠다는 사람들이 대다수였다.

더구나 교문을 통하여 나온다는 것은 상당한 위험이 따르고, 가스 냄새가 극에 달하여 정신을 잃고 쓰러지는 일이 허다하기에 모두 다 겁을 먹고 있는 터였다. 나는 동료 직원들의 만류에도 한사코 탈출하기로 결심했다. 탈출에 성공한다면 3일 동안은 쉴 수 있다는 행복감에 젖어 있었다. 경찰은 어제저녁부터 비상사태를 선포하고 총학생회장을 체포하기 위한 치밀한 계획을 세워 놓고 교문 안으로 수백 명의 특공대를 투입하기 직전이었다. 경찰은 K대 주위를 이중 삼중으로 쥐새끼 하나 빠져나갈 수 없게 3천 명의 경찰을 투입하여 좁혀 들어오고 있던 순간이었다.

나는 가장 빠른 속도로 대운동장의 나무들을 방패막이로 삼아 민첩하게 빠져나갈 구상에 착수했고 행동만 남았다. 1분 안에 빠져나간다는 계획을 세웠다. 동료들의 만류에도 자전거 타이어를 확인한 다음에 행동에 옮겼다. 내리막길에 경찰 방어벽까지 1분이 채 걸리지 않았다. 그리고 간단한 조회를 마치고 탈출에 성공한다.

그런데 이것은 무슨 일인가! 아내가 와 있는 것이 아닌가.

탈출의 희열도 잊은 채, 걱정되어서 자신도 모르게 눈꼬리가 올라간 것이다. 아내는 여러 차례 전화를 걸어서 도움을 요청했고 학교 당국은 경찰에게 자전거를 타고 사무원이 나갈 것이니 도와 달라고 했을 것이다. 아내의 도움이 없었으면 최루탄의 밥이 되었는지도 모르겠다.

아내의 잠자는 모습은 아름답다. 차창에는 웅장한 대자연이 펼쳐지고, 나는 가슴에 아내의 잠자는 모습을 담고 있었다. 바다가 보이는 그림 같은 낙산에 도착했다.

바다에 떠 있는 환상의 호텔이다. 넓은 바다를 한입에 집어삼키고 싶은 충동을 느낀다. 이름만 듣던 하얀 비치 호텔이다. 도우미도 친절하고 방값도 생각보다는 저렴했다. 분위기가 끝내주는 바다가 보이는 VIP 방이라고 도우미의 친절한 설명이다. 열쇠를 건네 받고 방문을 따니 꿈을 꾸는 것 같은 환상의 분위기다. 동해를 한눈으로 볼 수 있는 멋진 곳이다.

두 개의 흔들의자가 있고 화장대가 있으며 냉장고가 있고, 여러 편의 비디오가 놓여 있고 TV도 40인치는 족히 넘을 것 같다. 아내는 나에게 바짝 붙으면서 천천히 사랑을 속삭인다. 어제 이 시간에는 삶과 죽음이 오가던 절박한 순간이었거늘 오늘은 환상이 펼쳐지는 이름다운 룸에서 하트 꽃이 활짝 피었다.

행복한 삶이 바로 이런 것인가? 뛰는 가슴을 진정하지 못하고 창조적인 접촉에 연거푸 사랑을 토해 내고 있다. 아내의 아름다움은 날로 풍만했고 싱싱하게 피어오르는 연꽃의 절정과 같다.

한 방에 유혹하고도 남음이 있었다.

　우리 부부는 꿈이 있다. 결혼한 지 6개월이 되었는데 바로 아기가 들어서게 된 것이다. 신혼여행에서 아기를 만든 것 같다! 커지는 젖가슴에 비하여 배는 조금 불룩하게 나왔다. 우리 부부는 결혼 6개월에 접어들고 있지만 단 하루도 떨어져서 잠을 잔 적이 없다. 얼마나 시간이 지났을까!

　아내는 나에게 중요한 문제를 제안한다. 어제의 악몽이 되살아 난 듯 전쟁터를 방불케 하는 학교를 그만두면 안 되겠느냐 묻는다. 아내는 내가 출근하고 나면 옥상에 올라가 최루탄으로 자욱한 K대를 바라보면서 하루를 보낸다고 고백한다. 최루탄 냄새는 감수할 수 있지만 내 서방님이 그 안에 있다는 것을 생각하면 가슴이 찢기는 아픔이 있다고 한다. 어제의 두려움과 초미의 위급한 상황은 잊을 수가 없다.

　요즘 부쩍 데모가 격렬하다. 천둥과 번개가 난무하듯 K대가 송두리째 날아갈 것 같은 절박한 상황을 가까이에서 체험할 수 있었고 마치 치열한 전쟁 실전을 방불케 한다. 행정실에 여러 번 전화를 걸어서 애원했다고 한다. 나갈 수 없다고 하여 아내는 K대 정문으로 갔고 경찰의 제지에도 불구하고 아내는 고집불통이다. 이중 삼중으로 겹겹이 둘러싸인 경찰 중에 우두머리쯤으로 보이는 한 사람이 나타나더니 졸개들에게

　"이분 다치지 않게 안전지대로 모셔라."라는 명령과 함께 고집불통 아내의 뜻을 결국에는 받아들인다.

그러나 위험은 있다고 한다. 안에 있는 학생들의 공격이 있을 수도 있다고 토를 달았다고 했다. 그로부터 10분 후의 나는 무사히 탈출에 성공한다. 홀몸도 아닌 아내가 겪어야 했던 아픔과 고통을 이제는 알 것도 같다. 끝도 없는 동해의 물을 모두 마시고 싶다. 그리고 그 엄청난 기운으로 아내를 많이 사랑하고 싶다!

비치 호텔은 동해를 한눈에 볼 수 있는 전망이 아주 좋은 환상의 호텔이다. 낙산 해수욕장을 훤하게 내려다볼 수 있고 아주 먼 바다를 한눈에 볼 수 있는 천국 같은 환상의 장이다. 저녁이 가까워질수록 파도는 높아지고 있었다. 밀려 오는 파도가 시간이 갈수록 하얀 거품을 내뿜고 있었다. 오징어 배로 보이는 통통배가 이따금 보이고 사라졌다가 다시 나타난다.

진이는 동해바다를 처음 왔다. 모든 것이 신기하고 바다라는 것이 이렇게 넓고 환상인 줄 몰랐다 하면서 좋아한다. 서방님과 함께 보는 바다라서 의미가 깊다고 좋아한다. 나도 아내와 함께 이곳에 오기를 잘했다고 생각했다. 학교를 그만두었으면 좋겠다는 자신의 소신을 분명하게 말하면서 나의 눈치를 살피는 아내는 야무진 표정을 그리고 있었다.

학교를 그만두면 당장 무엇을 할 것인가! 생활비는 어떻게 한단 말인가! 어제의 일들이 주마등처럼 뇌를 스친다. 모든 것을 주어도 아깝지 않은 아내에게 잠깐이나마 화낸 표정을 담았다는 것은 자나 깨나 나만을 생각하면서 사랑하는 아내에 대한 예의가 아니었다.

　남편이 위험에 처해 있으니 함께 할 것이라는 아내의 결단은 용맹인지 바보인지는 판단할 수가 없다. 나는 침묵하는 게 좋겠다. 홀몸도 아닌 아내가 그러한 결심을 하기까지에는 얼마나 가슴이 터지고 초조했을까! 이제는 이해할 수 있을 것 같다.
　결론에서 말하면 아내가 오지 않았다면 나는 어찌 되었을까! 아내에게 지은 죄를 씻기 위하여 번개 여행을 시도한 것이다. 아내에게 꿈과 희망을 심어주고자 여행을 떠나자고 했고 새로운 것을 만들기 위하여 이곳 동해로 온 것이다. 끝없는 망망대해를 바라보면서 아내와 함께 꿈과 야망을 펼쳐 보고 싶다. 당신 말대로 하는 것이 좋겠다고 나는 거침없이 말했다. 아내는 놀라는 기색을 애써 감춘다. 아내는 금시 얼굴이 환하게 피어오른다.
　"윤 집사님이 고등학교 1학년 아들이 2명이 있데요. 쌍둥이인데 공부도 잘한다고 하네요. 생활에 불편이 없도록 해주겠다고 약속했어요! 당신이 잘 아는 검정고시 학원도 있다고 하니까, 학원은 당신이 좀 알아보세요? 책을 사놓고 공부는 언제부터 할 거예요?"
　그렇다! 27만 원의 거금을 들여서 서울여고 교사인 아우님과 함께 행정고시와 사법고시 수험 책자를 샀는데 볼 기회가 없었다. 아우님은 서울대학교 역사학과를 나왔는데 서울여고에서 역사 교사로 친동생같이 지냈다.

K대학교 행정실에 사표를 내고 공부에 몰입했다. 청량장로교회 목사님의 추천으로 운 좋게도 신설동 S 검정고시 학원에 시간제 강사로 나가게 되었다. 새벽 5시 만학도를 위한 검정고시 전 과목에 출강했다. 청량리에서 신촌 남가좌동의 노선버스 안내양 40명이 단체로 수강을 신청했다. 청량 교우들도 10여 명이 수강을 신청해서 나는 하루 100분씩 매일같이 지도했다. 자전거로 20분 거리라서 버스 타는 것보다 빠르고 운동도 되니 일거양득이다. 그리고 집에 와서 아내 손맛의 아침을 먹고 행정고시 학원으로 직행했다. 온힘을 다해서 행정고등고시 시험공부에 몰입했다. 6평의 사글셋방에서 신혼의 아침은 밝아오고 있었다.

제29회 행정고등고시

　기범 아우는 어릴 적부터 형제 같은 절친이다. 고삼호수 월향리에 산다. 수령 400년의 보호수 느티나무가 있는 집이다. 호숫가 언덕 위에 그림 같은 기와집에 살고 있었다. 나룻배가 2척이 있었으며 아동기와 청소년기에는 시간이 나면 아우와 함께 노를 저어가면서 넓고 깊은 고삼호수의 절경을 빠짐없이 찾아서 자연을 벗 삼아 놀았다. 칼바위가 있는 조비산의 신년 해돋이 일출은 장관이었다. 월향리 느티나무 집에서 바라보는 일출은 그야말로 환상이다. 금빛 찬란한 햇살은 칼바위 얼굴을 순식간에 용의 기상의 산신로 다가와 내 가슴은 항상 꿈과 희망으로 가득하였다. 날이면 날마다 아우와 함께 내일의 꿈을 소원했다. 하지에 구봉산의 일출은 장엄하였다.

　좌측에 쌍령산과 우측에 구봉산과 함께 좌청룡 우백호의 뛰어난 산세와 신선들이 산다는 미리 내 성지가 있는 시궁산도 웅장하고 힘이 넘쳐 보였다. 또한 차령산맥의 금북정맥은 안성의 칠장사를 시작으로 등줄기 서운산으로 둘러싸인 거대한 새둥지 모양의 천혜의 자연은 일찍이 문학과 예술의 고장을 예고하였다.

안성맞춤의 샘터인 금광호수에는 박두진 둘레길이 조성되어 있고 2024년 10월에는 하늘 전망대까지 완성해서 명실공히 문학과 예술의 고장으로 확실하게 자리매김하였다. 하늘 전망대 정상 조형물은 남사당 바우덕이 풍물단 상모를 형상화한 것으로 세계민속축제의 거장인 혼신이 의연한 비상이 알리고 있다.

기범 아우는 나와 성씨는 달랐으나 이름도 같고 한마음 한뜻이었다. 청년기에는 만남이 뜸했으나 찻집에서 만나면 종일토록 진솔한 대화를 나누었고 결혼해서 각자 맡은 바 직업에 충실하면서 더 큰 꿈을 위하여 공부에 몰입하게 되었다. 나는 K대학교 행정실에 근무하고 아우는 서울여고 역사 교사이었다. 아우님은 더 큰 욕망으로 고등고시를 함께 공부해 보자고 제안했고, 나는 공감했으며 합격을 위해 행정고시학원에서 동문수학했다.

아우는 누추한 청량리 순대 도매집 사글셋방을 찾아와서 수험 공부를 독려했다. 아내는 있는 정성을 다해서 쌀밥에 김치찌개로 대접했고 100일 지난 아기가 보고 싶다고 토요일마다 빵과 과자를 한 상자씩 사갖고 와서 놀아 주었다. 아기 송아도 눈에 익어서 함박 같은 웃음으로 아우님을 유혹하게 되었다.

그런데 나는 먹고살기 위하여 고시에 몰입할 수가 없었다. 그만큼 하루의 일과가 시간에 쫓기면서 절박했다. K대학교 행정실은 결혼하자마자 서울 전역을 전전하다가 어렵게 공채로 들어왔는데 극심한 데모로 최루탄 가스중독으로 일 년도 채우지를 못하고 사표를 낼 처지었다. 전쟁터를 방불케 하였고 최루탄 가스중독으로 지옥이 따로 없었다. 퇴근길에 경찰이 쏜 최루탄 탄피에 맞아서 실명할 위기도 있었다.

  아내와 여행에서 사표를 굳히고 상경하는 즉시 극비에 부치고 불법과외에 입문했다. 내가 학교를 그만둔다는 소문이 나면 경찰은 물론 국가 기관으로부터 감시받아서 비밀과외나 학원 출강을 할 수 없기 때문이다. 가족들에게도 일절 알리지 않았다. 철저하게 비밀로 하고, 일은 신속하게 처리하기로 했다. 고시 공부를 하는 것은 두 번째의 일이므로 하나씩 풀어나가기로 했다. 과외 연결은 아내가 책임을 맡고 학교 문제와 검정고시 학원에의 접근은 내가 맡기로 하였다. 아내는 기뻐하면서 얼굴색이 환하게 피었다. 불타는 빨간 샐비어꽃보다도 정열적이다.
  나의 집념은 터진 입술을 깨물면서 악바리의 근성으로 반드시 해낼 것이라 수없이 가슴에 새기고 있었다. 나는 어릴 적 소아마비 후유증으로 오른쪽 다리를 절고 있으나 보기보다는 힘은 좋았다. 아내와 아기를 자전거에 태우고 청량리 시장과 경동시장을 누볐다. 강철과 로봇 같은 한쪽 다리로 온갖 묘기를 연출했다. 경주용 자전거와 오토바이 타기도 즐겼고 지구력도 좋았다.

정신 집중을 위하여 지금도 시간이 나면 사격 연습에 열중한다. 그리고 모친 사랑이 남달랐다. 나는 몸이 허약한지라 두더지-인삼 등 몸을 보양하는 음식물 수백 개를 먹고 다진 몸매로 비록 정상에서 벗어난 기형의 몸매이나 힘은 장사였다.

모험을 좋아하고 수영, 자전거 타기, 오토바이 타기를 좋아했다. 잊고 살기 위하여 한마음 한뜻으로 운명을 함께 하기로 맹세했다. 그리고 어렵고 힘든 상황에서도 사랑으로 행복한 삶을 찾고 지혜롭게 생활하고 있었다.

독재를 넘어선 전제 국가에서 나는 희생양이다. 철두철미하게 목을 조르고 숨통을 막아버리고 삶의 터전을 빼앗은 깡패들에게 진이는 운동권 아내 이상으로 전두환 정권 말기에 KAL기 폭파범 여간첩 김현희 이상의 추진력이 돋보였다. 철저하게 둘만의 비밀을 지켜나가기로 거듭 확인하면서 깡패들 집단과의 선전포고를 겁 없이 마음속에 삭히고 있었다. 그 당시에 비밀과외를 한다는 것은 위험천만했다. 군국주의 저항 세력으로 비밀 작전을 짜서 쥐도 새도 모르게 해야 한다. 더구나 나는 과외를 할 수 있는 위험인물로 찍혀 감시 대상 A급 인물이다.

"할 수 있다! 하면 된다."

수없이 뇌를 스치는 무거운 단어들이다. 나는 아내의 손을 잡고 떨고 있는 마음을 진정시켰다.

"여보, 걱정하지 말아요."

내 생각과 당신 생각의 일치에서 온 것이기 때문에 사는 길은 이제부터는 시행만 남았어요. 너무 겁부터 먹으면 안 될 수도 있어요.

"당신과 나 이외에는 누구에게도 말을 해서는 안 됩니다."

조금은 창백해진 아내가 숨죽인 목소리로 대꾸한다.

"극비에서 추진하고 있어요. 우선 교회 집사님의 쌍둥이를 지도하도록 하세요? 일주일에 3번씩, 평일 늦은 밤이 좋다고 하셨어요. 집사님 내외분께서 너무 많이 신경을 쓰셔요."

아내는 지금 하루의 일과에 신바람이 났다. 밤은 깊어 가는데…!

나는 어릴 적에 가정교사로 입문하여 오랜 세월 파란만장한 삶을 체험했다. 선풍적인 인기와 구름처럼 몰려드는 수험생들로 초만원일 때도 있었다.

가장 어려운 시기에 진이의 청혼에 결혼했다. 오늘은 낙산 해변에서 학교 행정을 접고 밀실 과외에 온 신경을 집중하고 있었다. 이른 아침에 낙산 해수욕장에는 많은 사람은 아니어도 일출을 보기 위하여 모래밭으로 사람들이 몰려들고 있었다. 나는 아내와 새벽 4시에 이미 해수욕장으로 내려와 있었다. 잔잔해신 새벽 바다를 바라보면서 가슴속에서 젊음과 울분을 토해내고 있었다.

"이 악마의 땅에서 괴수들을 처단하시오! 그 졸개들도 모두 몰아내시오!"

바다는 하얀 거품을 뿜어내고는 사라지고 발밑에서 다시 하얀 안개꽃들이 피어났다가는 사라진다. 6월의 새벽바람이라서 더 시원하다. 바다에서 부는 바람이라서 더 신선하고 상쾌했다. 끝도 없는 새벽 바다 수평선을 바라보면서 불꽃 같은 욕망을 갖고 회심의 미소를 주고받았다. 모래사장에는 소원을 비는 사람들이 많았다. 여기저기서 폭죽이 터진다. 촛불을 켜 놓고 소원을 빌면서 폭죽을 하나씩 날린다. 그 많은 소원이 낙산의 넓은 바다 모래사장에서 무수하게 피어오르고 있었다. 모래사장은 온통 소원 비는 사람으로 북새통을 이룬다. 소원을 비는 많은 사람이 하나로 뭉친 함성이다.

야호⋯. 군사정권의 막가파 무단정치이지만 태양은 떠오르고 있었다. 구름 한 점 없이 먼 수평선에서 하늘은 붉게 달아올랐다. 선명한 오메가 일출이다. 나는 이글거리는 태양의 빛을 받으면서 아내를 안고 있었다.

주인집 아이들도 아내를 좋아하고 따랐다. 내 집이다 생각하고 대청마루와 전화를 쓰라고 주인의 인심은 후하셨다. 순대를 만들어서 시장에서 장사라는 집이라서 이른 아침부터 분주하였다.

나는 자전거를 타고 서울 전역을 돌아다니면서 취업할 수 있는 곳을 찾아보던 중에 종로 3가에 있는 K대 동문 회관을 찾았다. 운 좋게도 공채를 거쳐 대학원 행정실에서 일하게 되었다.

그 당시의 정부는 자유와 평등이 제한된 몽둥이와 총잡이들이 판치는 군국주의자의 만행이었다. 전체주의와 흡사하였다. 최루탄 가루에 범벅이 된 채 힘이 빠져 집에 돌아올 때면 아내는 따끈한 밥을 지어 놓고 기다리고 있었다.

"여보, 힘내세요. 우리에겐 아름다운 사랑이 있어요."

아내는 샐비어꽃 같다.

과외가 전면 금지되고 학원 수업이 재학생에게는 전면 금지가 되어서 살아 있는 강의는 잠자는 노숙자와 같았다. 깡패 놈들한테 강탈당한 꼴이다. 여행에서 돌아온 우리 내외는 다른 모습으로 태어났다.

학교를 그만두고 살길을 찾기로 했다. 더 이상 희생양이 될 수 없었다. 독재 정치에 끝까지 항거한다는 것은 옳지 않다고 생각했다. 아내가 있어서 두 배의 힘을 발휘할 수 있었다. 동료 교직원들과 헤어지려니 가슴이 아프고 미어진다. 나는 해야 할 일이 없어서 사표를 낸다고 했다. 여행에서 돌아오자마자 사표를 냈다. 어수선한 분위기에서 보름 만에 사표는 수리된다. 마음이 홀가분했다. 동료 직원들에게 미안한 마음이 없지는 않았으나 내가 살기 위해서는 비장한 결단이 필요했다. 아내가 있고, 앞으로 태어날 아가도 있어 최루탄으로 지뢰밭을 이룬 위험천만한 곳에 서 있을 이유가 없었다.

아내가 환하게 웃으며 전폭적인 지지를 약속했다. 살 수 있는 길을 찾은 것 같다. 극비의 블랙박스는 우리의 야심작이다. 동판 장막으로 비밀이 밖으로 새어 나가서는 안 되기 때문이다. 집주인이 알아서도 안 되고, 가족에게도 일체 비밀에 부치기로 굳게 약속한 것이다. 우선 나에게 급한 것은 직업이었는데, 입시학원이 전면 금지되고 집에서 가까운 검정고시 학원을 찾아서 자전거 타이어가 불이 나도록 뛰었다. 수도학원과 고려 학원에 접근을 시도했고, 끝까지 접근하여 S학원에 강사로 취직했다. 학교 행정실에 비하면 좋은 분위기에 보람 있는 일을 할 수 있다는 자부심에 가슴이 뿌듯했다. 검정고시 학원의 수강생들은 대부분 나이가 많다. 집안 사정으로 공부하지 못한 사람들이 만학의 열기로 공부를 다시 시작하는 사람들이다. 10~30대들이 주류를 이루고 더러는 60대도 있다.

 새벽 반- 오전 반- 오후 반-저녁 반으로 나누어져 있고, 나는 새벽반을 나가기로 했다. 새벽반에 수학 강사가 비어 있었다. 검정고시 학원에서는 고려 학원과 수도학원이 쌍벽을 이루는 우리나라에서는 최고 명문으로 이름이 있었다. 그 시대에는 유일하게 검정고시 학원만이 살아남아 있었다. 새벽 5시에 강의가 시작되고 7시에 종료된다.
 나의 강의를 듣는 사람들은 대부분이 버스 안내양과 공장에서 일하는 남녀 공원들이 대부분이다. 70여 명이 나의 강의를 신청했다. 토 · 일요일을 제외하고 하루 2시간의 강의에서 보수는 적지 않는 돈이다. 입시 전문학원에 비하여 수강생들의 실력은 다소 떨어졌으나 하고자 하는 열과 인내는 대단했다.

삼호 여객 버스 안내양 40여 명이 단체로 강의를 신청했다. 나는 그들을 위하여 열과 성의를 다하여 지도했다. 그들도 날 따르고 좋아했다. 집으로 오면 아침밥을 해 놓고 아내가 기다린다.
"수고했어요. 여보, 오늘은 분위기가 어때요."

검정고시 학원은 아내가 어려운 처지에서도 방송 통신고를 졸업하여 관심이 남달랐다. 아내는 하루 오천 원씩 나에게 신권을 준다. 한결같이 천 원짜리 신권이다. 나의 호주머니는 빳빳한 비상금이 가득했다. 한층 여유 있는 생활이다. 아내의 밝고 아름다운 얼굴이 좋았다. 아침을 먹으면 쉴 틈도 없이 공부하기 위하여 나는 종로 5가로 질주한다. 자전거로는 30분 거리이며 버스보다도 빠르다. 30만 원의 거금으로 책을 더 샀다. 행정고시와 사법고시를 공부하기 위해서다. 오전 10시부터 오후 5시까지 헌법-행정법-민법-민사소송법-형사소송법-윤리-영어 등….

일주일 전만 해도 최루탄 냄새 속에서 학교 행정 일을 봤는데 하루아침에 완전 변신에 성공한 것은 열정적인 아내가 있기에 가능했다. 나에게 쏟은 아내의 정성은 어머님의 사랑 못지않았다. 아내를 만나기 전 나는 방황했다. 빈손으로 출발했지만 아내가 있기에 아주 빠른 속도로 약진하고 있다고 생각한다. 나는 몰입교육을 수도학원에서 도입하여 응용해 보았다. 공부는 한계가 있음을 알았다. 몰입하면 뇌파는 베타파가 적응되고 광범위한 책의 내용과 공부를 순식간에 습득할 수 있는 기법을 공개했다. 가장 어려운 시기에 아름다운 서울 거리의 천사 버스 안내양들을 지도해서 대학 검정고시에 전원 합격이라는 신기루를 이루게 되었다.

　나의 좌우명은 모든 일에 최선을 다하자. Do one's best이다. 그리고 나는 고등고시에 뜻을 두고 합격해야겠다는 욕망으로 가득했다. 법률 공부에 미쳐서 시간 가는 줄 모르고 하루 이틀을 꼬박 공부한 적이 있으니 미치지 않은 것만 해도 다행이다. 법률에는 자신이 붙었다. 예상 시험에서 단연 나의 답안지가 돋보였다. 살맛 나는 세상을 살아가고 있었다. 조건은 불리하나 점수가 월등하니 야심이 가득했다.

　행정고등고시는 매년 100명을 선발하고 있었다. 1차 시험은 자신감이 넘쳐 있었고 학원 모의시험에서 믿을 수 없는 점수가 나와서 학원장과 강사님들의 관심을 집중시켰다. 2차 시험과 3차 면접시험까지 도전 의욕을 불태웠다.
　그리고 사법고시는 매년 300명을 선발하는데 행정고등고시와는 다르게 약간의 어려움이 많았다. 지원 자격은 정해지지를 않았지만, 법과대학 출신들이 절대적으로 우세할 것으로 생각했다. 내가 수학을 자신하듯이 법과 출신들은 배운 것을 더 깊게 배워 우세할 것으로 생각했다. 나는 깡패 집단의 실권을 행사할 시기에 K대 교육 대학원에서 공부한 적이 있다. 성적도 상위권에 있어 행정학 행정법 민법 등에서 최고 점수를 얻었다.

나는 중·고등학교 시절에는 전 과목이 고른 점수의 분포를 이루고 대학에서는 해당 전 과목 A 플러스를 얻는 데 어려움이 없었다. 한때는 학사 석사 리포트를 작성하는데 위촉을 받을 만큼 글재주가 매끄럽다는 평가를 받고 내가 소속한 출판사에 많은 사람들이 몰리기도 하였다.

대학원에서도 전공과는 사뭇 다른데 전 과목에서 두각을 나타내었다. 나는 지능지수가 높은 악바리로 소문이 있었다. 고교 당시에 전 학년 평균 IQ는 140이었으나 나는 그보다 조금 높았다. 좋은 머리에 한 번 하고자 한다면 끝장을 내는 성격이다. 새벽에는 검정고시 학원 강사로 낮에는 그토록 원하는 공부를 할 수 있게 되었다. 나는 자전거로 새벽같이 학원으로 출근한다. 새벽 강의를 마치고 집으로 돌아오면 아침 8시가 된다. 아내가 정성을 다해서 차린 아침을 먹고 꿈과 야망을 갖고 자전거로 고시학원으로 직행했다. 도착하는 대로 자투리 시간에는 아내에게 전화한다. 아내는 자나 깨나 사랑을 노래한다. 당신이 있기에 행복해요.

여보! 새벽같이 일어나 출근하는 나를 위하여 사랑을 아낌없이 쏟는다. 출근하는 나에게 짙은 스킨십으로 유혹한다. 생선은 빠짐이 없다. 내가 가장 좋아하는 것이기에, 생선이 없이는 밥을 못 먹는다 할 정도로 아주 좋아했다. 계란찜도 좋아한다. 아침 8시가 좀 넘으면 나는 집에 도착한다. 언제나 밝고 자신에 찬 얼굴이다. 새벽부터 이렇게 고생시켜 미안해요. 수고했어요.

  매일 오전 10시까지는 고시 수강을 듣기 위하여 종로 5가를 자전거를 타고 달려간다. 6시간의 수강을 날마다 들어야 하므로 아내와 함께 할 시간이 없었다. 오후 5시 30분이 되면 정확하게 집에 도착한다. 그때까지 아내는 손빨래하고 탈수기로 빨래하고, 집 안 청소하고 와이셔츠, 양복 다림질하고, 가계부 쓰고, 꽃병에 물 갈아주고, 책을 읽고, 일기를 쓰고 집안일이 매일같이 산더미 같다.

  아내의 가장 큰 기쁨은 나와 함께 있는 것이다. 밖에 나가 다른 사람들의 이목을 굳이 끌 필요가 없다. 시장을 함께 가는 것이 고작이다. 아직은 신혼인지라 사랑하고 싶을 때는 나는 아내와 좁은 방에서 애정을 나누면서 수험 공부에 열중했다. 뽀뽀하는 것을 안집 아이들이 자주 훔쳐 보고는 사랑이 색시라고 어느 사이에 소문이 바삭하다. 아내는 화사하게 웃는다…. 이제는 작은 아이들과도 친하므로 동화나 옛날이야기를 해 주면 좋아한다.

  그런데, 과외를 나가는 날에는 아내는 긴장했다. 나보다도 더 많이 긴장한다. 행여나 만에 하나 잘 나가는 길이 부러지지는 않을까 노심초사다. 철저한 비밀을 지키면서 3개월이 넘었다. 쌍둥이들의 실력은 크게 향상되어 있었고 쥐도 새도 모르게 지도한 보람이 짜릿했다.

학원 강사를 하고 있어 교회에서 형제들의 부탁이 수없이 있었지만 과외를 지도할 수 없는 배경을 설명해 주면서 단호하게 거부했다. 꼬리가 길면 잡힌다는 옛 속담이 있는데 같은 교회의 자녀를 지도한다는 것은 위험을 자초하는 길이기 때문이다. 9월 10일은 집중 폭우로 서울시가 물바다였다. 우비 옷을 입고 변함없이 출근했다. 때아닌 호우로 전국은 홍수경보가 내려졌다. 한강은 위험수위 11미터를 넘고, 전국의 피해가 엄청나다는 기상청의 말이다. 서울이 360㎜가 넘었고 강원도가 600㎜ 넘는 집중호우로 장안이 난리다. 서울을 비롯한 전국에 수십만의 이재민을 냈다고 한다. 나는 물에 갇혔다. 아내가 걱정할 것 같아 전화해 놓고 물이 빠지면 갈 것이라고 안심시켰다.

비가 온다. 200㎜가 넘은 집중호우가 삽시간에 내려 장안이 아수라장이다. 헤엄치는 차의 행렬이 비틀거리면서 아슬아슬하다. 장안 사람들이 표주박 양동이 들고서 아우성이다. 이것은 질서 없는 호우다. 하늘에는 수마의 얼굴을 하고 많은 비의 징조를 알린다. 무서운 번개와 벼락이 내리친다. 거센 비는 다시 온다. 장안을 온통 물바다로 만든다. 3시간 이상을 폭우와 싸우면서 가까스로 자전거를 타고 집으로 돌아왔다. 눈이 커진 아내였다. 세찬 비바람을 뚫고 물바다를 이룬 길을 어떻게 올 수 있었을까! 안도의 긴 숨을 내쉬며 아내는 참았던 울음을 터트린다. 폭우와의 전쟁을 치르고 돌아온 나는 기진맥진이다. 우리 아가도 당신이 왔다고 좋아하네요.

"아기가 좋아서 뛰고 있어요?"

좁은 사글세 방이지만 배 속에 아기를 포함하여 세 사람은 웃고 있었다. 그때 대청에 있는 전화벨이 울린다. 서울에 집중호우로 물바다가 되었다는 방송을 보고 처가에서 전화가 왔다. 그리고 산달이 다음 달이므로 장모님께서 편하게 일찍 내려와서 쉬라는 것이다.

아내는 무거운 몸을 추스르며 남편은 어떻게 하고 하면서 난색을 보인다. 산달이 다가오는데 구체적인 이야기를 한 적이 없다. 새벽같이 출근을 해야 하고 고시 공부하는데 정신이 없고 긴장 속에서 집사님 댁의 쌍둥이 형제들을 맡고 있어서 아내는 차마 일찍이 친정에 내려가서 아이를 낳겠다고 말하지 못한 것이다.

"어떻게 해요, 여보?" 아내가 물어 왔다.

아내는 상기된 얼굴을 하고 날 말없이 바라보고 있었다. 밥 짓는 것은 알고 있으니까 걱정없어요.

"주말에 내려가서 반찬을 가져오면 되지 않겠소?"

나는 아내를 설득하고 있었다.(아내는 큰 눈에서 …눈물을 펑펑 쏟는다)

천사 같은 아기가 마냥 예쁘다!

"아빠와 닮은꼴이네요." 간호사가 호들갑이다.

1984년 10월 21일 저녁 7시 평택 박애병원에서 예쁜 공주가 탄생했다. 자연 순산이다. 아내는 가난 때문에 순산의 아픔을 이겨내야 했고 배에 칼자국을 보이고 싶지 않아서 병원의 제왕절개 권유를 강하게 뿌리쳤다고 한다.

"산모도 건강하고요."

간호사들은 환희의 아기 탄생을 축하해 주었다.

우리 가족

쪽빛 가을 하늘에 내가 안긴다.
아내가 안긴다.
반지가 안긴다.
반지가 뛰는 데로 아내가 뛴다.
웃고 있는 국화밭을 돌며 나도 따라 뛴다.

눈이 펑펑 쏟는 겨울이 오면
손에 손을 잡으며 오솔길 만들자.
하얀 눈꽃 중앙에나는 반지

아내도 반지
반지가 뛴다.
아내가 뛴다.
빨간 동백꽃을 제치고
 눈이 좋아 나도 뛴다.

꽃이 핀다.
개나리 진달래 피고 지고
살구꽃도 피었다.

활짝 웃으며
반지가 뛴다.
아내가 뛴다.
꽃이 가득한 보금자리에서 나도 뛴다.

하늘은 꽃
땅에도 꽃
머리에도 꽃
가슴에 꽃을 달고
반지는 작은 두 손에
한 아름의 꽃을 들고 뛴다.

아내가 뛴다.
나도 한 아름의 꽃을 가슴에 꽂고 뛴다.

시냇물에 참외 수박이랑
청포도도 띄워요.

반지가 노란 참외를 잡으러 뛴다.
아내가 뛴다.
순간 그림 같던 물고기의 그림자는 뭉개지고
나도 뛴다.

반지는 아내에게 뽀뽀한다.
즐거운 물속에서 나도 따라
아내에게 깊게 뽀뽀한다.

반지가 환하게 웃는다.
(1984년 10월 21일 출생. 하루가 지난 오후에 병원 휴게실 벤치에서)

반지는 울보였다. 100일이 지나고 한 돌이 돌아오는데도 울기 시작하면 밤낮이 따로 없다. 나는 자투리 시간이 나면 항상 무지개 유모차에 반지를 태우고 청량리 시장을 누볐다. 무지개 우산이 펼쳐진다고 해서 이름도 선사인 레인이다.

23만 원의 거금을 주고 미도파 백화점 수입코너에서 샀는데 자동으로 접히고, 성능도 뛰어나 많은 사람들의 시선을 집중시켰다.

독일산 선사인이다. 반지는 유모차를 타면 제 세상을 만난다. 세상 참견을 다 한다. 시장 사람들은 새하얀 얼굴에 예쁜 반지의 얼굴을 한 번씩은 만져보고 예쁘고 인형 같다고 청량리 시장에서 인기가 최고다. 밖에 나오면 한두 시간은 기본이다. 그동안 아내는 빨래하고 밥하고 집 안 청소한다. 집에 돌아오면 반지는 다시 심술보가 터진다. 밖으로 나가자고 보챈다. 생활은 차츰 여유가 있었다. 검정고시 학원과 과외에서 받는 교육비의 수입이 적지 않았다. 나는 꾸준히 고시학원에 다니면서 꿈과 희망을 품고 시험 대비에 집중했다. 29회 행정고등고시와 25회 사법시험에 도전장을 냈다. 무서운 집념으로 밥을 먹을 때나 아기를 돌볼 때도 책을 읽으면서 몰입했다.

합격해서 꿈을 이루겠다는 각오로 자신감이 있었다.

무일푼에서 새 삶의 보금자리를 마련했고, 필요한 것을 하나씩 장만하는 행복은 삶의 참맛이다. 빨강 장미꽃처럼 열정의 사랑이 좋았다. 사랑과 행복이 충만했다. 청량리에서는 아름다운 부부로 소문이 자자했다. 지체 장애를 가졌지만, 조금 불편할 뿐이라고 포장해서 인기가 치솟고 있었다.

신혼 초에는 경동시장에서 도라지 껍질 벗겨서 새벽시장에

팔아서 극빈한 삶을 이었고 옷감 자르기 가내 아르바이트도 하고…!

어렵고 힘든 삶이지만 오직 불꽃 사랑으로 이겨내고 있었다. 자전거로 출퇴근했다. 최루탄 소굴에서 지독한 가난을 탈출했고 마음의 안정을 찾았으나 부상이 잦았고 반지가 태어나기 하루 전날에는 최루탄에 맞아서 눈 위 이마에 심한 부상을 당하기도 하였다.

청량교회에서 물심양면으로 많은 도움을 주었고 금성 전파사 집사님과 백 장로님께서도 가족 같은 콜 사랑을 베풀어 주셔서 고등고시 학원에 다닐 수가 있었다. 청량교회 목사님도 신도들에게 아름다운 사랑을 극찬했다. 서울시에서 아름다운 부부라고 칭송이 자자했다. 지체 장애를 산산이 부수어내고 있는 우리 형제에게 힘찬 박수와 격려를 보내자고 강연 중에 소개하고 우리 가족을 청량리 스타로 만들고 있었다.

행정고등고시와 사법고시에 뜻을 두고 도전장을 냈다. 전공한 행정학과나 법학과 출신보다는 감은 떨어질지 모르나, 나는 해내겠다는 자신감에 차 있었다. 교회에서는 우리 집을 격려하기 위하여 쌀과 연탄과 생활비까지 지원해 주었다.

나는 공부에 전념하고 있었고 S 검정고시 학원과 밀실 과외에서 수입이 보장되어서 극빈 삶에서 빠르게 벗어날 수 있었다. 그런데 청량교회 사람들은 순댓집에 머무는 것이 날개 잃은 원앙

새로 생각하는 것 같았다. 지나친 도움의 손길로 당황한 적이 있었다. 진실을 감추었다. 부부만의 극비인 불법과외 공부시켜서 수입을 얻고 있다고 고마운 사람들에게 말할 수가 없었다. 진솔한 삶과 용서는 차후 문제다. 오직 행정고등고시와 사법시험에 합격하겠다는 욕망으로 가득했다.

우선 먼저 꿈과 도전은 행정고등고시 합격에 뜻을 두었다. 밤이면 반지가 운다고 아내의 가슴이 조마조마하다고 했다. 쥐띠라서 인지는 몰라도 울보인 반지는 밤이면 울음소리가 더했다.

눈을 뜨면 우는 것이 인사다, 그럴 때면 아내는 젖을 물리고 반지를 달랜다.

"아빠 공부하시는데 예쁜 반지가 울면 되겠어?"

나는 반지가 울면 공부가 잘된다고 했다. 그래도 반지야, 아빠를 도와드려야 되지를 않겠니? 아내의 사랑은 날로 짙다. 열정의 샐비어, 불꽃 사랑이다.

처제들이 한입이 되어서 비법 좀 배우고 싶다고 했다. 형부만을 위하는 불꽃 사랑을 배우고 싶다고 시샘인지 비꼬는 것인지 알 수가 없다. 어쩌다가 집안 일가친척 애경사에 함께 모이면 한 쌍의 원앙새처럼 붙어서 있으니 빈축은 당연했다. 나도 아내에게 항상 미안한 마음이 있으나 아내가 우선이다. 항상 아내의 사랑은 산뜻했다. 날 만나 미치도록 사랑하고 사무치는 사랑에 결혼했고 미치도록 사랑해서 나를 성공시키겠다는 것이 아내의 야심인지도 모르겠다.

진흙탕에서 만신창이 된 나와 호흡을 같이할 것이라고 결심하기까지에는 많은 시간이 필요했지만, 어느 날 갑자기 빠를수록 좋다고 생각을 한 것 같다. 아내는 미치도록 사랑하면서 나에게 꿈과 희망을 주는데 주저하지 않았다. 가족 사랑으로 친정집에서 단 한 번도 홀로 잔 적이 없을 정도로…. 반지를 순산하는 날에도 나는 아내 곁을 지키고 있었다. 나의 심장 소리를 들어가면서 잠을 자야 하루 생활이 즐겁다고 아내는 신혼의 일기장을 공개했다. 처제가 언니는 너무 지나친 사랑을 하는 것 같다고 꼬집고 비난해도 무신경이다.

 세상 사람들이 얼굴이 다 다르듯이 같은 핏줄에서 나와도 같을 수는 없다고 일침을 가한다. 아내가 사랑할 수 있는 유일한 사람이라서 책임감이 컸다. 날 위하여 해야 할 일들이 많다고 생각했고 결단은 무서웠다. 진이는 16살부터 나를 만나 사랑했다. 이 세상 하나뿐인 오빠이기에 사랑했고 나의 사랑은 안개 속이라서 더는 볼 수 없었다고 한다. 잘나가는 오빠라면 진이는 결혼하지 않았을 것이라고 말했다. 설 자리가 없고 해야 할 일이 없기 때문이다.

 우리 부부는 서로를 아끼고 사랑한다. 사랑스러운 아기까지 순산하니 살맛 나는 세상이다. 항상 감사하면서 살고 있다. 아가와 함께 이제부터는 꿈을 먹고 사는 꽃피는 가정으로 변신했다.

 반지는 태어난 지 100일이 지났고 한 돌은 아직도 먼데 손짓과 발짓은 물론 간단한 대화와 표정 관리가 천재였으니 청량교회에 아기 홍보 모델이었고 청량리 시장과 경동시장의 선사인 우산을 쓴 아기인형 같은 화제의 인물이었다. 동문수학하는 기범 아우는 시험 기간인데도 매주 토요일에는 반지가 보고파서 왔다. 반지는 아우님이 오면 업어달라고 떼를 써서 늦은 밤이 되어서야 집으로 돌아가곤 했다. 선사인 유모차나 자전거보다도 따뜻한 삼촌의 넓은 등짝 침대와 애정을 원했다.

나는 29회 행정고등고시 1차에 아우님과 함께 응시했다. 수천 명이 몰려들어서 여러 학교에서 분산하여 시험을 치르게 되었다. 경쟁은 치열했다. 행정학, 행정법, 행정소송법, 국사, 영어 5개 과목으로 되어 있었다. 객관식 5지 선다형으로 과목당 50문항씩 출제되었다. 성적순으로 700명 정도를 선발한다.

3개월 후 가을에는 1차 합격자에 한하여 4일에 걸쳐 2차 시험을 치른다. 1차 시험장은 성북구 삼선 중학교로 정해졌다. 아내가 가고 싶다고 하여 함께 시험장에 도착했다. 아내와 반지는 밖에서 시험시간 내내 잘 되기를 기도했다고 한다. 울보 반지도 그날따라 활기차게 운동장을 뛰어다니며 잘 놀았다고 한다. 시험은 잘 보았다. 운도 좋아서 모르는 문제가 없을 정도로 자신이 넘쳤다.

"여보, 수고하셨어요?"

아내의 이 한마디는 5시간 동안 꼬박 앉아 치른 피로를 한 방에 날려 보낸다. 이튿날 고시학원에서는 적중되는 문제들이 많앉다. 고시학원은 매년 행정고시와 사법시험에 최종 합격자 20~30명을 배출하는 서울에서 명문 행정고시학원으로 이름이 높았다. 나는 합격을 자신했다. 답을 맞혀 보니 틀린 것이 없다. 가채점에서 만점이다. 하지만 시험을 잘 보았다고 좋아할 단계는 아니다. 2차 시험을 준비해야 하고 피를 말리는 경쟁에서 꼭 이겨서 사랑하는 아내에게 바칠 것이다. 나는 승리를 자신했다. 합격자 발표도 잊고, 2차 시험을 준비 중인데 교회에서 학원에서 동시에 합격을 신문을 통하여 알았다고 아우성친다. 축하의 전화가 빗발쳤다. 학원의 동료들은 신이 났다. 서로의 축하인사로 바쁜 하루다. 아내는 기뻐서 눈물을 보인다. 시골집 어머니와 처가댁에도 경사가 났다. 그런 가운데 나는 2차 시험을 걱정하고 있었다. 충분하게 준비하지 못했고 시간이 촉박하여 내심 불안을 떨굴 수가 없었다.

  1차 합격자에 한하여 2차 시험은 완벽한 준비 없이는 가능하지 않고 한두 문제를 제시하고 3시간에 걸쳐 완전한 학술 논문식 시험이다. 오전과 오후로 나누어서 하루 2과목씩 사흘 동안 치르게 된다. 학술논문 집필에는 자신이 있으나 윤리 행정법 행정학 행정소송법 민법 헌법에 박식해야 합격을 할 수가 있었다.

  2차 시험은 가족이 동행해야 편할 것 같다. 점심 90분이 주어지므로 대부분 수험생이 가족을 동행한다. 가족들이 쉴 수 있는 공간도 마련되어 있었다. 나는 자신감이 충만해 있었다. 합격을 위해서 최선을 다하겠다는 각오로 임했다. 아내에게도 충분한 공부를 못했지만, 최선을 다할 것이라고 했다. 몰입으로 날 밤새우는 것이 일상생활이 되었다. 아내는 걱정이 되었다. 항상 하나님께 기도하면서 꿈을 기원했다. 새벽에는 학원에서 강의해야 하고, 나머지는 종일토록 책들과의 전쟁이다.

그런 가운데 2차 시험 날은 다가왔다. 청명한 가을 날씨다. 안성 처제 처남들이 와 있었다. 아내가 정성껏 끓인 쇠고기 국에 밥을 말아 게 눈 감추듯이 먹어 치우고 도시락을 싸 들고 가족들과 수험장에 도착했다. 첫날 첫 시험은 윤리 문제였다

1. 동양 사상에서 인, 효에 대하여 논하시오.
2. 도덕에 대하여 아는 바를 논하시오.

9시에 시험은 시작되었고 3시간에 걸쳐 시험은 치뤄졌다. 대부분 한자를 섞어서 써야 좋은 점수를 기대할 수 있다고 행정고시학원에서 배웠고 혼신의 정신력으로 미친 듯이 20여 장의 시험지를 채우던 중이다.

2시간 30분이 지나서 집중이 흐트러진다. 15장을 써 내려가고 있는데 집중력이 떨어진다. 한 곳에 몰입할 때면 나는 가까이에서 일어나는 벼락같은 천둥소리도 알아듣지를 못한다. 반지가 방안이 떠나도록 울어대도 알아듣지를 못한다. 예쁜 반지가 울고, 라디오 음악이 흐르고, TV에서는 뉴스가 나오고, 이렇게 많이 복합된 산만한 환경에서도 집중력은 뛰어났으며 흐트러짐 없

이 몰입하고 있었다. 집중력이 남달랐다.

 뱃속이 난리가 났다. 나는 흐트러진 정신을 모으고자 안간힘을 다했다. 배와 항문에 힘을 주다 보니 식은땀이 이마에, 몸 전체에 솟아오르는 느낌이다. 아랫배는 터지기 일보 직전에 두 손을 불끈 쥐고 주위를 둘러본다. 한두 명씩 시험을 치르고 빠져나가는 사람들이 눈에 띈다. 나는 마무리하는데 집중을 모으려 했다. 죽기 아니면 까무러치는 꼴이다. 뱃속은 전쟁이 나 있었고 창자가 꼬이는 아픔을 견디어 내고 있었다.

 나는 서둘러 마무리하고 감독관을 불렀다. 창자가 꼬이는 아픔이 있다고 말하고 시험지를 건네주었다. 감독관은 시험지를 받고는 무엇인가를 기록하더니 수고했다고 하면서 응급실을 가 보라고 한다. 시험장을 빠져나와 나는 화장실로 직행했다. 순간 대폭발로 영화 '폼페이 최후의 날'을 연상케 하는 기적의 삶과 인내는 내 생애 최악의 지옥 체험과 발악이었다. 거친 숨을 고르고 여진이 두려워 점심시간을 이용해서 아내에게 수지침으로 침을 놓으라고 독촉했다. 의사라고 나서는 사람이 있었는데 믿을 수 없었다. 아내에게 맡기는 것이 편했다. 아내는 수지침을 배운지라 수지침에는 능수능란했고 열 손가락과 열 발가락을 따서 빠른 쾌차가 요구되었다. 짧은 점심시간에 가장 빠르게 정상 컨디션을 찾아야 되는데 시간이 촉박했다.

 많은 수험생과 보호자들의 배려가 돋보였다. 나무 그늘 기다란 벤치를 양보해 주었고 많은 사람이 걱정과 격려해 주었다. 그곳에 자리하고 아내는 불안한 표정을 애써 감추면서 손가락을 딴다. 시꺼먼 피가 쏟아졌다. 다른 손에서도 검은 피가 폭포수 같다. 발가락에서도 검은 피가 많이 나왔다. 그리고 훼스탈을 몇 알 먹었다. 다른 사람들은 점심을 먹으면서 격려하는데 위급에 처한 우리 가족은 그러하지를 못했다. 반지가 배가 고프다고 찡얼거린다. 다른 사람들은 밥을 먹는데 나의 상황이 이런지라 밥을 먹을 수가 없었다. 아내는 초조해하는 표정으로 나의 등을 두들기고 있다. 모처럼 쇠고기 국에 아침 식사가 급성 위염으로 나타낸 것으로 생각하고 있었다. 아내의 정성의 기를 받아서 나는 빠르게 회복하고 있었다.

"여보, 고마워요. 내 걱정하지 말고 식사해. 나는 다시 화장실에 갔다 온다."고 하면서 자리를 떴다. 아내와 처남이 따라붙는다.

"내 걱정하지 말고 다들 식사해!"

"속을 완전히 비우고 시험을 보는 것도 좋은 거야. 정신력을 한 곳에 모으려면 일부러 밥을 먹지 않고 시험을 보는 사람들도 있어! 빨리들 식사해요?"

한결 속이 편해졌고 안색도 좋아진 느낌이다. 나의 손에는 두 번째로 치르는 행정학의 예상 시험지들을 가지고 있었다. 화장실에서 일을 보면서 공부하였다. 나는 화장실에서 암기하면 집중이 잘 되어 집에서도 화장실에 갔다 하면 20분~30분을 지체한다. 책을 읽고 공부하고 집중하기 위해서다. 집중이 가장 잘

되는 장소라고 늘상 말하고 있었다. 아내는 굳이 나의 행위에 토를 달지 않았다.

시험시간이 임박하여 나왔고 처남의 부축을 받으면서 지정 좌석에 착석했다.

이틀째, 사흘째 —.

계속 같은 장소, 같은 자리에서 시험은 치러졌다. 첫날 첫 시간을 제외하고는 우수한 성적을 받을 것을 기대하고 있다. 많은 사람이 나를 지켜보고 있었다. 학원 사람들, 교회 사람들, 친구, 가족들이 나에 대한 기대가 컸다. 특히 아내는 냉가슴에 속이 탔다. 첫날 첫 시험에서 남편이 겪은 고통을 생각만 해도 눈물을 왈칵 쏟는 아내다. 그래도 최선을 다한 남편이 고맙고 대견했다고 아내는 말한다. 시험은 내년에도 있으니까 부담 갖지 말고 그동안 쌓은 실력을 유감없이 발휘한 것만으로도 족했다. 아우인 기범도 함께 시험에 응시하여 2차 시험을 치뤘고 고시학원에서도 50명이 2차 시험을 끝낸 상태였다.

나는 다시 과외지도와 학원 강의에 몰두하게 된다. 살아가기 위해서는 돈이 필요했다. 돈이 있어야 공부를 할 수 있고 반지가 좋아하는 과자도 넉넉하게 사 줄 수가 있지 않겠는가!

평소와 다름없이 새벽에는 학원으로 나가 강의하고 낮에는 고시학원에서 공부하고, 밤에는 과외지도를 했다. 차를 타지 않고 자전거를 타고 서울 거리를 누빈다. 신사용 자전거인데 저녁 시간에는 일찍이 보조 안장을 앞에 설치하여 반지를 싣고 뒷좌석에는 아내를 싣고 청량리 시장과 경동시장 등 전통시장을 누볐다. 때에 따라서는 제과점에서 맛있는 빵도 사 먹고 반지의 장난감도 사 주고 어울리는 아내의 멋진 모자도 사 주었다. 가시밭길 어려운 경제에서도 언제나 사랑과 행복을 우선했다.

나는 매일 아내로부터 5,000원을 받았다. 그 돈이 항상 쌓이고 남아 있어 항상 부자인 것 같은 느낌이다. 그 돈으로 아내 모자를 사 주면 뛸 듯이 기뻐하면서 이것이 행복이라고 며칠 동안 좋아한다.

청량리 시장, 제기 시장, 경동시장, 미도파 백화점. 홍릉….
안 가는데 없이 잘 쏘다니는 우리 가족이다. 그럴 때가 행복하다. 자동차는 없지만, 자전거로 아내와 반지를 싣고 어디에도 갈 수 있다는 것은 커다란 행복이다. 2차 행정고시 합격자 발표 날이다. 새벽에 나는 학원 출강을 위하여 부산했다. 새벽 4시 20분이다. 아내는 결혼식에 입던 감색 양복에 넥타이는 오늘은 빨간색을 하는 것이 좋겠다고 선수를 친다. 정열적인 색으로 하세요, 하면서 아내는 긴장된 모습이다. 오늘이 2차 합격자 발표가 있는 날이라고 주지시킨다. 아내는 밤새도록 기도를 한 탓인지 눈이 충혈된 것 같았다.
"여보, 너무 기대하지 말아요? 첫날 첫 시험을 망쳐서 합격은 힘들 것 같아요. 기대하지 맙시다, 여보!"

아침 8시에 S학원에서 퇴근했다. 날마다 반복되는 일과이지만 나는 신이 났다. 반지는 아빠를 하늘만큼 좋아한다. 아빠의 자전거 소리도 기막히게 잘 안다. 아빠가 보고 싶으면 그냥 운다. 관심을 끌고 싶어서 일 것이다. 그래서 나는 반지를 착한 울보라고 했나 보다. 오늘도 갑자기 울기 시작한다. 아빠가 왔다는 신호이다.

"우리 반지, 아빠 기다렸어요? 그래서 아빠가 일찍 왔지."

반지는 나의 볼에 뽀뽀하면서 제 세상을 만난 듯 좋아한다.

"여보, 오늘은 생선 먹고 싶다!"

생선 중에서도 꽁치를 먹고 싶다고 아내를 보챈다.

"지금 끓이는 것이 꽁치 조림이에요. 여보."

아내도 신바람이 났다. 나는 양복 주머니에서 봉급 봉투를 아내에게 내놓았다.

"어머! 70만 원이에요? 20만 원이 더 나왔어요?"

아내가 상기된 표정이다. 상여금이라고 더 준 거야! 반갑지 않은 표정을 지었다.

"시험 발표도 나오질 않았는데 수고했다고 하면서 시험에 합격을 축하한다고 학원장께서 직접 준 거야. 정보통이 있나 봐!"

"김이 모락모락 나는 햅쌀밥이다."

이때 대청에서 전화가 계속 울린다. 잰걸음으로 아내가 받았다. 교회에서 오는 전화인 것 같았다. 박 장로님 사모님의 전화다. 축하 전화다. 아내는 기뻐서 말을 잇지 못하고 "감사합니다."를 연거푸 하면서 조아린다.

박 장로님의 아드님이 총무처에 나가고 있는데 합격자 명단에 들어 있다는 연락이다. 전화를 끊고 우리 집 식구는 부둥켜안고 기쁨을 유감없이 표출하였다. 집주인이 있는 줄도 모르고 우리 가족 3명은 기쁨을 마음껏 표출했다.

집주인도 하던 일을 멈추고 기쁨을 주체 못 하고 만세를 부른다. "정말 대단해요. 세를 놓고 장사하고 살지만 이렇게 기쁜 날도 있네요? 새신랑, 새댁 정말 축하해요."

9시가 넘자 계속하여 전화가 빗발쳤다. 교회에서~, 학원에서~, 가족 친구에게서 온종일 전화를 받는데 정신이 없었다. 10시가 넘자 교회 식구들이 축하의 꽃다발을 들고 왔다.

"이렇게 어리고 아름다운 부부에게 영광을 주셔서 감사합니다. 이 아름다운 부부에게 사랑을 심어주시고 끝까지 지켜 주실 것을 하느님의 이름으로 기도합니다. 그리고 이 아름다운 부부는 어렵고 힘든 역경을 이겨내고 고등고시에 합격하였습니다. 그 어려운 고등고시 2차 관문을 통과했으니 이 아름다운 부부에게 무한한 꿈과 희망을 활짝 열어주기를 하느님의 이름으로 간절히 기도합니다."

기적과 같은 소식에 나는 어리벙벙하다. 가는 곳마다 축하의 인사가 대단했다. 102명의 합격자 명단이 방송과 신문에 발표가 되었으나 떨어졌다고 자포자기했던 나는 꿈을 꾸고 있는 것 같았다. 3차 시험이 남아 있기는 하나 2차 시험 합격자 전원이 합격한 예도 있었다. 신체적인 약점이 있어 마음을 놓고 있을 상태는 아니다. 3차는 면접 고사인데 종합 청사 내 총무처에서 시행이 된다. 가채점으로 1차 시험은 만점을 받은 것 같다. 그리고 2차 시험은 윤리 외에는 만족한 답안을 낸 것 같다. 고시학원에서는 9명의 합격자를 배출했는데 영광된 합격자의 얼굴을 대문짝만하게 만들어 걸게 하고 합격자에게 20만 원의 포상금도 지급해 주었다.

시간이 지나 면접 날이 다가왔다. 세종로 종합청사는 번쩍이는 빌딩에 깨끗한 정부 기관이다. 도우미들이 친절하게 안내했고, 유리를 깔아 놓은 듯 바닥은 청결하고 얼굴이 비칠 정도로 광이 나 있었다. 27번 나를 호명한다. 인사를 정중하게 드리니 의자에 앉으라고 했다. 그리고 3명의 면접관이 서류를 들썩거리더니 한 개씩 질문을 던진다. 첫 번째 질문이다. 수고하셨습니다. 처음으로 지원하여 이렇게 합격하기가 힘든데 1차 시험에서는 만점이군요. 대단하십니다. 2차 시험에서도 72점을 맞추어 우수한 성적을 거두셨습니다. 그럼 질문을 드리겠습니다.

우리나라 독립을 최초로 약속한 회담에 대하여 말씀해 보십시오! 시간은 3분 이내입니다.
답) 네, 카이로 회담입니다.
1943년 미국의 루스벨트, 영국의 처칠, 중국의 장개석 정상이 이집트의 수도 카이로에 모여 대한민국의 독립을 최초로 약속한 회담입니다.

두 번째 질문이다. 중앙에 있는 면접관의 질문이다. 현재 결혼을 하셨군요. 직업은 무엇인가요?
답) 네, 검정고시 학원 강사로 나가고 있습니다. 그곳에서 수학을 강의하고 있습니다.

세 번째 질문이다. 다리가 불편하신 것 같습니다. 언제부터 그랬습니까?
답) 어릴 적에 소아마비로 오른쪽 하지를 잘 못 쓰고 있습니다.

그럼 마지막 질문입니다. 공무원의 윤리 헌장을 낭송해 주세요?
답) 우리는 영광스러운 대한민국의 공무원이다.
오늘도 민족중흥의 최일선에 서서 겨레와 함께 일하며 산다.
이 생명은 오직 나라를 위하여 있고, 이 몸은 영원히 겨레를 위해 봉사한다.
충성과 성실은 삶의 보람이요, 공명과 정대는 우리의 길이다. 이에 우리는 국민 앞에 다하여야 할 숭고한 사명을 민족의 양심으로 다지며, 우리가 나가야 할 바 지표를 밝힌다.
우리는 민족사적 정통성 앞에 온 신명을 바침으로써 통일 새 시대를 창조하는 역사의 주체가 된다.
우리는 겨레의 엄숙한 소명 앞에 솔선 헌신함으로써 조국의 번영을 이룩하는 민족의 선봉이 된다.

우리는 창의적 노력으로 최대의 능력을 발휘함으로써 민주 한국을 건설하는 국가의 역군이 된다.

우리는 불의를 물리치고 언제나 바른길만을 걸음으로써 정의 사회를 구현하는 국민의 본보기가 된다.

우리는 공익 우선의 정신으로 국민 복리를 추구함으로써 복지 국가를 실현하는 겨레의 가수가 된다.

많은 사람으로부터 총애받는 유능한 행정인이 되는데 앞장서겠습니다. 감사합니다.

(333자의 공무원 윤리 헌장을 또박또박 정확했다.)

그로부터 일주일이 지났다. 합격으로 들뜬 나날들이 좋은 날만 있는 것이 아니다. 최종 합격에서 빠질지도 모른다는 불길한 예감이 든다.

신체적인 약점으로 불이익을 받을지 모른다는 고교 동기동창 경수의 말이 머리를 떠나지 않았다. 경수는 서울대 법과대학 행정학과를 졸업하고 27회 행정고시에 합격하여 총무과에서 사무관으로 있는 친구라서 믿을 만한 친구였다.

이런 이야기를 하니 아내가 크게 화를 내면서 친구가 그럴 수가 있느냐고 반박한다. 만에 하나 불이익을 받는다면 가만히 있지 않을 것이라고 열을 올린다. 며칠이 지나 최종 합격이 발표되었다. 나의 이름이 지워져 있었다. 2명의 이름이 빠져 있었다.

아! 이럴 수는 없는 것이다. 장문의 탄원서를 청와대로 보내서 열띤 항의를 했다.

　장애인이라서 면접에서 불합격 처리했다는 것은 도저히 이해가 가지를 않는다고 하소연했고 선처를 기대했다. 청량교회에서는 철야농성에 들어갔고 한국 장애인 협회 정립회관의 항의가 거세었지만, 전두환 군주는 번복할 수 없다는 통고문이다. 청량교회에서는 억울한 희생양이라고 성토가 대단했다.

　나는 일체 두문불출하고 전화도 받지를 않았다. 가슴이 답답하고 분노가 치솟아 안절부절못했다. 입안과 목이 타서 연실 찬물만 연거푸 마시고 있었다. 이글거리는 분노를 진정하지 못했다.

　"여보, 당신은 합격한 거예요. 당신 말대로 괴수의 졸개가 되고 싶지 않아서 그만두었다고 편하게 생각하세요!"

　최종 합격자 명단은 말할 가치가 없는 쓰레기 행정이라고 아내가 화가 나서 무단 정부를 맹비난한다.

　교회에서도 날마다 성토하면서 열을 더해 가고 있다. 진정서나 탄원서를 수없이 냈다. 나는 악마의 졸개가 되지 않기를 잘했다고 생각한다. 더구나 구걸해서 악마의 졸개는 되고 싶지 않았다. 분을 삭이지 못한 나는 총무처를 찾았다. 종합 청사 민원실을 찾아서 총무처 장관을 만나러 왔다고 했다. 신원을 확인한 다음에 장관님은 만날 수 없고 관계자를 만나게 해 준다면서 도우미가 따라오라고 한다.

　총무처가 눈에 띈다. 면접을 보았던 곳이라서 낯설지는 않았다. 50대가 좀 안 돼요. 보이는 사람이 있고 젊은 사무원들 10여 명이 분주하게 일하고 있었다.

"무슨 일로 오셨나요?"

젊은 여자 사무원이 앉으라고 친절하게 의자를 내주면서 하는 말이다.

"29회 행정고시 점수를 알고자 왔습니다.

제가 김 ○범입니다.

제가 왜 시험에 떨어졌는지 그 이유를 알고 자 왔습니다."

"예. 그러세요, 점수 확인하러 오셨군요!

수험번호가 몇 번이세요?"

여사무원은 여전히 상냥했다.

"27번입니다."

여전히 나의 말투는 퉁명했다. 면접시험에서 면접관이 흘린 말을 기억할 수 있어 본인의 점수를 이미 알고 있는 터였다. 여사무원은 흠칫 놀라면서 나의 얼굴을 다시 본다. 그리고는 점수표를 앞으로 내민다.

"내가 왜 떨어져야 했는지 그 이유를 알고 싶습니다. 1차 시험에서 만점에 2차 시험 평균도 합격자 평균 이상의 점수라고 면접관이 말을 했는데 이해가 가지를 않습니다. 제가 몸이 불편하다고 떨어뜨린 것은 아닌지 억울해서 여기까지 왔습니다."

거침없이 나의 말은 톤이 올라갔다. 두세 명의 사무관으로 보이는 자들이 앞으로 나오더니

"말이 너무 거칠군요. 깽판이라도 부리겠다는 거요? 업무 집행 방해죄를 모른단 말이오?"

하면서 맞대응한다.

"업무 집행 방해라니! 말도 못 하는 세상이 되었다는 거요?"

나의 심장은 고동을 치고 있었고 울분을 참지 못했다. 실랑이가 벌어지자 윗사람으로 보이는 나이가 든 사람이 앞으로 나온다.

"모두 자리 가서 일 봐요."

하면서 부드러운 목소리로 상황을 설명한다.

죄송합니다.

"제가 대신 사과드립니다."

하면서 늙은 졸개가 설명을 시작한다.

"선생님의 말씀처럼 좋은 점수를 받은 것은 사실입니다. 점수를 보면 알 수 있듯이 우수한 성적이었습니다. 그러나 윤리에서 문제가 있었습니다. 윤리 점수에서 면접관 3인 중 한 명이 과락으로 처리해서 불합격된 것입니다." 그리고 점수는 공개할 수 없다고 했다.

그날 나는 종합 청사에서 오고 간 이야기를 아내에게 상세하게 말해 주었다, 바로 탄원서를 청와대에 제출했다. 총무처 관계자의 말을 그대로 인용했고 도저히 이해할 수 없는 처사라고 했다. 장문의 글을 올리면서도 나는 구걸하지 않았다. 악마의 소굴에서 아무리 궁색하다고 해도 두 번, 세 번씩….

도전하여서 악마의 졸개가 되고 싶지는 않았다. 행정부 수반은 이유 없다는 회신이 왔고 나는 방황하지 않고 군국주의에 항거하면서 오랫동안 진보적인 삶을 살아왔다.

  나는 이 나라를 떠나고 싶다고 아내를 설득하고 미국으로 이민도 생각했지만, 수포가 되고 말았다. 그러나 눈을 감고 독사 행정의 서울 하늘 아래에서 철판을 얼굴에 가리고 살고 싶지는 않았다. 악마의 소굴에서 벗어나 자연으로 돌아가고 싶다.

나만의 사랑과 행복

토요일 오후!

오랜만에 아내와 시골집과 처가가 있는 고향으로 내려왔다. 이제는 반지도 아장아장 잘도 걷는다. 하늘에는 뭉게구름이 흩어져서 막 조개구름으로 피어났다. 삽시간에 수십만 개의 조개구름들이 하늘을 덮는다. 서산에 지는 여름 저녁 햇살을 받으면서 호젓한 시골길을 걸었다. 시골 냄새가 좋다.

자연에서 뿜는 풍광은 환상이다. 무한의 예술을 자아내고 있는 저녁노을에서 사랑과 희망을 읽었다. 하늘에는 살아있는 수많은 조개의 숨소리가 들리는 것 같았다. 짙은 주홍색의 조개구름이 하늘 전체를 덮었다. 홍 조개들을 따서 오늘 저녁 우리 집 반찬에 오르면 어떨까! 하늘 예술을 보면서 아내의 사랑의 웃음이 좋았다. 반지도 제 세상을 만난 듯 뛰면서 좋아한다.

강한 햇볕에 얼굴이 붉게 타 있는 어머니가 하늘의 조개구름 예술은 길조라고 하시면서 반색하신다. 손은 거칠었지만, 건강만은 양호하셨다. 어머니가 정성을 다해 주시는 집밥을 맛있게 먹었다. 그 옛날의 추억들이 가득하게 몰려온다.

나는 칠 남매에서 늦둥이 막낸데 어머니께서는 각별한 예우로 한평생을 보내셨던 분이다. 형과 누나는 찬밥을 주지만 나에게는 항상 햅쌀에 김이 모락모락 나는 식사를 챙겨주셨고 밤낮 없이 병마에서 이겨내라고, 그리고 성공을 위하여 기도하시는 어머니의 사랑과 정성이 유별났다. 주름 가득하신 어머니의 얼굴을 바라보니 세월의 무상함에 가슴이 아프고 쓰렸다. 반지가 할머니 품으로 뛰어들면서 사랑한다고 얼굴에 뽀뽀를 퍼붓는다.

어머니는 예쁜 손녀 반지를 사랑한다. 손녀라고 금이야 옥이야 많이 사랑하신다. 어머니는 지금 팔순이다. 149평의 텃밭과 364평 되는 논에 농사를 직접 경작하시며, 손수 밥을 지으시고, 홀로 살아가시는 어머니는 사랑과 행복을 기도에서 찾으셨다.

봄부터 가을까지 텃밭에는 온갖 야생화들이 지천이었고 이웃 동리 사람들까지 구경 올 정도로 잘 가꾸시고 아름다운 꽃밭이다. 초여름에는 백합의 향이 대단했고 자귀나무꽃의 오묘함과 밤의 별천지를 볼 수 있는 거먹골이었다. 나는 어머님을 생각하면서 잠을 못 이룰 때가 많았다. 더울 때나 추울 때나 늘 어머니 생각하면서 파란만장한 어머니의 삶을 아내에게 이야기한 적이 있다.

아내는 고생하시는 어머니를 모시고 함께 살고 싶다고 했다.

사랑하는 남편을 낳아 주시고 길러 주셨는데 어머니를 모시고 살아야 후회가 없을 것 같다고 했다. 반지는 할머니 품에서 세상 모르고 잠을 자고 있었다. 할머니를 많이 좋아했다. 반지는 할머니를 앞세우고 할머니가 있으면 자신감이 넘치고 도도하고 제 세상을 만난다.

찰떡 궁합에 반지는 할머니가 이 세상 제일이다. 아내와 함께 시골집 뒷동산에 올라갔다. 아내는 어두워서 무섭다고 뒤를 빼더니 조금 후에는 남편의 추억이 배어 있는 곳이니 가보고 싶다고 했다. 어머니께서 건전지를 새것으로 교체해 커다란 플래시를 건네주셨다. 그믐이 다가오는지 질흙같이 어두운 밤이다. 뒷동산 바위에 앉아 아내에게 어린 시절의 삶을 회고하면서 신명나게 이야기해주었다.

하늘에는 영롱한 별들이 봉평 메밀꽃이 한창인 것처럼 은하수에서 별들이 무수하게 쏟아지고 있었다.

"여보, 밤하늘에 별들이 너무나 예뻐요. 이렇게 많은 별은 처음 봐요. 당신과 함께 보니 더 아름답게 볼 수 있는 것 같아요."

아내는 좋아하는 표현을 말로는 부족하여 행동으로 보인다. 언제나 애정이 가득하고 다정다감한 아내다. 나에게 바짝 붙는다. 별빛 아래에서 사랑하자는 신호다. 별이 빛나는 곳에서 사랑하자 하면서 애교를 떤다. 하나가 되어서 시간을 잊고 사랑에 빠져 있었다. 큰 바위에서 날이 새도록 온화한 사랑을 하고 있었다.

별들만이 속삭이는 꽃밭이다. 서쪽에 자리한 초승달은 이리저리 보아도 아름답고 정겹게 느껴진다. 수백만 별들의 축복 속에 초승달은 아내의 산뜻한 입술 모양을 하고 있었다. 꽃잎 사랑이다. 하늘에는 오리온 별자리가 환한 웃음으로 제각기 미를 자랑한다. 오리온 별자리 중앙에 삼태성도 제각기 빛의 아름다움이 충만한 가운데 날이 밝아오는 줄도 모르고 낙향 문제를 심도 있게 나누면서 날 밤을 새웠다.

새벽에 아내는 피곤도 잊고 시골 살림에 익숙해 있지는 않지만 서투른 아침밥을 정성을 다하여 짓고 있었다. 나는 할 일을 찾아보아도 할 일이 없다. 설거지라도 하려고 했는데 윤이 반짝반짝 빛이 나는 놋그릇들과 수저들이 말끔하게 씻겨 있었다. 어머니도 일어나셔서 내가 할 일은 더욱 없어 보였다. 부엌에서 얼쩡거리는 것을 어머니는 무척 싫어한다. 남자는 남자가 할 일이 따로 있단다.

어머니 별명이 호랑이다. 보수성이 강하고 예의범절을 중요시하시는 전주 이씨 독립운동가의 외동딸이다. 목소리도 크고 우렁차서 한번 찍히면 좋지 않다. 그만큼 성격이 직선적이고 화통하시고 불의를 보면 참지 못하시는 강직한 성격의 소유자이다. 성당 갈 준비에 바쁘신가 보다. 마리아로 영세와 견지의 세례를 받으시고 생활의 절반은 성서 공부와 기도로 건강과 행복을 찾는 인자한 어머니! 일요일 미사는 빠짐이 없고 아침저녁 기도로 평화와 사랑과 배려에 각별하신 분이다.

오직 막내아들이 전부였던 어머니였다. 밤을 새워서 낙향하겠다는 뜻을 어머니께 전하는 방법을 상의했는데 어머니께서 크게 낙담하실 것 같아서 선뜻 입이 떨어지지를 않았다. 더 이상 공무원으로 출세하겠다는 꿈은 접었다는 뜻을 어머니한테 전하려니 가슴이 미어진다. 촌놈답게 낙향하여 삼류 강사로 추락할지라도 어머님께 효도하고 사람답게 살고 싶다. 신부님과 수녀님의 신임을 한 몸에 받고 계시는 어머니였다. 아내는 조반을 차리고 곧바로 반지를 치장해주고 무척이나 일이 많고 바쁘다.

반지도 할머니를 따라서 성당에 보내려고 치장을 해 주고 있었다. 종교는 마음의 샘터라고 생각하기 때문에 기독교나 성당이든 불교이든 "믿는 마음은 하나"라고 생각한다.

모든 생각을 긍정적으로 평가하면서 반지가 할머니 따라 성당을 가는 것을 반대하지 않고 좋아한다. 나는 조심스럽게 어머니께 아내와 일치를 보았던 낙향 문제를 조심스럽게 말씀을 드렸다.

"어머니, 저희는 안성으로 내려오기로 하였습니다. 죄송합니다, 어머니."

고민하다가 식사 중에 말이 튀어나온 것이다. 어머니가 매우 놀라시며 식사를 들다 수저를 내려놓으신다. 표정이 금방 굳어진다. 그리고 가시가 돋친 목소리로 "낙향하겠다는 말입니까?" 화를 버럭 내시는 바람에 우리 내외는 떨고 있었다. 13평 주공아파트를 계약하였습니다.

"죄송합니다. 어머니!"

어머니는 자세를 고쳐 앉으면서 붉은 얼굴이 한참이나 가시지 않으셨다.

"남자는 자고로 큰물에서 놀아야 합니다. 아비가 누구인데 낙향하겠다는 것입니까?"

아비가 누구입니까? 아비가 이 세상에 누구입니까? 어머니는 울화통을 참지 못하고 폭발 직전의 위급한 상황이었다. 안절부절못하시고 금시 얼굴에 붉은 점이 무수하게 피어오른다. 그리고는 화를 억제하시면서 손을 부르르 떠신다. 아내가 거칠고 메마른 어머니의 손을 잡는다.

"잘 모시겠습니다.

자나 깨나 아비는 어머니 생각에 잠을 못 이루십니다.

용서하세요. 어머니!"

어머니는 마음을 고쳐먹고는 아쉬움이 가득한 목소리로

"그래도 그렇지! 우리 아비가 누군데 낙향입니까?"

"망할 놈의 세상! 아비를 끝내 버리는구나!"

말문을 잃고 한참 지난 후이다. 어머니는 모든 것을 체념한 듯 한동안 말씀이 없더니 집을 장만할 돈은 마련했느냐? 묻는다.

"예, 어머니!"

그동안 학원에서 받은 돈이 꽤 됩니다. 아파트가 큰 것이 들어오면 바로 이사할 것입니다. 자가용도 사고, 어머님 모시고 아름답게 살고 싶어요! 일사천리 낙향 문제는 쉽게 풀렸다.

13평짜리 금산주공아파트 207호 내 집을 갖게 되었다는 기쁨에 아내는 환하게 웃고 반지는 제 세상이라도 만난 듯 활개를 친다. 종일토록 유아원에서 놀고 할머니를 끌고 놀이터에서 왕초 노릇을 한다.

　우리 내외는 바로 운전학원을 찾아가서 동시에 접수하고 운전 연습에 들어갔다. 오토바이는 단번에 면허를 취득하고 새 자전거와 오토바이도 구입해서 삶의 활력을 극대화했다. 자동차 면허를 따기 전에 자주색 엘렌트라의 새 차를 구매하여 평장골 고종사촌의 아들인 조카님을 개인 운전기사를 두고 운전 연습에 몰입했다. 조카님은 안성 운전면허시험장에서 매니저로 운전과 돌봄에 달인이었다. 지체장애인은 면허시험장이 전국에서 서울과 안산에 있었으며 3달 동안 개인 교습으로 실기시험에 주력했고 필기 고사와 실기시험을 한 날에 실시하였다. 안산 면허시험장에서 자동차 면허시험은 단번에 합격했다. 이제 새로운 삶에 도전을 선언했다. 왕정에 졸개로 있기보다는 낙향해서 행복을 찾겠다는 꿈과 희망과 도전이 순조롭게 이루어지고 있었다.

　반지는 할머니를 무척이나 좋아한다. 할머니가 모든 뜻을 받아 주고, 할머니와 함께 라면 누구도 반지를 건드리지 못한다. 반지는 호랑이 할머니가 있다고 자랑한다. 새 차를 아내와 교대로 운전하면서 겁도 없이 동해로 여행을 떠난다. 뒤에는 초보운전자라고 쓰고, 그리고 아기가 타고 있어요! 뒤 차창에 큼직하게 붙이고 조심 운전으로 동해에 도착했다. 확 터진 바다는 끝이 없다. 아내가 기쁨을 감추지 못하고 동진항 작은 모래사장에서 소리친다.

"야호! 내 사랑!
우리가 이런 곳에 올 수 있다니 꿈만 같아요.
행복해요, 여보!"

아내는 답답했던 가슴을 마음껏 토해내고 있었다. 반지도 제 세상을 만난 듯 처음으로 보는 바다와 모래사장에서 질서 없이 뛴다. 이런 행복은 처음이라며 짜릿한 행복을 찾았다고 고삐 풀린 송아지와 같다.

"내 집도 갖게 되고 이런 행복한 길이 있는 줄은 정말 몰랐어요. 행복해요, 여보!"

아내는 신이 났다.

우리 가족은 사랑과 행복을 만끽하고 있었다. 사회는 여전히 불안했다. 주공 아파트와 공부방은 불법과외지만 내 고향의 화제의 인물로 학생들과 학부형들의 관심이 빠르게 확산되고 있었다.

전제 국가의 군정은 극에 달했으며 온갖 추태와 만행이 난무하였다. 전두환 정권의 폭정은 야만의 왕조와 흡사하였다. 정치 사회는 극에 달했고 혼란했다. 교육과 복지는 100년 후퇴로 밀리고 말기에는 그의 친구인 군사정권의 제2인 자인 노태우 정권으로 이양했다. 그리고 전두환 군사정권은 국민의 거센 항거에 백담사로 귀양 가는 웃지 못할 촌극을 연출하였다. 대한민국의 마지막 자존심인 대학과 민중의 시위는 끝까지 계속되고 있었다.

　나는 고마운 사람들의 뜻을 저버리고 출세나 인생을 접고 낙향한 것은 아주 잘한 일이었다. 애국을 접고 가족의 안녕과 신변의 안정을 위해서다. 그리고 기죽지 않고 사랑과 행복을 창조하면서 인간답게 사니 세상 부러워할 것이 없었다. 내 차를 갖는 것이 꿈이었는데 실행에 옮겼고 기동력과 여가도 큰 발전을 가져왔다. 불편한 몸으로 학창 시절의 출세욕은 꿈일 뿐이고 허세였다. 졸개들의 부하가 되지 않기를 잘했다고 생각하고 대학과 청량교회에서 낙향하는 것을 말렸는데 뿌리치기를 잘했다고 회심의 미소를 짓고 있는 우리 가족이다. 이제부터 우리 가족은 영화 같은 삶을 살기로 했다. 사랑과 행복이 날마다 팡팡 터지는 이름다운 삶과 인생을 설계하면서 멋진 인생을 살아 볼 작정이다.

　신사용 자전거와 오토바이를 샀고 자주색 엘렌트라 자동차까지 구입하고 문화생활을 즐겼고 여행을 자주 했고 세상에 부러울 것이 없는 행복한 삶을 창조했다. 고향에는 사랑과 행복이 가득하고 무한한 꿈과 희망이 있었다. 새집을 장만했고 아내와 반지가 펄펄 뛰면서 좋아한다. 그리고 우리 집에는 멋진 승용차도 있으니 마음만 먹으면 어디에도 갈 수가 있다. 끝도 없는 바닷가 해안을 한없이 드라이브할 수도 있고 꿈과 희망을 마음껏 펼쳐 볼 수가 있다.

새해에는 동해 정동진 해돋이도 갈 것이고 왜목마을 해돋이와 일몰도 구경할 것이다. 설악산 내장산 단풍놀이도 다닐 것이며 동서남북 투어 여행도 계획해본다. 이제부터는 불편한 버스를 타지 않아도 될 것이고 지하철을 타지 않아도 된다. 원대한 꿈을 그리면서 행복에 취해 있었다.

동해는 언제 보아도 좋다. 해변 드라이브가 환상이다. 아내가 운전하고 반지는 아빠가 좋다고 수없이 얼굴에 뽀뽀를 퍼붓는다. 경포호도 구경하고 동해바다는 끝이 없었고 하늘과 바다 사이를 무한정 달리고 있었다. 동해 해변은 고향 같다. 7번 국도를 따라 끝없는 해안도로를 달리고 있다. 넓고 넓은 모래사장이 끝이 없고 포근하다. 불타는 야심으로 떠오르는 태양을 향하여 울분을 토한 적이 생각난다.

오늘의 마음은 여유와 자신감이 있다. 꿈과 낭만과 사랑과 행복으로 가득하다. 말썽꾸러기 반지를 데리고 낙산에 도착했다. 바닷가 횟집에서 모둠회를 배불리 먹고 해안 도로를 따라서 다시 동산항에 도착했다.

제3장
내가 좋아하는 것과 기행

경포호의 벚꽃은 청아하다
경포호 주변이 모두 다 벚꽃 천국이다
해풍의 영향으로
살아 숨을 쉬는 꽃향이 있다

개성이 돋보이는
경포호만의 자랑인 듯싶다

여행의 맛과 삼부 과외
The charm of travel and genius tutoring

　40년이 지나서 딸과 함께 추억과 사랑이 가득한 동산항을 찾기로 했다. 동해바다 2박 3일 여행 중에 주문진 회센터에서 모둠회를 먹는데 갑자기 송아가 아기 때 갔던 동산항을 가고 싶다고 한다. 앨범을 정리하던 중에 동산항의 사진들을 봤다는 것이다. 번개 여행으로 눈에 익은 강원도 3대 미항 중의 하나라는 남애항에 도착했다.

　남애항은 양양에서 가장 큰 규모의 항구이다. 강릉 심곡항, 삼척 초곡항과 함께 강원도 3대 미항으로 꼽힌다. 작은 산을 병풍처럼 두르고 자연스러운 만 형태의 모습을 가진 작은 항구들이다.

　오늘은 해안도로를 타고 이백리 길에서 숨은 비경을 찾고 있었다. 나는 작가이기에 기행문을 쓰기 위하여, H 문학사의 청탁을 받고 몇 편의 기행문을 쓸 겸 가족여행을 하게 된 것이다. 방파제에는 송이버섯 모양의 빨간 등대가 눈에 확 띈다. 남애항은 항구를 배경으로 뜨는 해가 아름다워 해돋이 명소로도 유명하다. 여행을 많이 하다 보니까 남애항에서도 오메가 일출을 본 적이 있었다. 남애항의 또 다른 볼거리는 남애항 2025년도 스카이워크 전망대다. 방파제 입구 쪽에 자리한 스카이워크에 오르면 남애항 일대와 동해의 시원스러운 풍광을 한눈에 담을 수 있다.

스카이워크가 들어선 곳은 조선 시대에 양 야로다라는 섬으로 불렸고, 섬의 봉수대가 있던 자리에 스카이워크를 설치했다. 남애3리 해수욕장 앞 바위섬을 콘크리트로 보강하여 다리를 놓아 일출 명소로 만들어 놓았다. 주말을 맞아 많은 사람이 찾고 있었다.

남애3리 해수욕장은 서핑(surfing)의 천국이다. 밀려오는 높은 파도가 반가운 서퍼들로 가득하다. 근처엔 서핑 장비와 스킨스쿠버 장비를 대여하고 강습하는 업체들이 문전성시를 이루고 있었다. 깔끔하게 정돈된 남애 3리 해변의 이국적 분위기에 취해 한참을 쉬었고 딸과 아내는 바닷가 모래사장을 마음껏 누비고 있었다. 해변 백사장과 소나무 울타리를 사이에 두고 있는 아담한 작은 학교 운동장에는 황금빛이 물들기 시작하는 잔디가 깨끗하게 손질되어 깔려 있다. 문득 바람이 불거나 아이들이 뛰어다니면 흙먼지가 뽀얗게 피어오르던 어릴 적 초등학교 교정이 떠오른다.

예삐와 태희가 있어서 그곳 비치가 궁금하여 검색해 보았다. 애견 인구 1,000만 시대지만 애견인들이 출입하는 계곡, 바닷가, 강가 등을 반려견과 동시에 출입하는 것은 각종 제약과 불편이 따르기 때문에 이러한 불편을 해소하고 반려견과 자유로운 휴가를 즐길 수 있도록 마련한 애견 전용 해수욕장이라고 한다.

해변 길이 300m 중 150m를 애견 전용 구역으로 지정하여 일반관광객과는 분리된 공간에서 자유롭게 이용할 수 있도록 되어 있다. 여행에 애완견 예삐와 태희가 동행해서 애견 전용 해수욕장을 찾은 것이다. 지금도 우리 식구는 여행의 광이다. 그리고 여행을 갈 때마다 애완견 예삐와 태희는 동행한다. 2024년 봄과 여름 제주 여행에도 애완견은 언제나 함께했다. 비행기도 타고 호화여객선도 타고…. 그래서 우리 집 식구들은 애완견 사랑에 여행의 경비가 2배 3배 더 지출경비로 나간다.

휴휴암에서도 예삐와 태희도 함께 산책했다. 예삐는 7살, 태희는 10살이다. 예삐는 2kg의 체중이지만 머리가 좋고 눈치도 빠르고 말도 잘 듣는 애견이다. 휴휴암에서 큰 부처를 향하여 두 손을 모아 기도자세를 취하고 황금빛 종에도 예의를 갖추니 애완견이라고 깔봤다가는 망신당한다.

휴휴암은 일상의 번뇌를 내려놓고 쉬고 또 쉬라는 의미에서 지어졌다고 한다. 1997년 홍법 스님이 창건한 이곳은 묘적전이라는 법당 하나로 시작되었으나 1999년, 바닷가에 누운 관세음

보살 형상의 바위가 발견되면서 기도처로 유명해졌다.

 묘적전 아래 바닷가에는 활짝 핀 연꽃을 닮아 연화대라고 이름 지어진 너른 바위가 있다. 연화대에서 관세음보살 바위와 거북이 형상의 바위를 찾아볼 수 있어 사시사철 관광객의 발길이 끊이지 않는다. 휴휴암을 뒤로 하고 언덕길을 내려와 7번 국도와 나란히 붙어있는 광진리 마을로 들어섰다.
 이곳 해변의 상가에는 휴일이라 그런지 가게 안에는 손님들로 북적인다. 건물이 밀집해 있는 해변 길을 돌아 죽도 해안 산책길을 걸었다. 죽도 해안 산책길은 시작부터 기암이다. 파도와 바람, 자연이 만들어낸 위대한 작품 앞에 감탄사만 연발한다. 산책길에서 벗어나 죽도 정상에 오르면 죽도정과 전망대가 있다.
 일출 명소로도 유명한 죽도정은 정면 3칸, 옆면 2칸의 정자로 1965년 현남면 부호들이 자발적으로 모금하고 행정 지원받아 지었다고 한다. 그때는 내가 초등학교 시절이었고 아내는 아기였을 것이다.
 죽도정 동쪽에 있는 약 20m 높이의 죽도 전망대는 섬 풍광을 한눈에 둘러볼 수 있는 또 다른 명소다. 섬의 상징인 대나무가 연상되도록 전망대 골조에 대나무 공예의 격자무늬를 접목했다. 사시사철 송죽이 울창한 죽도는 옛날에는 섬이었으나 지금은 육지와 연결되어 있다. 전망대에서 남쪽을 바라보니 소돌 해변, 남애항 휴휴암이 그림처럼 보인다. 서핑의 메카로 알려진 죽도해변

앞바다는 서핑을 즐기는 서퍼들이 즐거운 휴일을 보내고 있다.

　서핑하는 사람들을 구경하다가 딸이 발작한다. 딸은 운동의 여신이라 할 정도로 빠르고 힘도 좋고 종합무술 10단의 만능의 스포츠의 여신이다. 수상 스케이트로 북한강에서 자주 즐기는 딸이다. 딸은 서퍼들의 일거수 일투족을 세심하게 체크하고 있는 것 같았다. 한번 해볼 걸 하는 생각을 하는 것 같았다.
　이제는 젊은 날의 열정이나 활력을 욕심내기보다는 마음을 내려놓는 것을 배우고 작은 것에도 만족하고 사소한 즐거움을 찾으면서 살 궁리를 해야 할 때라고 충고해 주었다.
　죽도 해수욕장이 서핑의 메카가 된 건 수심이 비교적 얕고 알맞은 파도 때문이다. 특히 가을은 바다에서 육지로 바람이 불어오는 덕분에 서핑을 즐기기에 좋다. 거기에 춥지도 덥지도 않고 휴가철을 비켜선 요즘 죽도해변은 서퍼들의 천국이 된다.
　죽도 해수욕장을 지나 드디어 동산항 해수욕장에 도착했다. 소나무밭은 있는데 조림한 지 오래지 않은 숲이다. 수년 전 산불 대화재로 다시 심어서 어린 소나무들이지만 후대에 울창한 숲을 물려줘야 하지 않겠는가! 죽도 해수욕장과 나란히 붙어있는 동산항 해수욕장도 죽도 해수욕장과 마찬가지로 서퍼들의 천국이다. 곳곳에 서핑 슈트를 입은 젊은이들로 생기가 넘쳐 흐른다. 이윽고 동산항에 도착했다.

동산항은 작고 아담한 항구인데 항구 안에 커다란 바윗덩이들이 마치 주인인 양 자리를 차지하고 있어 독특하다. 동산항을 지나 동산해수욕장으로 넘어가는 동산리 마을길을 산책했다. 거리는 오래된 건물도 있고 한창 건축 중인 신축 건물들도 있다. '조개 굽는 마을'이라는 대단위 밀집 조개구이 가게들이 있는 곳을 지나 동산해변에서 북분리 해변에 이르는 길은 소나무 숲과 나란히 우리 가족들은 산책했다. 해변에는 예술가들의 솜씨인 듯한 인상적인 조형물들이 설치돼 있고, 솔밭 야영장에는 차박과 캠핑을 즐기는 사람들이 적지 않게 보인다. 북분리 해변의 푸른 바다와 황금빛 백사장을 배경으로 조각배 같은 초승달과 그믐달 모형을 설치해 놓았다. 딸은 예삐와 태희를 데리고 모래사장을 누빈다.

우리 집 애견들은 바다를 좋아해서 바닷가에 가면 제 세상을 만나듯이 나름대로 재주를 부린다.

예삐는 바다를 바라보면서 흥겨워서 콧노래를 부르고 태희는 덤브링과 모래찜질하면서 광란의 막춤으로 관광객의 시선을 끈다. 나는 끝없는 바다를 바라보면서 쾌감을 느끼고 있었다.

"이런 것이 행복이구나!"

아내와 송아가 저토록 좋아하고 행복을 심고 있는데 더 이상 욕심을 부리면 안 되겠다고 생각해 보았다. 사랑과 행복을 만들면서 지혜로운 삶의 청사진을 제시하는 산소 같은 아내다.

단 하루도 헛된 삶을 살아오지 않았다고 생각한다….

아내는 언제나 긴장된 삶을 만들기에 나를 초조하게 한다.
"당신을 생각하면서 일기를 썼어요. 그리고 언제나 기도했어요. 행정고시 2차에 합격하던 날, 당신이 모르는 엄청난 눈물을 쏟았어요. 그러나 3차 최종 합격자에서 당신의 이름이 없었을 때는 울지 않았어요. 의연한 모습의 당신을 보면서 행정고시 미련을 과감하게 자르는 당신은 무서운 사람이었지요!"

짧은 시간에 흐트러진 마음을 정리하고 사랑과 행복의 지름길을 택할 수 있었던 것은 남다른 애정의 결실이었다고 생각된다. 아내의 의연한 모습이 돋보였다. 나는 군주의 졸개가 되고 싶지 않다는 말로 아내를 위로했다. 큰 뜻을 흔쾌히 받아 준 아내가 고마웠다. 당신을 위하여 태어난 사람이라고 한 약속을 지키기 위해서 나는 꿈과 희망이 있는 고향으로 내려왔다.

단칸방에서 5년을 살아왔는데 13평 내 집을 장만했고, 자동차를 사고, 필요한 전자제품들을 사고, 부모님께 효도하고…. 뇌를 스치는 지난날들의 희로애락에 삶이란 왕정의 졸개로 출세할 수도 있지만 다른 곳에서 행복을 찾을 수도 있다고 생각했다. 졸개로 출세하는 것이 행복이라고 말할 수 없다는 것이 나의 철학이다. 아내는 내 사상을 전폭적으로 지원했다. 그리하여 잊지 못할 순대집 단칸방을 접고 집을 장만하고 새 자가용도 사들이어 행복을 찾아 길고 긴 영화 같은 삶을 선택한 것이다. 싱긋 웃음이 터진다. 군주의 졸개가 되어서 넥타이 매고 뻐기고 싶었던 지난날의 욕망은 불가능의 망상이었다. 그래서 나는 과감하게 이를 접었다. 다시 한번 도전하라고 가까운 지인들이 종용했지만, 망상에 휘말리고 싶지를 않았다.

 2차 시험 성적도 우수한 가운데 시대의 개 법에 걸려 망신당했는데 더 이상의 신체적인 압박과 정신적인 피해는 감당할 수가 없었다. 교회에서도, 시장 사람들도, 가족 친척도 다시 도전할 것을 촉구했다. 그러나 나는 거부했다. 더 확실하게 보이기 위하여 고향으로 낙향을 결심하게 된 것이다. 누구도 나의 결심을 막을 수는 없었다.
 내가 안성에 내려와 있다는 것은 삽시간에 소문이 꼬리를 이어 고향 사람들이 알게 되었다. 좁은 지역이기 때문에 소문이 빨랐고 공부해 보는 것이 학부모와 학생들의 소망이었다. 안성으로 내려와 고3을 지도하면서 첫해에 서울대를 5명이나 합격시켰다. 고려대 5명, 연세대 3명도 합격시켰다. 믿기 어려운 일들이 일어나고 있었다.

 다음 해에도 서울대를 7명 합격시켜 단번에 A고등학교는 지방 명문으로 자리를 잡았다. 입시에 불안감을 가진 학부형들은 한결같이 자녀들이 주공 207호 공부방에서 배우기를 원했다. A고등학교에서도 싹이 보이면 주공 아파트 207호 공부방을 찾아가면 된다고 하여 하루에도 수십 명씩 13평 금산 주공 아파트를 찾은 사람들로 장사진을 이룬다. 13평 주공 아파트이지만 안성 지역에는 처음으로 들어서는 아파트여서 인기가 좋았다.

제6공화국에 이어 제7공화국 정권이 이어졌고 군주 정권은 무너졌지만, 김영삼의 민주화는 실명제를 시행함과 동시에 재수생 학원은 허용되었으나 일반학원과 과외는 여전히 금지되어 있었다. 차츰 일반학원도 부분적으로 허용했고, 사교육비가 많다고 언론에서 떠들썩하더니 학원 단속과 과외 단속이 극심하였다. 군주 정권이 몰락하고 민주화 사회가 들어서도 학원은 허용하되 과외는 전면 금지되어 있었다. 15층 고층 아파트가 안성에 처음으로 들어오게 되고 10:1의 경쟁에서 28평 아파트에 당첨이 된다. 학생과 학부모의 선풍적인 인기가 좋았다…. 28평으로 이사를 했고 학생들 지도에 박차를 가했다. A 고등학교에서는 전폭적으로 나를 지원하고 있었고 폭발적으로 나의 인기는 하늘 높은 줄 모르고 치솟게 되었다. 삼부 공부방에서 배우면 우수대학에 간다는 소문이 돌고 돌아서 족집게 과외교사가 되었고 항상 문전성시였다.

거실이 넓어서 많은 학생을 지도했고 수강료는 저렴하게 원하는 누구도 수강할 수 있도록 열린 공부방이었다. 어려운 환경에 있는 학생은 교육비를 무료로 하고 참고서도 사 주는 등 봉사에도 힘을 썼다. 일류 대학을 가려면 삼부 과외를 찾아야 한다는 소문이 돌았고 인기는 폭발적으로 번졌고 많은 사람의 주목을 받았다.

  그로 인하여 교육청과 경찰서에서 빈번하게 주의해 달라고 당부했고, 이에 맞서 강하게 반발하면서 정부의 과외 금지 조치는 정당성이 아니며 인권을 침해하는 것이라고 주장했다. 수입에 비례해서 세금을 내면 정당화될 수 있고 과외 금지 조치는 형평에 어긋난다고 주장했다. 민주화는 되었다고 하지만 군주의 졸개들은 그대로 있고, 그 법을 그대로 적용하고 있는데 말로는 민주투사라는 YS가 한심하다고 신랄하게 비난했다.

  군사정권과 밀실에서 연정하고 잔머리를 굴려서 우두머리가 되었다고 생각했다. 수십 년을 민주화를 위하여 헌신했다는 민주투사가 하는 꼴이라고는 개혁 의지가 전혀 없는 보수성이 강하고 군사정권을 그대로 답습하는 촌극을 보인다고 나는 만평을 서슴지 않았다. 민주정치는 자유가 있고 학원이나 과외를 법으로 규제하는 것은 있을 수 없는 것이라 주장했다. 사교육비 절감 차원에서 규제한다고 하는 것은 자유와 평등을 부정하는 것으로 생각이 된다. 1993년 초여름에 학원법 위반으로 전격 나는 구속되었다. 비가 오는데 경찰서 형사들이 불시에 공부방을 수색한다. 학원은 물론 과외 단속이 심했으므로 대부분 학원이나 과외가 임시휴강 상태였는데 나는 개의치 않았다. 나는 불응하면서 심하게 반발했다. 현장에서 10여 명을 가르치고 있었는데 학생들과 함께 경찰서 형사계에서 1차로 조사받았다.

  50명 이상을 교대로 지도하고 있었는데 장부를 빼앗겨 학생과 학부모, 학교 선생 등이 조사받게 되었다. 학원 연합회 고발에 따른 조사라고 했다. 한 학생과의 조서가 50분이 족히 넘어 전체 학생들과 학부모와 면담을 끝내려면 꼬박 3일이 걸렸다. 50시간의 무리한 마라톤 조사를 받았고 체력보강을 위해 꼬리곰탕을 대접해 주었고 경찰서의 예우가 각별했다.

명문 A고교에는 수업할 수가 없었다. 선생님까지 조사받고 귀가시키고 있었으니 수업을 제대로 한다는 것은 불가능한 일이다. 3일 동안 조사받으면서 나는 세간의 주목을 받게 된다. 폭주하는 전화로 경찰서 행정업무는 마비가 되었고 신문 방송에서 초미의 빅뉴스가 되었다.

나는 조사과정에서 정부의 교육정책을 맹비난하고 학생들을 지도해서 구속되는 나라는 우리나라뿐이며, 남을 지도해서 구속 수사한다는 것은 형평에 어긋나는 처사라고 강한 반론을 제시했다. 조속히 학원을 전면 개방하고 과외를 양성화해야 한다고 주장했다.

민주주의에는 자유가 있어야 하고 사설 교육도 자유로운 풍토에서 이루어져야 참 교육의 신장을 가져올 수 있다고 했다. 경향신문 경기일보 등 인기 있는 신문 방송들이 사회면에서 머리기사로 나의 주장을 상세히 실었다. 그러나 터무니없는 보도이다.

(A신문) 학원법 위반으로 38세 K 씨가 구속되었다. 서울시 유

명 학원에서 인기 강사로 있던 K 씨가 시골로 내려와 70여 명의 학생을 불법으로 지도하다가 자택에서 연행되었다.

  그는 70명이 넘는 고등학교 3학년을 지도하면서 시골의 작은 학교를 일약 명문 고등학교를 만든 몰입교육의 선두주자다. 매년 서울대를 5~10명까지 보내면서 그의 전격 구속은 지방 행정이 마비되는 정도로 관심이 많고, 석방을 촉구하는 시민들의 목소리가 컸다. 그는 행정고등고시 2차 합격자이며 우수한 성적에도 최종 합격자 명단에서 낙방 되는 불운을 겪고 낙향하여 조직적으로 불법과외를 하다가 덜미를 잡힌 것이다. 조촐한 가정에 부부가 모두 장애를 가졌지만, 세상 사람들은 그들을 아름다운 부부라고 칭찬이 자자하다.

  (B일보) "30대 후반 족집게 강사가 구속되다."라는 제목하에 70명을 아파트에서 지도하다가 구속되었으며 서울시 명문학원을 두루 거친 최고 인기 강사였다.

  그는 29회 행정고시 2차 합격자이며 우수한 점수에서도 장애인이라는 이유로 최종 합격자에서 빠뜨리는 불운을 겪고 낙향하여 고향의 학생들을 지도해 오다가 전격 구속이 된 것이다. 4일 만에 불구속으로 나왔다.

  안성 경찰서에서는 많은 관심과 화제로 통신이 일시 마비되는 등 불편이 컸다고 했다. 걱정하는 학부형들과 지인들의 면회가 줄을 이었다. 특히 안성 장애인협회장의 나의 석방을 위한 눈물

어린 진정서의 일화는 잊을 수가 없다.

지역 신문은 물론 서울의 각 방송사와 신문사들이 대서특필했고 알리고 싶지 않은 개인 정보와 사생활이 과장되게 노출되면서 무차별 보도되었다. 터무니없는 과장된 보도에 언론의 실상을 알게 되었다. 실망하였으며 언론의 허구에 신물이 난다.

3일 동안 경찰서 보호실에서 조사받고 나흘째 되는 날 불구속 입건되면서 나왔다. 나는 화가 났다. 우선 위기를 벗어나기 위하여 참았는데 울화통이 터진다. 겉으로는 민주투사라고 하는 자가 군부의 괴수 정권과 손을 잡고 정권을 이양받는 꼴불견의 민주화가 대한민국의 실상이라니 한심했다. 경찰서에서는 불법과외이므로 학원법 위반이라고 했고 나는 자유와 창조적인 교육의 말살 정책이라고 반박했다.

교육청-경찰서가 합동으로 사교육비 절감 차원에서 학원과 과외를 단속한다고 하는 것은 민주주의 정신에 어긋날 뿐만 아니라 창조 교육의 말살 정책이라고 강하게 주장했다. 경찰은 똥 싼 놈이 화를 낸다며 나를 윽박지른다. 다른 학원의 시샘도 컸다. 불법과외를 교육청과 경찰서에 줄을 이어 고소와 고발이 이루어졌고 집중적으로 나에게 독화살을 퍼부어 댔다. 아파트에서 운영되는 공부방이므로 피할 길이 없었다. 수백만 원의 벌금을 수원지방법원에 냈고 단속 강화로 과외는 지지부진했다.

나는 아내와 상의해서 참고서 전문서점을 차리기로 하였다.

일억 이천만 원의 거금을 들여서 참고서 전문서점을 차렸다. 2명의 직원을 두고 아내가 관리하였다. 그런데 안성지역은 작은 서점에서 도매점이라는 간판을 내걸고 독식하고 있었기에 서점 개업에 어려움이 많았다. 서점 운영은 많은 사람의 관심을 끌게 했고 잘 돌아갔다. 아내는 좋은 양서를 읽을 수 있어 행복하다고 했다. 나는 소수정예로 학생들을 개인 지도했고 곧 부자가 될 수 있다는 자신감도 키웠다.

어머님 전상서

내 가슴에는 사계절 엄마의 초상화가 있다. 새봄이 올 때면 목련꽃에서 엄마의 사랑이 그립다. 영원한 모정의 혼백이다!

엄마의 첫 번째 일화이다

우리 집 장독대에는 목련 나무가 자라고 있었다. 그 아래에는 부추가 탐스럽게 자라고 있었고, 목련꽃이 지고 나면 눈부신 하얀 양귀비꽃이 활짝 피었다. 엄마는 나에게 목련차를 끓여서 항상 마시게 했다. 마실 오는 사람들에게도 한 잔씩 대접해 주었다.

양귀비꽃은 찬란한 빛과 효과가 정말 놀라웠다. 어찌나 눈이 부신지 십 리 밖에서도 볼 수 있다고 엄마는 아무도 모르게, 그리고 정성껏 재배가 금지된 하얀 양귀비꽃을 재배하고 있었다.

마약류로 분류되어서 가꾸어서는 안 되는데 산내천에는 집집마다 양귀비꽃을 키우고 있었다. 우리 집은 다른 집보다도 더 많이 재배하고 있었는데 꽃이 만개하면 엄마는 낫으로 밑동 가까이 잘라서 꽃과 잎과 줄기까지 가마솥에 끓여서 청을 굳게 한 다음에 알약을 만들어서 배앓이 비상약에 사용했다. 배앓이에는 양귀비로 만든 환약 한 알이면 해결되었다.

우리 집은 나보다 4살 연상인 막내 누나가 배앓이가 심했는데 그래서 양귀비를 재배하신 것 같았다. 긴 장마가 끝난 한여름이다. 이른 아침에 경찰관 2명이 신사용 자전거를 타고 집으로 급습했다. 경찰관은 어머니께 양귀비를 전부 베게 하시고 하나하나씩 세더니 280개라고 으름장의 폭언을 퍼부었다.

"이 아줌마가 간이 부었군!

콩밥 좀 먹어봐야 정신을 차리지!"

경찰관은 다시 새끼줄로 한아름으로 묶게 하더니 엄마의 머리에 이고 파출소로 가자고 설치고 있었다. 나는 어린 마음에서도 걱정되어서 따라나섰다. 어젯밤 기습폭우로 개울가에는 거센 흙탕물이 빠르게 흐르고 있었다. 어머니는 미끄러져서 흙탕물에 휩쓸리게 되었다. 나는 순식간에 성난 물속으로 뛰어 들어가 엄마를 구하니 장마철에 물 구경 나온 사람들은 깜짝 놀라며 수영에 천재라고 칭찬해 주었다. 어머니는 가까스로 목숨을 건졌고 양귀비들은 흔적도 없이 사라졌다. 경찰관은 쓴웃음을 지으면서 어머니께 약방에서 청심환과 보약을 드시라고 금일봉을 선사하셨다. 엄마의 돌발 행위는 천하의 무적이었다.

엄마의 두 번째 일화이다

나는 3살 어릴 적에 소아마비로 파란만장한 삶을 살아왔다. 70년이 지난 기억을 나는 지금도 생생하게 기억한다. 고삼호수의 토목공사가 시작되었고 아버지와 어머니는 그곳에 나를 업고 출퇴근하셨다.

한 살에서 세 살 때의 일이다. 새참과 점심시간에 엄마의 젖을 빨고 온종일 냇가에서 물장구를 치면서 혼자 놀게 하였다.

그러던 어느 날 갑자기 고열과 한기를 느끼면서 몸은 움직이지 못하였고 엄마 등에 업혀서 전국의 용하다는 침쟁이들을 찾아다녔다. 몸에는 침 자국이 선명하였고 걸어서 다닐 수 없었다. 기어서 다니면서 엄마 젖만 찾는 낙지나 문어 같은 유아기를 보내야 했다.

가난과 병마로 나의 몸은 10kg도 안 되는 뼈만 앙상한 비정상의 아이로 성장하였다. 엄마는 닥치는 대로 개구리 물고기 두더지를 삶아서 먹이고 식모살이하면서 이것저것 챙겨서 영양을 보충시켜 주었다. 그리고 저녁때는 항상 장독대로 가셔서 두 손을 모으고 막냇자식 걱정에 기도를 올리고 보름달이 뜰 때면 아주 오랜 시간을 장독대에서 나를 품 안에 안고 미안하고 사랑한다고, 껴안고 젖을 물리고 날 밤을 새운 적이 많았다. 그런 엄마를 위해 나는 몸은 자유롭지 못하나 공부는 열심히 했다. 외갓집 덕분에 중학교에 들어갈 수 있었다. 건강도 차츰 찾아서 한쪽 다리는 불편하나 정상인 못지않은 힘과 기운을 찾을 수가 있었다. 수영에 달인이었고 공부에도 돋보였으니 가난했지만, 선생님들의 관심과 사랑을 받게 되었다.

 그런데 성장기에서 여러 가지 기형이 확연하게 드러나고 있었다. 소아마비로 오른쪽 다리가 마비 되니 몸 전체가 균형을 잃게 된 것이다. 우측은 아기 성장이고 좌측은 왕성한 청년성장으로 뻗고 있으니 등이 굽게 되고 허리에 심한 통증이 오게 된 것이다. 여러 차례에 걸쳐 병원에 갔지만 치료 방법을 찾지 못하였다.
 장마 끝 어느 날 나는 저녁 늦게 개울로 목욕하러 갔다. 그런데 풀숲에 똬리를 틀고 있는 새끼줄처럼 보이는 붉은 구렁이가 잠을 자고 있지를 않은가!
 평상시에 뱀골 원두막에서 봄부터 여름까지 아버지와 동거하고 있기에 뱀과 자주 접촉할 수 있었으니 무서워하거나 징그럽다고 생각하지 않았다. 학교에서도 뱀이 나타나면 선생님은 나를 불러서 잡거나 쫓아버리라고 할 정도로 뱀을 잡는 땅꾼으로 소문이 날 정도였다. 돼지를 살찌우기 위하여 개구리와 뱀을 엄청나게 잡은 경력이 있어서 나는 무섭거나 피하지 않았다.

그러나 처음 보는 구렁이가 새빨간 옷을 입고 있어서 혹시나 전설에 나오는 백사나 청사가 아닐까 하는 욕심으로 생포하기로 마음을 먹었다. 날은 어두워 오는데 빠르게 목덜미로 잡고 끌고 가는 방법이 현명하고 상처 없이 생포가 가능할 것 같았다. 나는 힘이 있고 뱀을 다루는 기술도 익혔으니 마음을 먹고 행동에 옮겼다.

잠자는 구렁이를 깨웠다. 구렁이는 목을 쭉 내밀면서 잠에서 깨는데 나는 잡으라는 몸짓으로 알고 순식간에 목덜미를 잡고 사투가 시작되었다. 뿌리치는 용의 비상을 손에 익은 삽으로 달래면서 한 시간 만에 집으로 동행하는데 성공했다. 아버지 어머니는 매우 놀라면서 생소한 구렁이 대장을 데려왔다고 땅꾼인 아버지가 당장 제자리에 갖다 놓으라고 호통을 치면서 무서움에 밖으로 도망치신다. 나는 힘이 빠져 내일 모셔다 놓겠다고 하고 목을 천으로 단단히 묶어서 빨랫줄에 매어 놓았다.

아버지는 숙소인 원두막으로 가버리시고 엄마와 함께 공포의 날밤을 새워야 했다. 날이 밝자 동네 사람들이 몰려왔고 땅꾼 강씨 아저씨가 엄마에게 희귀한 개능구렁이인데 5만 원에 팔라고 했다. 그 당시에 5만 원이면 완전 거금인데 강 씨는 어머니에게 서울에 돈 많은 돈병철이나 금주영 같은 재벌이 먹는 보신 사탕이라고 설명했다.

아버지가 원두막에 가시길 잘하셨다고 생각하면서 아침을 먹고 나왔는데 구렁이는 없어졌고 어머니는 가마솥에 열심히 장작을 넣고 온종일 불을 지피고 있었다. 나는 엄마에게 구렁이 판돈으로 자전거를 사 달라고 했는데 어머니는 대꾸도 하지 않고 열심히 불만 지피고 계셨다. 저녁이 되어서 엄마는 나를 불러서 하늘이 결코 우리 아들을 돌보고 있다고 하시면서 큰 사발로 사탕(뱀탕)을 단숨에 마시라고 독촉하고 있었다.

나는 율무기나, 독사, 살무사의 뱀탕을 가끔은 먹고 있어서 구수하면서도 맛깔스러운 사탕을 단숨에 쭈욱 들이켰다. 이튿날도 그다음 날도….

그런데 지병으로 아픈 허리가 감쪽같이 사라지고, 치질에서 악종인 암치질로 고생했는데 이도 사라지고 기운이 완전 대박으로 불끈불끈 솟는 것이다. 청년 시절에는 하늘에서 청사를 내려준 덕분에, 그리고 어머니는 기회를 잡아서 병든 막내아들의 지병을 사랑과 정성으로 고쳤다는 것이다. 50년 이상을 약골에 내가 잔병 없이 건재하니 이 모두 다 어머니의 뜨거운 사랑이었다고 생각한다. 빨간색의 개능구렁이가 청사라는 것은 나중에야 알았다. 젓가락 크기의 가느다란 개능구렁이가 200만 원을 호가했다.

수십 년이 되어서 허리와 다리가 아파서 아내와 함께 음성군 삼성면에 신을 받았다는 손으로 주물러서 치료하는 손 마사지 도사를 찾은 적이 있다. 여신님은 내 또래인데 귀신까지도 본다는 역술인이었다. 내 얼굴을 처음 보더니 깜짝 놀라면서 뱀상이라고 했다. 얼결에 나도 깜짝 놀라면서 젊었을 때에 거대한 능구러이를 잡아 먹었다고 말해 주었다. 도사는 신이 내리신 선물이라면서 을사년 새해에는 기도를 열심히 하면 대박이 날 것이라고 귀띔해 준다.

어머니의 사랑과 정성은 감히 무엇과도 비견 할 수 없는 하늘의 신이 되셔서 항상 날 지켜보고 계시고 있다. 2021년 5월 16일 대형 교통사고에서도 엄마가 나타나셔서 나는 찌그러진 차 속에서도 상처 없이 무사할 수가 있었다.

엄마의 세 번째 일화이다

나는 고등학교 재학 중에 경기도 공채 중등교사 준교사에 응시한 적이 있다. 산내천 승원이와 함께 응시했는데 단번에 합격한 것이다. 나는 K대에, 승원이는 J대에 다니면서 중·고등학교 교사의 첫 출발을 내딛었다. 승원이는 자퇴하고 여고에 선생으로 근무하였고, 일찍이 제자를 아내로 삼아 결혼했는데 백혈병으로 세상을 이별하는 안타까운 사연이 있었다.

나는 1977년 졸업과 동시에 경기도 성남시 S 중학교로 발령받아서 월세를 구하려고 했는데 성남시에는 집을 구할 수 없었다.

그래서 한 시간 거리인 수원 버스터미널 근처에 새로 지은 이층 양옥집을 사글세로 얻었다. 새로 지은 건물이라서 깔끔하고 좋았다. 엄마와 함께 생활하면서 교사의 꿈에 만족했고 행복했다. 그런데 한 일주일 지나서 연탄가스 중독으로 엄마와 함께 서울대 병원에서 눈을 뜨고 엄마를 상봉할 수가 있었다. 출근 첫날부터 이유 없는 결근에 교사와 학생이 함께 주소지를 찾아왔는데 연탄가스에 중독되어서 혼수상태에 있었다. 그들은 바로 경찰에 신고해서 장기간 서울병원에 입원하게 되었다. 엄마는 바로 퇴원할 수 있었지만 나는 팔다리에 심한 화상을 입고 거동을 할 수가 없어서 10주의 진단이 나왔다. 나는 학교에 사표를 내고 서울에서 과외와 학원을 알아보았고 거동이 불가하니 청량리 누나 집에서 중·고등학교의 학생들을 지도하면서 삶의 보람을 찾았다. 청량리 홍릉에서 천재 교실을 운영했고 많은 학생으로 차고 넘쳤다. 명문 J 학원에 시간제 강사로 명성이 나니 한 달 수입은 일천만 원이 훌쩍 넘었고 내 인생의 최고의 정점을 찍을 정도로 유명 강사였다. 많은 연예인들도 지도해서 하늘은 높고 비상하는 데에도 무리는 없어 보였다.

　매달 엄마께 용돈을 드리는데 아낌이 없었고 어머니는 천주교인답게 대천동 교회에서 건축헌금은 물론 어렵고 힘든 이웃의 어른들과 함께 대화하는데 물심양면으로 헌신하신 봉사 정신이 투철한 마리아 여사였다. 주일에는 미리내 성지를 찾아서 수녀원에서 공예작업을 도와주시고 빵과 우유 등을 정기적으로 공급해 주셨다.

 어쩌다가 내가 갔을 때는 신부님과 수녀님들이 온정을 베풀어주시고 한때 박 수녀님과 결혼설도 오고 갔지만 성직자의 옹고집에 물거품이 되었다. 어머니는 지도력이 뛰어나시고 운동이면 운동, 처세술과 지혜와 웅변의 달인이다. 꽃차로 사랑을 전해주시는 위대한 모정이다.
 봄이 오면 꽃밭을 만드시는 엄마는 천사 같다. 장미꽃 목련꽃에서 엄마는 사랑과 건강과 행복을 익혔다. 장미꽃과 목련꽃을 건조시켜서 꽃차를 제조하셨고 모든 일에 열정을 쏟는 강렬한 모성의 빛은 찬란했다.
 여름에는 부채로 땀을 식히시는 엄마가 최고다. 항상 기도하시면서 어둠을 밝혀주는 빛의 역할을 하며, 새로운 시작과 희망을 가져다주는 엄마의 모정은 하늘이다. 가을에는 엄마 생각이 더욱 그립다. 어머니는 일상생활에서도 나에게 막말이나 꾸지람은 없었다. 항상 아드님, 아드님…!
 아낌없는 온정에 나는 성장했고 감사했다.
 1995년 5월 30일, 어머니가 갑자기 뇌출혈로 운명하셨다. 이른 아침에 성당 미사에 참석하기 위하여 새로 사들인 크레도스 자가용으로 성당까지 모셔다드렸다. 가마솥 묵밥으로 점심까지 함께하고 시골집까지 잘 모셔다드렸다. 그런데 이게 웬 날벼락이냐?

그날따라 어머니께서는 가뭄이 심해서 고추 모종해야 한다고 걱정하셨다. 그리고 2시간 후에 안성의료원 응급실에서 전화가 왔다. 어머니께서 텃밭에서 고추 모종하다가 쓰러져 119 응급차로 안성의료원으로 모셨다는 산내천 죽마고우 류해준의 콜이다.

이것이 마지막 이별이라니! 향년 89세로 소천하셨다. 나는 슬픔에 빠져 침묵으로 일관했다. 그리고 어머니께서 손수 가꾸신 수십 송이의 빨간 목단화를 따서 입관식의 관에 가득 채워서 하늘나라로 보내 드렸다. 삼일장 저승으로 가는 길의 연도는 끝도 없이 이어졌다. 수백 명의 기도 속에 하늘나라로 고이 가셨다. 대천동성당에서 장례 미사를 집전하였다. 어림잡아서 성가대 미사와 겹쳐서 2천 명 이상이 운집했다. 미리내 수녀원에서도 40여 명의 수녀가 단체로 참석하셨다. 오산 선산까지 가시는데 성당에서는 버스를 제공하는 등 편의를 제공해 주었고 고인의 명복을 빌었다.

아내가 통곡한다. 반지도 중학교 1학년인데 슬픔에 젖어 말을 하지 못했다. 어머니께서는 오직 막내아들과 손녀를 끔찍하게 여겼다. 마지막 가시는 날에도 막내 식구들과 아침 식사하시고 시골집에 가시겠다고 하여 새로 장만한 크레도스 자가용을 타고 시골집에 모셔다드렸다. 어머니께서는 자동차가 크고 너무나 좋구나 하시면서 흐뭇해 하셨는데 하늘나라로 가신 것이다. 7남매 모두가 한자리에 모이는 계기가 되었고 사랑을 한몸에 받았던 나는 모든 장례 비용을 부담하였다. 생전에 어머니 유언대로 외갓집에는 연락하지 않았다.

  장례 절차도 당신께서 원하는 데로 시골집에서 성당을 거쳐 장례 미사를 집전하고 오산(지금은 동탄 신도시) 선산으로 가는 것으로 되어 있었다. 마지막 효도하겠다고 우리 내외는 낙향을 결심하고 내려와 9년 동안을 모시고 살았다. 어머니가 원하시는 모든 것을 일심으로 불평 없이 해드렸다. 미리내 성당에 가고 싶으시면 성당을 모셔다드리고 큰 누님 집에 가고 싶다면 큰누나 집을 향하고 집안의 애경사에 어머니를 모시고 효도했다.

  어머니께서는 며느리가 몸이 불편하니 항상 측은지심으로 바라보셨고 막내아들이 선택하는 일이라서 사랑을 나누셨다. 그래도 미운 정 고운 정 다 겪은 아내가 가장 슬피 우는구나!

  아버지가 돌아가신 지 19년 만에 어머니가 갑자기 운명하신 것이다. 그 당시에 나는 잘 나가는 수학 강사였다. 서울 학원에서 이름값을 하는 터라 날아다니는 복권이라는 찬사를 받았고 문전성시를 이루었다. 박설희(MC), 강수연(영화배우), 김진희(연예인), 장미화(연예인) 등 인기 연예인들도 개인 교습을 할 정도로 인기가 치솟고 항상 시간에 쫓겼다.

  안성에 장학 교실이라는 가정학습 사단을 만들어서 운영했다. 일백여 명이 넘은 거대한 집단 교육과 입시의 열기는 충만했다. 돌아가실 무렵에 아버지는 나를 붙들고 고생시켜 미안하다, 눈물을 보이셨고 내 결혼을 걱정하면서 운명하셨다. 어머니는 우셨고 나는 밖으로 뛰쳐나왔다. 그때 커다란 뱀 두 마리가 대문 앞을 지나가고 있었다. 상제가 된 나는 뱀들을 어떻게 처리할까 고민했다. 고생만 하신 아버지가 운명하셨는데 요물들이 활개를 쳐서야 되겠는가!

나는 주위를 살피고 잠깐 고민했지만 신속하게 마무리를 짓고 눈과 손을 씻고 상제의 모습으로 다시 자리를 잡았다. 이런 행위를 19년이 지난 모친 상중에서도 나는 입을 닫고 말하지 않았다. 아내에게, 어머니에게도 말하지 않았다. 상제가 할 짓이 아니었기 때문이다.

나는 미신을 믿지 않는다. 미신은 신이 아니라 상상에서 오는 허상에 불과하다고 생각한다. 나는 아내와 함께 고향으로 낙향하고 나서는 어머니의 뜻에 따라 성당을 나갔는데 시간에 쫓기어서 주일을 잘 지키지는 못해서 국외자로 혼쭐이 났다. 반지는 할머니 따라 성당을 잘 다녔다. 반지가 커서는 할머니를 모시고 주일을 잘 지키는 예쁜 손녀 역할을 충실히 지켰다. 그런데 어머니가 소천하셨다. 아버지는 내가 결혼하기 전에 돌아가셨다.

아버지가 돌아가시고 7년 만에 결혼했고 그해 가을에 반지를 낳았다. 아버지 유품에서 진이와 낙원사진관에서 다정하게 찍은 기념 사진을 가지고 계시었는데…!

그 사진을 가지고 동리 사람들에게 자랑하셨다고 한다.

"우리 막내아들과 각별한 사이라고, 그래서 이렇게 인증사진을 박았다."라고 하셨다.

나는 서울 유학 시절에 가끔은 진이를 동생으로 만났다. 안성 낙원사진관에서 기념사진을 찍었는데 그것을 아버지가 가지고 계셨다. 아내는 슬픔을 참지 못하고 통곡했다.

"저는 어머니를 사랑했습니다. 자나 깨나 어머니를 사랑하고 어머니께서도 절 사랑하셨습니다. 그러나 그 기간은 너무 짧았습니다. 어머니!"

IMF가 왔다. 출판사들이 줄줄이 도산되고 내가 운영했던 종로 서점도 직격탄을 맞았다. 장사는 되지를 않았고 빚은 기하급수로 늘어났다. 수천 권의 참고서와 도서들은 하루아침에 휴지 조각으로 폐지가 되었다. 많은 참고서와 도서들은 현금과 같았는데 속이 타고 만성 두통까지 와서 혈압약까지 복용하는 악순환이 계속되었다.

출판사가 부도가 나면서 반품할 길이 없었다. 주 거래처인 국민도서가 부도를 내면서 일반도서들은 반품이 불가능했다. 한샘, 지학사 등 대형 참고서 전문 출판사도 부도가 났다. 나는 서점 상황을 알기 위하여 분주하게 움직였다.

IMF에서 가장 먼저 큰 타격을 받은 것은 출판사와 서점들이었다. 산산이 조각이 났다. 며칠 밤을 새워 고심하다가 나는 서점을 정리 하기로 했다. 기하급수로 늘어나는 빚과 적자 운영은 해결할 방법이 없었다. 단행본 등 일반도서들은 인근 도서관이나 모교에 기증하기로 했다. 고민을 많이 했는데 빨리 정리하는 것이 최선의 선택이었다.

  교육과정이 바뀌게 됨에 따라 중고 참고서들은 휴지보다도 못한 폐지로 전락했다. 어떻게 번 돈인데! 피와 땀으로 이루어낸 공든 탑이 순식간에 무너진 것이다. 그런데 이것은 또 무슨 일인가? 무남독녀 송아가 모델을 하겠다고 허파에 바람이 들어간 것이다. 서울 종로 5가 대학로를 걷다가 우연히 휘가로 잡지사에 캐스팅되었다고 했다. 나는 아내와 함께 일심으로 강하게 반대했다. 그런데 송아는 고집불통이라서 꺾지 못하고 재능을 살려주기로 하였다. 서울 대학로에 있는 한국 모델센터에 등록하고 휘가로 에꼴 등 잡지 모델로 매달 책에서 볼 수 있는 송아가 되었다. 서울우유 앙팡 CF모델로 한때는 인기가 있었다. 어릴 때는 아빠의 닮은꼴이라 했는데 사춘기에 접어들면서 얼굴은 물론 마음까지도 아내를 닮아가고 있었다.

  만능 스포츠의 여걸답게 성격도 활달하고 담력도 있고 단단한 체력 조건을 갖추고 행동도 민첩하고 빨랐다.

  태권도 3단의 유단자이며 검도도 익혔다. 사람들이 깔봤다가는 망신당할 수도 있다. 권투도 배우고, 합기도, 무예, 타이의 격투기까지 배워서 종합무술 합계 10단이 넘어 무서운 것이 없는 반지로 성장하고 있었다.

  선배 운동선수들이 가는 길을 막고 시비를 걸어온 적이 있었는데 금산동 로터리 대로 길 중앙에서 결투가 있는 등 청소년기에는 바람 잘 날이 없었다. 그러나 가세가 기울고 어려움이 닥치자 연예인의 꿈을 과감하게 접는 송아는 현명했다. 지혜로운 송아의 새 꿈과 비상하는 욕망이 좋았다.

건양대학교 시절에 자력으로 공부하는 데 어려움이 많았다. 관광학과를 졸업하고 잘 나가는 나래 나노택 기술의 정규 사원이다. 반지는 우리 집 파산의 위기에서 가장 어렵고 치욕스러운 불모의 사막에서 오아시스 같은 삶을 살아왔다. 위기에 위기를 지혜롭게 이겨내는 남다른 삶이었다. 2차례 휴학하면서 학비를 벌어서 전국 취업률 1위인 건양대학교를 우수한 성적으로 졸업했다. 소중한 딸 반지가 정신적 경제적인 어려움을 잘 이겨내서 자랑스럽다. 소중한 딸 반지가 어려움을 겪은 사연이다.

나는 2002년 12월 10일에 지옥을 경험했다. 학부모이자 친구인 조영권에게 원룸을 짓는 데 연대보증을 선 것이다. 친구를 돕고자 했는데 그동안 모아 둔 전 재산이 송두리째 날아갔다. 안성 지역에서 알아주는 재벌이 하루아침에 추락하는 데 아낌없는 지원을 해 주었고 보증까지 서게 되어 막대한 피해를 보고 방황하게 될 줄이랴!

충격의 연속으로 아내는 쓰러져 병원에 입원하고 잘 나갔던 나는 방황과 혼동의 시궁창에 깊이 빠져들고 있었다.

SM520 삼성 신차를 장기할부로 구입해서 우리 내외는 번개처럼 빠르게 동해안으로 향했고 낙산에 가서 울분을 토해내고 있었다. 넓은 바다를 향하여 목이 터지도록 소리쳤다. 신이시여!

참된 삶이 아니면 차라리 죽음을 달라고 하였다. 나는 미쳐가고 있었다. 삶과 죽음의 갈림길에서 우리 부부는 방황하고 있었다.

"여보! 비는 오지만 곧 날이 갤 것이요!"

넓은 백사장에서 우리 부부는 서로를 위로하고 온갖 치욕을 다 겪어가면서 바람 부는데 촛불 같은 생명을 유지하고 있었다. 끝없는 바다는 우리 부부의 마음을 아는지 모르는지 질서 있게 파도치는 소리가 귓전을 때린다. 하루아침에 날거지 신세가 되었다. 고향으로 낙향하여 세상에 부러운 것이 없던 개인과외 선생님이었는데 하루아침에 날거지가 되니 사람들이 모이면 수군거린다. 아름다운 부부였던 나는 연대보증으로 몰려 망한 것이 화제가 되었다. 하루아침에 집안이 박살이 나서 길거리로 쫓겨났다고 별별 소문으로 장안에 화제이다. 이러한 와중에 학생들을 지도한다는 것은 불가능했고 학부형들도 나를 찾지를 않는 것은 당연한 이치였다. 학원 경력이 수십 년 된다 해도 패가망신한 집에 아들 딸들을 맡기겠는가? 그래도 다수의 학부모는 나를 믿고 자녀의 교육을 맡겼다. 가장 어렵고 힘든 시기에 소중한 제자들이기에 나열해 본다.

이기주 이헌영/ 죽마고우 같은 제자

장윤희, 장유희, 장명희/ 세 자매

허윤정, 이혜란, 이연학/ 수재의 보금자리

황선욱, 박윤희, 정현우/ 가족 같은 분위기

이태희, 이예지, 신승희, 박지은, 최진수/ 삼부교실

박진균, 김현희, 양종오, 전소영/ 홈스터디

안창선, 최정은, 최서현, 김연숙, 유동일/ 일검의 서가

"다시 시작하자. 모든 것을 잊고 다시 시작하자고! 귀를 막고 살아요!"

우리 부부는 서로를 격려하면서 날 밤을 새우면서 넓고 넓은 동해바다 낙산 백사장에서 울분을 토화내고 있었다. 동이 트려면 아직도 멀었다. 밀려오는 파도가 하얗게 피었다가 사라지는 낙산 해수욕장은 참기 어려운 울분을 진정하는데 안성맞춤이었다. 바닷바람은 차가왔다. 우리 가정은 쑥대밭이 되었지만, 사랑만은 창창했다. 어리석고 바보스럽고 돼지 지능보다도 못한 인간으로 나는 순식간에 추락했다.

우리 부부는 목이 터지고 가슴이 터지는 아픔을 체험하면서 차가운 낙산 백사장에서 날 밤을 새우면서 꿈을 찾고 있었다. 꿈과 희망과 도전으로 반드시 일어나야 하겠다는 욕망이 가득했다. 패가망신의 늪에서도 매월 수입은 차고 넘쳤으니 아내와 자식에게 괄시와 무시가 아주 먼 이야기였는데…!

세월은 유수와도 같다. 어느덧 나는 70대가 되었다. 어느 날 갑자기 다리에 힘이 빠지더니 삶의 의욕이 살아지고 경제력도 위협을 느끼게 되었다. 그래서 나는 자전거로 나의 절박한 위기

를 이겨내자고 회심의 미소를 홀로 소화했다. 내가 할 수 있는 운동은 유일하게 자전거 타기이기에 자전거 타기 인생사로 꿈과 희망을 찾았다.

  7월이 오면 강변도로에는 자귀나무꽃들이 지천이다. 올해에도 어김없이 만개해서 산책 나온 많은 사람의 눈길을 끈다. 마치 수많은 공작새가 화들짝 날개를 펼치면서 화려한 예술의 미와 기예를 뽐내는 듯이 그 광경은 실로 환상이다. 이곳은 자전거 전용도로이며 시내 초입에서 금광 호수로 가는 나들목이다. 자귀나무꽃이 100미터 이상 터널을 이루고 나머지 5킬로미터는 벚나무 터널이다. 자전거도로 옆 호수로 가는 자동차 전용도로에는 메타세콰이어길이 또한 장관이다. 나는 이곳을 요즘은 파란색 신사용 자전거가 아닌 주홍색 신사용 자전거를 타고 날마다 신바람 나게 운동한다. 마비된 오른쪽 다리가 더 이상 퇴화하는 것을 막고 왼쪽 다리는 정상이니 강인한 힘과 전신의 운동으로 몸과 마음을 숙련하고자 한다.

  나는 사색하면서 자전거 타기를 좋아한다. 소중한 아내와 딸과 아들 같은 사위가 있으니 세상 부러운 것이 없는 행복한 가정이다. 7월 중순 장마철인데 오늘따라 하늘에는 구름 한 점이 없이 온통 주홍색의 천국이다. 자전거와 잘 어울린다. 자전거 타기를 멈추고 영롱한 꽃에 취해서 오랜 시간을 자귀나무꽃 아래 벤치에 앉아서 충분한 사색과 휴식을 취하니 그동안 쌓인 피로와 스트레스가 한 방에 사라지면서 몸과 마음이 한결 가볍다. 곱고 화려한 자귀나무꽃을 바라보면서 파란만장했던 지난날의 삶을 되돌아본다.

어려운 환경에서도 꺾이지 않고 밝고 아름다운 삶을 추구해 온 수족 같은 내 딸이 항상 대견스럽다. 항상 아빠 엄마를 생각하는 송아가 자랑스럽다. 칠순 선물로 송아는 파란색 자전거가 아닌 주홍색 자전거를 선물했다. 안전도에서 눈에 확 띄는 주홍색이 적격이라고 설명한다.

하루 10km 이상의 거리를 매일 운동한다. 안전모와 사이클 전용 선글라스를 끼고 변함없이 오늘도 페달을 힘 있게 밟는다. 파란색 신사용 자전거를 타던 어린 시절부터 오늘까지 55년의 파란색 자전거 타기를 고집했던 지난날들을 뒤돌아본다.

중학교 1학년 때 친구한테 자전거를 배웠다. 3살 때 소아마비로 오른쪽 다리가 마비된 상태에서 수없이 넘어지고 깨지고 온몸이 만신창이가 되어서 주위의 많은 사람이 자전거 타는 것은 위험하고 사람 잡는 일이라고 만류했다.

그러나 포기하지 않고 한 달 두 달….

수개월 연습하니 비로소 자전거 타는 기술과 감각은 절로 익히게 되었다. 그때부터 자전거를 홀로 탈 수가 있었다. 그때의 심정은 세상을 다 얻은 기쁨으로 어린 마음에서도 꿈이 있는 녹색 신호등이라고 생각했다.

어머니께서는 날 덥석 안고 뜨거운 눈물을 보이셨다. 10년 동안 전국 각지를 전전하면서 침과 독한 마취약으로 소중한 생명을 유지해 왔는데 네가 꼭 해 낼 것이라고, 엄마는 굳게 믿고 있다고 하셨다. 그리고는 읍내 자전거 파는 가게로 가셔서 파란 신사용 자전거를 사 주셨다. 새 자전거는 내 마음의 녹색 신호등, 세상을 다 얻은 기쁨과 자신감으로 모든 일에 꿈과 희망을 찾았고 도전을 할 수 있다고 믿었다. 모든 일을 계획하고 시행함에 조금도 주저하지 않았다. 청년 시절에 자전거는 나의 수족이면서 역시나 내 마음의 녹색 신호등이었다. 낯선 서울에서 거동이 불편하여 시내버스와 지하철 타기가 어렵고 위험해서 자전거를 타고 서울 거리를 누비면서 20년 이상을 통학과 통근하였으니, 자전거는 이 세상 나의 가장 친한 친구이자 안내자가 되었다. 걷기는 힘들고 버거우나 자전거를 타면 비호처럼 빠르고 없는 힘도 샘이 나서 힘이 넘쳤다. 걷다가 넘어지는 일은 다반사였지만 자전거를 타고 넘어지거나 실수해서 다친 적은 거의 없다.

30대 중반 신혼생활에서 자전거는 우리 집 보물 1호가 되었다. 파란 신사용 자전거를 타고 청량리 시장과 경동시장을 누볐다. 뒤에는 아내를 태우고 앞에는 보조 안장에 아기를 태웠다. 시장 상인들은 신랑 새색시 아기 공주가 왔다고 반갑게 맞이해 주었다. 송이에게 장난감을 사주었고 떡과 빵 순대 그리고 나물 미역 등 반찬거리 등을 챙겨주는 등 호의가 남달랐다.

결혼 전에 나는 청량리에서 학원 강사와 과외를 지도해서 시장에는 학부모들이 많았고 청량리 시장 순댓국 맛집에서 신혼살림을 하고 있으니 시장 사람들과 친숙해서일 것이다. 고향에 와서는 아내와 함께 자동차 면허를 취득했다. 전국을 탐방할 수도 있고 내 마음의 녹색 신호등은 더 넓게 그리고 멀리 달릴 수 있었다. 자동차는 빨간색 진주색 검은색 그리고 흰색 계통으로 35년 동안 줄기차게 100만 km을 사고 없이 눈앞에 두고 있다. 모두 다 자전거로 익힌 녹색 신호등의 덕분이 아닌가 생각해 본다.

오늘도 녹색 신호등의 자전거는 전용도로를 힘 있게 달리고 있다. 아침저녁으로 한두 시간씩 운동한다. 그리고 일상생활에서 나는 자전거 사랑은 끔찍하게 생각한다. 내 몸의 일부라고 할 정도로 수족 같은 자전거이기 때문이다.

50대에는 k우유 홍보차 사은품으로 받은 조립식 접이형 자전거를 탔다. 파란색 신사용 자전거를 원했기에 파란 수족을 얻었다. 자동차를 많이 이용해서 자전거 타는 일은 적었으나 체력과 다릿심을 기르기 위하여 자전거 타기를 소홀이 생각하지 않았고 뱃살 빼는 데도 주력했다. 그러나 앉아 있는 시간이 많아서 뱃살은 늘어만 갔고 비만으로 자전거 타는 시간을 늘렸다.

60대는 날마다 고삼호수 주변 농로 길을 누비면서 하루 3시간 이상씩 날마다 자전거를 탔다. 하루 12km 이상을 질주했으며 콩지(애견)와 함께 대갈리 동그랑 산과 한내천을 따라 고삼 호수 둑까지 다시 고삼면사무소에서 근동의 농로 길을 누볐다. 사계절 비가 오나 눈이 오나 하루도 빠짐이 없이 자전거를 탔고 그런 덕분에 다리와 팔의 근육이 돌처럼 단단해졌고 기형 상태가 확연하게 드러냈지만, 자신을 꾸짖지는 않았다. 헬스 선수 못지 않았다.

지금도 칠순 나이에 자전거를 탄다고 지인들은 날 많이 걱정한다. 거동이 불편하고 지팡이 없이는 걷지도 못하는 사람이 자전거 타는 모습을 보면 날쌘 제비처럼 빠르고 민첩하다고 놀라는 지인들이 많다. 건강과 내일의 꿈과 희망을 위하여 오늘도 아름다운 강변도로를 질풍처럼 진입하여서 페달을 힘 있게 밟는다.

자전거 전용도로 지평선의 소실점을 향하여…!

노인의 추한 막장의 끝판에 실낱같은 희망의 빛과 생명의 심장이 뛰고 있었다. 과외를 받고자 하는 수험생들이 들어오고 한국예술인 복지재단으로부터 작년 가을에 예술인 문학 부문 등록을 완료했다. 한국예술인 복지재단에서 글을 쓸 수 있는 창작지원금을 받을 수가 있어서 일단은 중단될 위기를 벗어날 수가 있었다.

2025년 을사년 입춘의 살인 추위도 이겨냈고 눈꽃 세상이 좋았다. 가족과 친지 이웃과 지인들에게도 새 삶과 무명 작가이긴 하나 좋은 모습을 보이겠다는 각오와 늦은 나이에 작가의 새로운 인생과 기행을 고민하는 사색으로 최악의 여름의 찜통더위를 거뜬히 이겨낸 것 같다. 비가 오나 눈이 오나 자전거 타기로 기운을 찾고 있다. 내가 유일하게 할 수 있는 운동은 자전거 타는 일이다. 어언 60년 동안 나의 수족과 다름없는 소중한 일과로,

아니 자전거 타기 사랑으로 살고 있는 나는 특별한 인생이다.

  문인이 된 지 7년 동안 많은 글을 월간지와 계간지에 내고 있는데 작년 11월호 월간문학에 "자전거 타는 인생사"를 냈고 2025년 서울문학 봄호에는 "자전거 타기와 친구 생각"의 삶의 언덕바지라는 특별 기고에 글을 냈다. 몸과 마음이 건강할 때 밤하늘의 별이 되기 위하여 작가로서의 새 삶을 찾고 있다. 장애인이 아닌 건강하고 사랑받기 위하여 태어나기를 고대해 본다. 얼굴에 철판을 깔고 살아가는 삶은 쉬운 일이 아니다. 친구의 보증건으로 나락에 떨어져서 절박한 순간에서 도움을 주는 친구가 있었다.

  최악의 위기 때마다 B. k친구는 나에게, 황금 같은 친구이다. 일 년 365일 매일 만나 식사하고 차 마시고 심금을 터놓고 대화할 수 있는 어언 40년의 우정이며 소중한 친구로 자리를 굳혔다. 나는 우정을 가족 이상으로 소중히 생각한다. 죽마고우 초등학교의 총무를 10년 이상 맡고 있다. 이는 친구들의 우정을 소중히 생각하고 원만한 관계를 유지하기에 항상 노력하고 있다.

  오늘도 이른 아침부터 B. K의 호출이다. 올해에는 모친이 소천하신 지 30주년 되는 해이다. 목단화가 필 때 화성군 필봉서원 가족 납골당에 모셨다.

  B. k.는 모친의 살아생전 뛰는 효행과 효심과 사랑을 베푼 친구였다. 항상 나를 지켜준 우정의 심벌이기도 하다. 고마움에 나는 오늘 점심은 금광호수 나들목에 있는 맛집 서라벌의 식당의

단골 메뉴인 김치찌개를 예약했다.

  나는 작가가 되어서 여행을 많이 하다 보니 나도 모르게 홍보의 달인이 된 것 같다. 전국에 100여 군데가 넘는 관광지와 카페와 맛집들을 홍보했다.

  서라벌 식당은 안성의 맛집 중에서도 대중들의 인기를 독차지하고 있다. 삼겹살, 오삼불고기, 김치찌개, 동태찌개, 청국장, 된장찌개… 일반 대중들의 입맛에 딱 맞게 주인장의 정갈한 손맛이다.

  뛰어난 요리 솜씨와 정성과 배려에 많은 사람이 찾는 것 같다. 저렴한 가격에 최상의 맛이다.

  그래서 나는 친구나 지인들을 만나면 항상 찾는 곳은 단골맛집 서라벌 식당이다.

안성시 진안로 1074 나동, 주차하기 좋고 단체예약도 가능하다.
031-676-3070, 10시~22시 (2, 4주 일요일 휴무)

내가 좋아하는 것과 기행

나는 봄을 좋아한다. 따뜻한 봄이 오기를 고대한다.

더위는 참을 수 있지만 나는 추위는 이겨내기가 버겁다. 2025년 을사년은 유난히도 춥다. 북극의 한랭전선이 한반도로 옮겨와서 최강 추위가 연일 지속되고 있다는 뉴스와 해설이다. 삼한사온도 사라진 것 같다. 입춘 추위도 영하 10도 이하로 내려가는 강추위가 지속되니 몸과 마음이 춥고 무릎이 아프고 전신에 마비가 오고 고달프다. 추우면 혈액순환에 문제가 있으니 나는 특별히 조심해야 한다. 어릴적 소아마비 후유증으로 이제는 중증장애인이다.

이제 나이도 70대에 접어들었다. 지팡이를 의지해서 걷는 데에도 불편이 크고 힘들다. 이것이 현재 나의 현주소이며 건강정보이다. 남다른 위치에서 운동을 충분히 해야 한다. 연일 폭설로 길이 미끄러워서 자전거 타기 운동을 못하고 있다. 나의 유일한 운동은 자전거 타기이다. 수족과 같은 자전거 타기를 좋아한다. 그래서 어쩌다가 만나는 지인들은 깜짝 놀랄 때도 많다. 거동은 불편하나 자전거 타는 것이 일상화되었고 일단 자전거를 타면 선수 못지않은 실력을 발휘하고 비호같다.

  2009년 10월 16일, 인천대교 개통일에 자전거 경주 왕복 43km를 완주하는 건재함을 보였다. 60대는 날마다 고삼 호수 주변 농로 길을 누비면서 하루 4시간 이상씩 자전거를 탔다. 산내천에서의 블랙 러시안 테리어와의 인연은 감동의 드라마 같다. 나는 자전거를 타고 들판을 질주하였고, 블랙 러시안 테리어는 온갖 재주를 다 부리면서 광적인 기예를 유감없이 선보였다.
  아침부터 끝도 없는 들판을 누볐다. 블랙 러시안 테리어는 마라톤의 애완견이다. 러시안 테리어가 뛴다. 나도 힘 있게 페달을 밟는다. 하루 삼십 리 이상을 달렸으니 땀으로 범벅이 된다. 쌓인 피로와 스트레스를 한 방에 날려 보냈다. 눈에 확 띄는 주홍색의 자전거. 한쪽 다리로 능숙한 자전거의 기예는 살아있다. 하루 12km 이상을 주행했으며 러시안 테리어와 함께 대갈리 동그랗기 산과 산내천을 따라 고삼호수 둑까지.
  고삼호수 주변의 동리를 누비면서 사계절 비가 오나 눈이 오나 하루도 빠짐이 없이 자전거를 탔으니 다리와 팔의 근육이 헬스 선수 못지 않았다. 70대에는 주홍색 6호 자전거를 타게 되었다. 하루 5km의 거리를 매일 타게 된다. 딸 집에서 가정학습 서

가까지, 그리고 어쩌다 친구 만나고 강변에서 콧바람 쏘이고 늙기도 서러운데 일단 자전거를 타면 신바람이 난다. 딸이 전기자전거를 사주었는데 위험과 운동에 도움이 되지를 않아서 포기하고 7단 기어 자전거를 이용하고 있다. 오늘도 안전모를 쓰고 변함없이 페달을 힘 있게 밟는다.

 나이를 먹다 보니 날마다 아침에는 일어나기가 힘들고 버겁다. 지팡이를 의지하면서 힘겨운 사회생활을 하는데 자전거로 몸을 풀고 전신에 땀을 빼면 몸이 가벼워지고 머리도 상쾌해진다. 날씨가 따뜻하면 온종일 자전거를 탈 때도 있다. 강변에서 금광 호수까지, 다시 마둔 호수까지, 그리고 추억과 사랑이 가득한 고삼호수를 자전거를 타고 매일같이 달린다. 하루 20km는 기본이다. 쌓인 피로와 스트레스를 한방에 날려 보내는 데에는 자전거 타기 운동만한 것이 없다. 또 하나 내가 자신 있게 할 수 있는 운동은 수영이다. 아기 때부터 고삼호수에서 물장구치면서 종일을 보내왔기에 물에서는 자연히 뜬다. 두 팔과 한쪽 다리로 경주를 해도 물뱀보다도 빠르고 200m가 넘은 고삼저수지 왕복은 식은 죽 먹기다.

 제주의 노파 해녀가 육지에서는 거동이 힘든데 바닷속에서는 제 세상을 만나는 것과 같은 논리일 것이다. 그런데 지금은 생활화가 안 되어서 많이 퇴화하였고 둔탁하다. 2025년 을사년은 연일 강추위에 폭설로 불편한 생활이 이어지고 있다. 매일 저녁에서 이튿날 아침까지 핫팩은 나의 유일한 친구가 되었다. 따뜻하게 건강을 지켜주는 핫팩에 고마움을 전한다. 날씨가 추우면 혈액순환이 안되 내가 매일같이 따뜻하게 찜질포를 이용해 왔는데 핫팩으로 바꾸니 간편하고 효과도 2배 3배 더 좋은 것 같다. 작년 성탄에 외동딸 반지가 아빠 엄마한테 따뜻한 겨울을 보내시라고 핫팩을 한 박스 보내왔다.

그날 밤 꿈에 핫팩은 초록 동자가 되어서 날 간호하고 있었다. 며칠째에 다리에 쥐가 나서 고생했는데 다리를 마사지하여 주었고 등과 허리도 꼼꼼하게 물리치료를 해주고 있었다. 시원한 느낌에 잠에서 깨어났는데 내 손에는 핫팩이 쥐여 있었다. 순간 꿈의 해몽을 해보니 길몽이다. 초록 동자가 나타났으니 팔다리에 쥐가 나고 건강이 좋지 않았다면 서서히 회복될 징조이다. 또한 창조적인 일을 통해 큰 성과와 이득을 얻을 수 있다는 길조였다.

그래서일까! 상쾌한 아침을 맞이하였다. 금빛 찬란한 아침 햇살이 바이올렛이 활짝 핀 넓은 거실을 비추었다. 아내가 창가에 설치한 스펙트럼을 통해서 반사된 선명한 무지개가 환상이다. 맑은 날에는 우리 집 거실에는 항상 무지개가 뜬다. 산소 같은 아내의 지혜에서 나온 멋진 창조 예술품이다.

올겨울에는 핫팩 친구 덕분에 건강하고 행복하게 보내고 있다. 오늘도 핫팩은 호출을 보내올 것이다. 그래서 나는 핫팩을 좋아하게 되었다. 내 몸과 마음을 따뜻한 온기로 치료해 주고 길몽을 심어주는 사랑하는 아내를 사랑하면서 혹한과 삭풍의 겨울을 이겨내고 있다. 하룻밤 천 원의 핫팩은 나의 건강을 지켜주었다. 그래서 소중한 친구로 자리를 잡게 되었다.

산과 들, 바닷가의 모래사장에서 봄이 숨을 찾는다. 생명의 소중함을 느끼면서 그들을 사랑하며 좋아한다. 꽃을 좋아한다. 개나리 진달래 목련 벚꽃…!

벚꽃 길을 따라 아내와 함께 한없는 드라이브하기를 좋아한다. 어쩌다가 제자나 친구, 그리고 문인들과 여행할 때도 있는데 이제 나이를 먹다 보니 아내가 우선이다. 그런데 아내는 무심하다. 뒤끝에 바가지가 따르면 무심한 척이 올바른 해석일 듯싶다. 수많은 화초와 예삐와 태희 그리고 무남독녀 외동딸과 수다 떨기에 하루가 부족하다. 그런데 봄이 오면 벚꽃 개화기에 맞춰서 번개 여행한다.

• 경포호의 벚꽃은 3월 말이나 4월 초에 개화해서 첫 번째로 가는 곳이다. 갈 때마다 네 바퀴 마차를 타고 아내와 함께 경포 호수를 한 바퀴 돈다. 경포호의 설화를 이야기하면서…. 배꼽이 빠지도록 종일 웃고 수다를 떨다 보면 하루는 짧기만 하다. 그리고 분위기 있는 안목 커피 거리에서 차를 마시면서 시간 가는 줄 모르게 낭만의 젊은이들을 사랑과 꿈을 훔쳐서 가슴에 가득 담아서 오는 도깨비 여행을 즐긴다. 술과 시인과 나그네가 어울리는 강릉시 경포호는 여행 일번지이다. 시간의 여유를 찾고 일출을 보기 위해서 경포호로 새벽 4시에 출발한다. 나는 가끔은 황

당한 돌출 행동을 해서 주위 사람들을 깜짝 놀라게 한다. 어릴 때부터 말썽꾸러기 사랑의 끼도 다분했다.

초등학교 어릴 때는 외갓집 누나와 헤어지기가 아쉬워 뒷동산 동굴 속에서 사랑의 힘을 노골적으로 표현했고 청소년기에는 첫사랑의 아픔을 수차례나 겪어야 했다. 첫사랑 외갓집 숙이는 물심양면으로 자전거 통학으로 나의 팔다리가 되어주었다. 성공을 위하여 이 세상 끝까지 함께 하자고 했던 약속은 빗나갔고 오랜 세월 방황하게 되었다. 동백꽃 사랑은 안개처럼 사라졌다. 수년 후에는 결혼 적령기가 다가왔고 맞선을 봤다. 문희와 소영, 경란 등….

모두 다 바람처럼 사라지고 지금의 아내를 만나게 된다. 남매처럼 지내자는 약속을 깨고 서로를 사랑하는 마음에서 결혼했다. 여행을 많이 할 것이며 후회 없는 삶을 살자고 굳게 약속했다. 결혼은 가장 어려울 때 고려예식장에서 이색적으로 했다. 서울에서 신혼생활은 어려운 생활이었으나 사랑과 행복이 솔솔 넘쳤다.

결혼 3년 만에 고향으로 내려왔고 아내와 함께 운전을 배웠다. 공부방을 운영했고 과외를 배우려는 학생들이 몰려와서 생활도 넉넉해졌다. 몸과 마음도 건강하고 내일의 꿈과 희망으로 가득했으며 도전의 상아탑은 빛나고 있었다. 부부가 동시에 운전면허에 합격했다. 전국을 관광하면서 소중한 인연의 사람들을 찾았다. 전국 곳곳에 단골집이 생기면서 나는 인연을 소중히 했다. 인생의 절반은 여행하고 사색하면서 훌륭한 입시인에 좋은 글도 많이 쓰겠다고 아내에게 약속했다.

  오늘도 강릉시 경포호에 사는 가까운 지인으로부터 전화가 왔다. 사모님의 오랜 병상에서 면회도 오질 못하고 싱싱한 횟감으로 몸보신시켜주겠다는 고마운 지인이다. 조금은 피곤했지만, 아내의 얼굴은 벌써 경포호로 가 있었다. 새벽에 아내와 진한 블랙커피를 한 잔씩 주고받았다. 졸음 운전은 안 되기 때문이다. 보름달과 찬란한 일출을 기대하면서 새벽의 고요를 깨고 동해바다 경포호를 향하여 자동차는 질풍처럼 쉬지 않고 달렸다. 고속도로를 달릴수록 새벽하늘의 별들은 무수하게 쏟아지고 있었다.

  일죽 나들목으로 진입하여 쉬지 않고 달려서 2시간 30분 만에 경포호 주차장에 도착했다. 아직도 어둠이 깔려 있었고 7시가 되자 저 멀리 경포해변에 바다와 맞닿은 하늘이 밝아오고 있었다. 하늘에는 구름 한 점이 없었고 차츰 태양은 붉은색이 짙어지고 있었다. 아주 오랜만에 보는 빛나는 일출이 환상이다. 아주 빠른 속도로 바다와 호수와 하늘은 붉게 물들기 시작했다. 경포호에서 바라보는 빛나는 일출은 내 인생에 가장 큰 영광이며 아름다운 일출이다. 홍보석의 빛보다 더 찬란하다. 춥고 이른 아침인데도 경포호에는 일출을 보려는 사람들로 만원이다. 좋아하는 사람들, 사랑으로 가득한 연인들의 웃음보가 터졌다. 아직 잠에서 덜 깬 사람들…. 세상은 온통 거대한 홍보석으로 변한 경포호다. 세상을 다 얻은 기쁨이다.

경포 해안에서 떠오르는 일출은 신의 조화 같다. 멀리 보이는 경포 해안 모래언덕 해송들이 반갑다고 손짓한다. 생동감이 넘친다. 경포대는 하늘과 바다와 호수와 해송이 잘 어울린다. 경포호는 시인과 잘 어울린다. 소주보다는 와인이 더 어울릴 것 같다. 야외에서 마시는 와인은 달콤한 초콜릿의 맛이다. 나그네와 잘 어울리는 경포호의 아침은 꿈과 희망이 있었다. 경포대에 오르면 다섯 개의 달이 뜬다.

하나는 바다의 달로 밝은 달이 뜨면 출렁이는 파도를 타고 달이 춤춘다. 바다에 달이 비치면 달의 그림자가 일렁이는 바다 위에 탑같이 보여 이를 월탑이라 하고 달이 파도에 비치면 달빛이 파도처럼 부서지는 달의 물결 곧 월 피가 생긴다.

둘은 호수의 달은 잔잔하면서도 조용히 일렁이는 호수의 수면을 따라 어른거리는 달이다. 특히 잔잔하고 밝은 호수 위에 비치면 달빛이 수면을 따라 길게 드러누워 달기둥, 즉 월주가 된다.

셋은 하늘의 달로 바다 같은 하늘의 구름 사이로 들락날락하며 서쪽으로 달려가는 달이다.

넷은 경포대에 앉아 풍류를 즐기는 풍류객의 술잔 속의 달로 경포대에 앉아 마시는 술은 술이 아니고 달이다.

다섯은 님의 눈동자에 비친 달로 님보기를 달 보듯, 달 보기를 님 보듯 하여 님이 달이고 달이 님이다.

경포대에서 바라보는 붉고 거대한 일출이 환상이다. 일출을 감동 있게 보면서 소원을 빌고 있는데 경포대에 비친 불청객이 하나 보였다. 아주 진하게 확인시켜 주는 "골든 튤립 스카이베리" 호텔이었다. 육중한 등대를 두 개 나란히 놓은 듯한 형상이다. 겹벚꽃 나무들은 아직은 한 올 거치지 않은 나체에 외로운 형상이지만 앞으로 한 달 후에는 벚꽃이 필 것이다. 올겨울은 유난히도 추웠지만 봄은 어김없이 찾아올 것이다. 경포호의 벚꽃은 겹벚꽃이다. 해풍의 영향으로 남쪽 지방과 함께 가장 먼저 개화한다고 한다.

올봄은 여행을 많이 할 생각이다. 얼마 후 꽃눈이 하나둘씩 피어날 것이고 산수유와 목련이 환한 웃음을 줄 텐데 차갑고 어두운 뉴스가 봄의 기운을 빼앗는지도 모르겠다!

정국이 혼란에 있고 경제는 밑바닥이고 복지정치는 후진성을 면치 못하고 있으니 나 또한 큰 피해자의 한 사람이다. 겨울잠에서 깨어난 벚나무는 따뜻한 봄빛에서 경포호의 벚꽃은 올해에도 어김없이 만개할 것이다. 올해에 경포호의 겹벚꽃은 4월 초순으로 예상된다. 경포호 공영주차장 차 안에서 쪽잠을 잔적이 있다. 화장실도 잘 갖추어져 있고 호수 둘레길에서 마차·자전거가 이색적이다. 경포호의 왕벚꽃과 지리산 십리 벚꽃 길, 섬진강 300리 벚꽃 터널은 우리나라에서는 가장 아름답고 멋진 벚꽃 로드가 될 것이다.

벚꽃 터널을 걷고 싶다. 아내와 꽃향기에 취해서 사랑하고 싶다. 경포호의 벚꽃은 청아하다. 경포호 주변이 모두 다 벚꽃 천국이다. 해풍의 영향으로 살아 숨을 쉬는 꽃향이 있다. 꽃잎은 겹 쌍이다. 개성이 돋보이는 경포호만의 자랑인 듯싶다! 배가 출출하면 초당두부마을을 찾는다. 경포해수욕장에서 우회전 1킬로미터 직진하다가 수백 년 해송이 가득하게 찬 조그만 마을이 나타난다. 이곳에 할머니 초당두부집이 있다. 예전에는 초가집이었다가 지금은 현대식 건물에 맞은 옛날 그대로이다.

초등학교 교과서에 나오는 초당두부 할머니 집이다. 초현대식 건물로 화려하고 맛을 아는 손님들로 항상 초만원이다. 오늘 아침은 간단하게 초당두부 전골로 입가심하고 안목 커피 거리에서 차 한잔하고 바다를 바라보면서 사색하고 대화하면서 해변을 걷다가 초대해 주신 지인을 만나봐야겠다.

초당두부의 맛은 사계절 맛의 진미가 다르고 먹고 난 후의 기분이 최고다!

초당 막걸리와 두부가 궁합이 잘 맞는다. 큰 사발로 한잔 쭉 들이키면 천국을 꿈에서 볼 수도 있을 것 같다!

경포호와 경포해수욕장으로 접어드는 나들목이다. 아름드리 벚나무들이 빼곡하다. 해풍에 벚꽃은 바다 냄새를 물씬 풍긴다. 매년 4월 초부터 보름 동안 벚꽃축제가 다양한 행사와 함께 펼쳐진다. 온난화로 매년 더 일찍 더 화려하게 마음껏 벚꽃들의 자태를 뽐낼 것으로 본다. 꽃이 피면 아내와 그리고 딸 사위와 함께 번개 여행을 한다. 아름다움이 가득하게 피어나는 곳, 경포호는 사랑과 행복이 가득한 곳이다.

  아내는 바닷가를 좋아한다. 물을 만져봐야 하고 맨발로 발가락을 바닷물로 씻어야 실속 있는 여행이라 할 정도로 바닷가 여행을 좋아한다. 밤을 새워서 경포해수욕장에서 지낸 적이 있었다. 어쩌다가 늦으면 모텔이 아닌 해안가 차안에서 숙박한다. 남들은 오메가 일출을 본 적이 없다고 하는데 나는 아내와 함께 선명한 오메가 일출을 여러 번 체험하였다. 경포해수욕장과 양양 휴휴암 하늘과 바다 사이 스카이라운지에서 그리고 낙산 해수욕장에서도 구름 한 점 없는 끝없는 수평선에 밝게 떠오르는 일출을 볼 수 있었고 일 분여 남짓 오메가의 예술을 생생하게 볼 수가 있었다.

  • 벚꽃의 명소로 청풍은 내륙지역이라서 조금은 늦게 피는 곳이다. 남한강 변을 따라 수안보에서 삼백 개가 넘은 꼬부랑길을 따라 벚꽃 터널은 환상 그 자체이다. 송계계곡을 따라가다 보면 옥순봉과 산야초 마을과 청풍 문화유산 단지를 볼 수 있는데 온통 벚나무 꽃들이 지천이었고 끝도 없는 벚꽃 터널이 한 폭의 명화 같았다.

  날씨가 화창하고 충주호의 아름다움에 빠져서 옥수봉 출렁다리를 건너보려 했지만 자신이 없었다. 길이가 222m, 폭이

1.5m로 인도교인데 관광객들이 많았고 민폐를 끼쳐 드릴까 걱정이 되어서 아쉬움을 접어야 했다. 벚꽃으로 파묻힌 옥수봉에 있는 산야초 마을을 찾았다. 손수 만든 장으로 점심식사를 했다. 주인장이 직접 담은 장으로 시골 밥상을 맛본 날인데 오리고기와 된장 등 맛깔스러운 시골 밥상으로 한 상 받아서 맛있게 먹었다. 10년 된 장도 내주셔서 쌈으로 먹고 감탄했던 맛집 중의 맛집이다.

식사 후에는 체험강의실로 이동해서 레시피로 만들면 고추장이 되는 체험을 했는데 정확한 날짜를 맞춰서 용기에 넣어 섞어 주고 2주 후에 발효된 고추장을 맛볼 수 있는 체험이다.

• 충남 서산시에 있는 개심사에 활짝 핀 청벚꽃과 왕벚꽃이 고즈넉한 개심사의 화사함과 신비로움을 더하고 있다. 선심의 도량 개심의 도량이다. 개심사를 찾아가는 길은 그리 만만치 않다. 안성에서 승용차로 2시간 거리다. 개심사 입구까지 근 4킬로미터에 이르는 길에 대중교통수단이 없다. 하지만 바로 이것이 개심사가 가지고 있는 자랑거리 중 하나이다. 이 길은 걸어 들어가야 제대로 구경을 했다고 할 정도로 왕벚꽃 터널이다. 물론 잘 포장된 길이라 차를 타고 달리면 바로 개심사 주차장에 닿을 수 있지만, 그러면 개심사를 반만 보고 온 꼴이 된다. 개심사의 아름다움의 반은 이 길 속에 숨겨져 있기 때문이다. 우선 이 길은 산세와 길이 동화같이 아름답다.

굽이굽이 돌아드는 호수를 옆에 끼고 난 길도 그렇고, 호수를 가로지르는 빨간 난간의 다리도 아름답다. 또 이 길은 우리나라에서는 보기 드문 목가적인 풍경을 보여 준다. 길 양쪽으로 야트막한 야산들이 보이는데, 모두 나무라곤 거의 없는 초지들이다. 그리고 그곳에서 아주 천천히 움직이며 풀을 뜯어 먹고 있는 소 떼들….

1969년 김종필 씨가 상왕산의 숲을 베어내고 목초지로 개발한 우리나라에서 가장 넓은 목장이다. 신창 저수지를 따라 상왕산 깊은 자락으로 돌아들면 세심동 개심사 입구라고 흰 글씨로 써진 돌멩이 두 개를 발견할 수 있다. 더없이 소박한 개심사의 입구이다. 이곳에서부터 울창한 적송 숲 사이로 난 돌계단을 따라 오르는 맛도 개심사의 아름다움 중 한 가지다. 계단이 끝나는 곳쯤에 직사각형의 연못이 조성되어 있는데, 풍수지리상 상왕산이 코끼리의 형국이기 때문에 코끼리의 갈증을 풀어주기 위해 만든 것이라고 한다. 이 연못 위로 외나무다리가 걸쳐져 있다. 연못 양옆으로 오르는 길도 있지만 이 외나무다리가 개심사 경내로 이르는 진짜 길이다. 아름다운 길에 취해 다소 풀어진 마음을 다잡아 일심으로 부처님의 세계에 들이려는 개심사의 생각 깊은 장치일까.

외나무다리가 곧고 길게 연못을 가로지르며 놓여 있다. 연못을 지나 해탈문을 넘어서면 아담하지만, 전혀 왜소하지 않은 전

각들이 이마를 맞대고 고즈넉하게 햇살을 쐬고 있다.

　마음이 열리는 절 개심사는 충남 서산시 상왕산 자락에 자리 잡고 있다. 이 절이 창건된 것은 654년(백제 의자왕 14년)이라 전한다. 혜감이 창건할 당시에는 개원사라 했다가 1350년(고려 충정왕 2년)처능이 중건하여서 개심사라 고쳤다. 이후에 1955년에 전면 보수하여 오늘에 이른다. 개심사는 수덕사의 말사에 작은 절이지만, 충남 4대 사찰 중 하나로 칠 만큼 가치 있고 아름다운 절이다. 조용하고 단정한 절집의 분위기를 그대로 유지하는 것은 이곳에 머무는 스님들의 강한 의지와 인내이기도 하다.
　관광지이기를 거부하고, 스님들이 공부하는 수도처로 머물기를 바라는 스님들의 뜻에 따라 경내에는 공중전화 부스 하나 없고 사찰 입구에도 조그만 식당 두어 개가 허기진 순례자를 맞을 뿐 모텔이나 식당이 즐비한 다른 사찰과는 분위기가 아주 다르다.
　편의시설이 갖추어져 있지 않아 오히려 사찰다운 사찰로 남아 있을 수 있고 그래서 더 아름다운 개심사이다. 단풍이 물든 가을 정취나 흰 눈 속의 산사. 어느 하나 빼놓을 수 없지만, 특히 개심사의 아름다운 풍광은 수도권의 벚꽃이 지는 순간에 4월 말 분홍색 왕벚꽃이 흐드러지게 필 때 절정을 이룬다. 드물게 청벚꽃이 자생하는 곳이며 이를 보고자 4월 마지막 주에는 많은 사진작가와 예술인 작가들이 찾는 곳이다.

신비한 자연을 보면서 개심사를 찾은 작가들과 여행가에게는 왕 벚꽃과 청벚꽃의 싱그러움과 아름다움의 극치에 탄성을 자아내고 있다. 개심사의 왕벚꽃과 청벚꽃과 연둣빛 봄의 향기가 너무나 아름답고 행복하다. 청벚꽃은 4그루가 있는데 멀리서 보면 파릇파릇 나무로 보이기도 하다. 몽실한 청벚꽃은 가까이 다가가야 그 신비로움을 만끽할 수 있다.

  멀리서 보면 나뭇잎인지 꽃인지 가까이 다가가면 다섯 가지 색깔이 나서 오색 겹벚꽃이라고도 한다.(흰색, 연녹색, 연분홍색, 분홍색) 보는 사람들에 따라 다른 느낌이 있겠지만 나의 눈에는 연녹색이 흰색이랑 조화를 이루면서 피어난 것 같았다. 서산 명소 개심사에서 마음을 활짝 열고 2025년도에는 꿈과 희망을 마음껏 설계해 보세요. 눈부시게 아름다운 봄날을 가득하게 담을 수 있을 것 같다.
  벚꽃은 이제 내년을 기다려야겠구나!
  아쉬워하지를 말고 올해에는 토끼처럼 껑충껑충 뛰어서 개심사 방문을 강력히 추천합니다. 나는 항상 여행을 꿈꾸고 있다. 남다른 위치에서 바람 부는 대로 물결 따라 사는 인생이지만 지금껏 전국을 돌아보면서 멋진 여행을 했다고 자부해 본다.

- 벚꽃으로 덮인 북한강변을 드라이브하면서 점심은 북한강 초입의 청평에서, 저녁은 춘천에서 닭갈비나 막국수로 신바람

난 번개 여행이다. 4월 중순이 되면 정기적인 행사처럼 되어 있으며 그날은 벚꽃에 취해서 돌아온다. 야생화에 관심이 많은데 이름 모를 꽃들에 더 관심이 간다. 아침고요의 나라, 한택식물원 등 삼천리강산에 야생화는 한 번은 거의 다 둘러본 경험이 있다. 좋은 것이 있으면 아내는 샘도 많다. 남사 꽃단지에서 다양한 양란에 관심을 쏟는다. 고마운 사람들이게 선물용으로는 양란이 최고다. 화려한 양란을 지인들은 좋아하는 것 같다.

우리 집에는 다양한 야생화들도 많다. 그런데 사랑과 정성 없이는 타지로 함부로 출하하지 않는다. 나는 그런 아내의 꽃사랑을 전폭적으로 공감하며 좋아한다. 예쁜 천사 얼굴의 미소는 천만 불짜리다. 보는 것만으로도 마냥 좋다. 꽃과 함께 항상 다정한 아내는 야생화의 대통령이다.

화초와 가장 친한 아내에게 야생화들은 열광하고 있다. 여름은 여름에 피는 꽃을 좋아했다. 샐비어꽃으로 가득한 곳에 아내와 나들이했다. 샐비어 꽃향기가 짙었다. 꽃 속에 꿀방이 있어서 더 친해지고 사랑과 추억이 있는 꽃이라서 아내를 더욱 사랑하고 아껴주어야 할 것 같다.

밤이 깊을수록 꽃향기는 더해가고 남모르게 사랑도 좋았다.

샐비어, 샐비어, 샐비어 님…! 나는 아내를 많이 사랑한다. 샐비어꽃 덕분에 나는 진이한테 사랑을 심어주었고 진이는 날 사랑하게 되었다. 그리고 많은 어려움 속에서도 결혼을 약속하고 행복한 삶을 이어가고 있다. 나는 자귀나무꽃을 좋아한다. 어릴 적에 우리 집 과수원에는 40여 그루의 잘생긴 자귀나무가 초여름이 오면 장관을 이루고 있었다. 자귀나무꽃은 수십 마리에 공작새가 앉은 모양을 하고 있었다.

 자귀꽃이 만발한 언덕에 앉아 연애 시절을 이야기할 때면 홍당무가 된 샐비어 아내의 얼굴이 마냥 좋았다. 사계절 나는 꽃과 같이 사는 인생이다. 아내는 가장 가까운 친구이자 보호자이다. 그래서 항상 긍정적인 삶과 희망의 메시지를 전했다.
 결혼 42주년이 다가온다. 아내는 날마다 화초에 정성을 다하고 꽃에 물을 갈아준다. 그래서 나는 꽃을 좋아하기에 아내를 남들보다 2배 더 사랑했다. 꽃에서 풍기는 대화는 아름답다. 아내도 날 닮아 꽃에 대한 사랑이 남다르다. 사계절 우리 집 창문 베란다에는 꽃이 피고 있다. 일 년 365일 꽃이 없는 날이 없다. 수십 종의 야생화들이 제각기 자태를 뽐내는 것이 멋있다. 특히 다양한 풍로초가 멋진 포즈를 취하고 있다. 아내는 꽃의 전문가이며 우리 집 꽃님들은 모두 다 예쁜 이름을 가지고 있다. 화초에 물을 주면서 활짝 웃는 아내의 모습은 날 미치게 한다. 꽃 속에 아내는 2배 3배 더 예쁘기 때문이다.
 아내와 함께 나는 번개 여행을 자주 한다. 지금은 지극히 일상생활이 되었다. 전국 순회를 셀 수 없이 하였다. 그래서 여행에서 인연을 맺은 고마운 지인들이 많다. 자동차에 양란과 야생화를 가득 싣고 여행을 떠난다. 그리고 여행에서 인연이 된 지인들께 선물한다.

동해바다 낙산은 여행 1번지다. 찾을 때마다 느낌이 달라서 여행 초창기에는 자주 찾았다. 나는 낙산을 사랑하기에 그곳에 가면 마음의 평온을 찾을 수가 있다. 아내도 사랑을 꽃피웠던 낙산이 좋다고 했다. 아내는 낙산에 가면 막혔던 숨통이 한 방에 날아간다고 여행을 부추긴다. 아내와 함께하는 드라이브를 좋아한다. 여행할 때면 연애하는 마음으로 한다. 답답한 마음을 한순간에 토해내는 아내의 모습을 보는 것만으로도 즐겁다. 참을 수 없는 울분을 토하고 끝없는 수평선 동해바다 낙산 모래사장 초입에서 목이 터져라 포효하는 내 모습에 아내는 더 큰 사랑을 내게 주었다. 낙산은 내게 젊은 꿈과 이상을 준다. 그래서 더 좋아한다.

나는 무남독녀 외동딸 송아를 사랑한다. 일찍 찾아온 사춘기에 심한 갈등도 이겨내고 싱싱한 꽃처럼 아름답고 힘이 넘쳐흐르는 모습이 좋다. 운동을 좋아하는 딸은 비호같이 빠르고 힘이 넘쳐흐르고 모든 면에 자신을 하는 송아가 기특하고 대견했다. 시합에서 번개처럼 내리쏘는 기합 소리가 삼 년 묵은 속아리를 말끔히 씻어 내린다.
나는 크게 웃는 송아 모습을 좋아한다. 내게 귓속말하는 송아의 목소리를 좋아한다. 산소 같은 아내의 애교 넘치는 목소리를 사랑한다. 아내의 목소리는 한결같이 향기가 있다. 50년이 다가오는데도 좋아하고 사랑하며 다시 사랑해도 마냥 좋기만 하다.

 나는 티 없는 맑고 밝은 얼굴을 좋아한다. 수험공부에 열중인 학생들을 사랑한다. 피곤함에 지쳐 졸고 있는 학생들도 사랑한다. 나는 아주 오랫동안 주말 부부이다. 기숙학원에서 수험생들과 함께 호흡하면서 있으니 아내와의 사랑이 각별하게 느껴진다. 그래서 아내의 사랑이 더욱 신혼 같은 느낌이 있고 사랑을 노래하는지도 모르겠다. 북한강의 뷰가 끝내 준다. 양수리 두물머리에서 북쪽 방면으로 직진해서 청평까지 상하행선의 드라이브의 코스는 갈 때마다 새로운 감회와 기운이 난다.
 북한강 하류에서 수상스키를 타는 젊은이들의 패기와 낭만과 사랑의 뷰가 환상이었다. 그런데 밤이 오면 정말 적막했다. 밤이 깊어갈수록 거대한 북한강은 흑진주로 변신하면서 내 마음을 흥분시키고 있었다. 달빛에 북한강은 거대한 흑진주의 몸통으로 날 유혹했다. 나는 밤도깨비가 되어서 아내와 함께 사랑과 행복을 찾고자 왔다. 나의 오랜 염원인 수학과 문학의 기념관은 수포가 되었다. 최악의 불황에서 딸과 사위한테 부탁할 수도 없는 일이다. 오랜만에 아내를 위로하기 위하여 북한강변을 찾은 것이다. 평생 수학 강사로 있었으니 분수에 맞게 지난 한여름에 작은 '일검의 서가'를 오픈했다.

'since2025 일검의 서가'는 나의 사랑방이요 이제부터는 사랑과 행복이 충만한 샘터가 될 것이다. 여유가 있다면 수필가로서 자연을 벗 삼아 노래하고 좋은 글을 쓸 수 있는 신선의 꿈도 가져본다. 그동안 나의 삶이 힘 있을 때 전국 일주하고 여행에서 인연이 된 많은 지인의 유대관계를 소중히 해 왔다.

전국투어를 수없이 거듭한 유종의 미는 내 고향만 해도 헤아릴 수 없다. 홍보는 물론 만나서 소중한 대화는 죽마고우 못지않은 사랑과 행복이 넘치는 인생살이라고 자부해 본다. 이제 흩어진 인연들을 모아서 '일검의 서가'에서 좋은 모습을 보이고 싶다. 내 고향은 물론 전국 일주에서 아내와 함께 소중한 인연들을 정리하면서 이제부터는 수입이 없으니 분수에 맞는 생활을 하자는데 의견의 일치를 보았다. 지금까지 인연을 지키고 유지하는 데에는 많은 돈이 필요했고 상부상조에서 남다른 위치에서 여행의 진수를 맛볼 수 있었다.

지금 나는 우리나라 드라이브의 일번지에서 아내와 함께 사랑의 노예가 되어서 북한강을 바라보면서 미래의 꿈과 희망을 설계해 본다. 소설의 한 주인공이 되는 화려한 외출이다.

나는 신혼 초부터 지금까지 아내랑 번개 여행을 자주 했다. 결혼 42년 동안 자동차 주행거리는 100만 km가 코앞이다. 그랜드 호텔에서 바라보는 북한강의 밤의 무대는 거대한 흑진주의 장면이다. 이곳은 북한강에 가에 있는 초호화 호텔로 밤은 깊어가고 있었다. 아내는 사교성과 여행할 때면 연애 박사가 된다. 그래서 여행을 더 자주 하게 되는지 모르겠다. 아내는 늘 나에게 모든 면에 자신감을 가지라고 충고하고 사랑할 때면 리더한다. 그러나 오늘따라 아내는 진중하면서 말이 없다. 인연들을 정리하자니 마음이 아픈 것이다. 밤은 깊어가는데 거대한 북한강의 흑진주만이 내 마음을 위로하고 있었다.

추억과 사랑이 가득한 팔당 봉주르를 찾았다. 일 년 전 문인들과 함께 찾을 때만 해도 폐업한다는 서글픈 이별의 현수막이 여기저기 붙여서 나뒹굴고 있었는데…!
천만다행이다!
봉주르는 새 단장으로 그림 같은 건축이 완성되었고 초입의 신 봉주르는 작은 호수가 만들어져 있었으며 분수대가 무지갯빛 서광이 환상이다. 최신예술의 일급 카페에 다양한 베이카레의 사진만 보아도 군침이 돈다. 봉주르는 나그네들의 서러움을 달래주는 죽마고우 친구 같은 곳이다. 수도권의 젖줄인 2천만의 수돗물을 공급하는 상수도 보호구역으로 인허가 문제에 여러 가지 애로가 있었을 것이다. 모닥불 피워놓고 동동주와 파전의 주막집이라서 밤새워 수다와 술주정해도 주인장은 싱글벙글 웃는 큰 바위 얼굴이다.

2025년도 신 봉주르는 로봇 시대를 초월한 빛의 4차원 세계로 우뚝 섰다. 원자 시대의 선구자로 서게 되어서 귀추가 주목된다. 신비한 과학의 접목에 도깨비에 홀린 기분이다. 봉주르는 초창기 때부터 추억과 사랑이 가득한 나에게는 추억과 낭만과 사랑과 울분과 욕망이 가득한 곳이다. 그래서 사계절 찾던 곳이다.

아내와 지인들과 1990년대 초창기 때부터 자주 찾던 곳이다. 그때에는 지금의 자전거 전용도로에 춘천행 완행열차가 30분 간격으로 길게 기적소리를 뿜으면서 젊음과 지성과 사랑과 낭만과 울분을 무지갯빛 빛으로 영롱하게 선물했다. 첫사랑 누나와 모닥불 피워놓고 날 밤을 새우면서 동동주에 빠졌다. 술주정을 했던 한맺힌 사랑과 이별의 봉주르였다. 외갓집 누나였다. 어릴 적에 손발이 되어 주었던 엄마 같은 사랑이다. 정아는 나의 수제자이다.

삼풍사건으로 죽음에서 생명을 부지했던 제자와 봉주르 황토집 골방에서 동동주를 마시면서 폭우에 생쥐가 되어서 자정이 넘어서 집으로 돌아왔는데 회장님께 혼쭐이 났다. 안개처럼 새록새록 기억에서 꽃이 핀다. 은별 처제와 한여름에 봉주르를 찾은 적이 있다.

인정과 애교가 남다른 처제와 끝도 없는 춘천 가도를 드라이브하면서 동동주와 파전을 맛있게 먹었다.

처제는 내가 거동이 불편하니 연약한 등짝을 들이대고 비포장 도로이니 업자고 한다. 날 업고 손님들이 만원인데도 제비같이 빠르고 당차다. 좋은 좌석을 얻는데 지혜가 빛났다.

2022년에는 문인들과 함께 찾았다. 장기간 코로나 영향인지는 몰라도 초라했고 음산하였다. 글의 소재를 찾기 위하여 찾았을 때는 음료수 몇 가지와 수제 차를 파는 24시 편의점과 같았다. 현수막에는 그동안 찾아주신 고마운 사람들에게 폐업한다는 아쉬운 고별의 인사가 쓰여 있었다. 그래서 나는 동행한 기자와 문인들과 봉주르를 살리는 방안으로 진정서와 홍보와 계몽을 하자고 제안했다. 다양한 꽃차와 베리카레와 휴식 공간을 조성했으면 좋겠다고 홍보했는데 생각대로 이루어진 것이다.

  그리고 2025년 8월 17일에는 아내와 함께 드라이브하면서 봉주르를 찾았다. 신 봉주르가 눈에 확 들어왔다. 엄청난 크기에 초호화 궁전 같았다. 뉴질랜드에 온 착시에 가슴이 뛰고 있었다.

  왜 무인카페 st인가? 바로 상수도 보호지역이기 때문이다! 직원들이 있긴 한데, 그냥 관리만 해주고, 자판기와 로봇머신만 있다. 프랑스 인사 봉주르여서 그런가요?

  외국인 직원분들도 있다.

  hello(여보세요)

  How do You do? (처음 뵙겠습니다)

  fine, thank you(고맙습니다)

  and you…? (당신께서도….)

  신기하다. 사람이 만들어내는 게 아닌 다 기계로만 이루어져 있었다. 신 봉주르는 자전거도로 옆에 있어서 라이더들의 쉼터

로도 손색없었다. 혹시 자전거를 탄다고 하시는 분들은 서울에서는 차를 이용하지 않아도 갈 수 있다. 자전거 전용도로로 봉주르를 경유해서 춘천까지 시원하게 질주할 수 있다. 나는 요즘 140킬로미터까지 달릴 수 있는 3단계 VIAGGIO 전기자전거로 자연을 체험하고 있으니 수일 내에 봉주르에서 출발 춘천까지 마냥 질주할 생각이다. 오늘은 자동차를 이용해서 갔다. 이런 줄 알았다면 자전거를 싣고 와서 주행해 볼걸! 아쉬움이 가득했다. 주차장에서 내리자마자 보이는 뷰에 심장이 두근두근했다.

 엄청 넓었다. 평일이지만 주차장은 만차였다. 넓다 보니, 사람이 많다고 느껴지지 않는 점이 좋았다. 가끔 카페들 가면 도떼기시장 느낌으로 웅성거리는 거 힘들어 하는 일인데 여기는 괜찮아서, 편하게 쉬다가 왔다.

 입구 쪽에 지도가 있다. 안내 표지판도 있는데, 넓은 리조트 느낌이다. 직접 조리는 안 되지만 이런 레토르트는 가능해서 에어프라이어기 일회용 접시들도 잘 준비되어 있었다. 배고프신 분들 요깃거리 할 것들 완전 많았다. 맥주도 있다. 추억을 남길 네 컷 사진 부스와 어린이들이 맛있게 사 먹던 솜사탕 기계도 있다. 아주 귀여운 오리랑 부끄럼쟁이 염소도 있었다. 이제 전체 뷰를 공개한다 그라운드에도 앉는 곳 많아서, 여기저기 사람들이 잘 분산되어 있다. 오전 10시 ~ 오후 10시 베이커리와 음료, 매일 운영하는 샌드위치 종류, 케이크, 건강빵, 쿠키류 등 다양한 것들이 많았다. 명장 1급 제빵사 이동기 님이 만든 빵이라고 여기저기 붙어있다. 대부분 무인으로 결제하고 가져가는 시스템으로 해 놓은 것 같다! 열심히 고르고 직접 계산했다. 그리고 아주 재미있었던 로봇이 만들어주는 음료가 있었다.

  앱을 내려받아서 오더도 가능하고 왼쪽에 보면 무인 주문 기계가 있어서, 거기서 시켜도 된다. 시키시면 음료 번호와 패스워드를 띠링하고 주는데, 음료를 받으러 갈 때는 전달받은 비밀번호, 네 자리(픽업 번호)를 누르면 된다. 다들 다른 걸 눌러서 당황하는 것을 볼 수 있었다 메뉴가 생각보다 다양해서 놀랐다. 맛도 새삼 신기했다. 내가 시킨 초코음료 딱 받았을 때 choco맛 시켰는데 색이 왜 이러 ~했는데, 스트로우로 휘저으니 초콜릿색이 되었다.

  실내 모습은 A~D동이 있는데 동화나라에 온 느낌이다.

  리버뷰 난리다. 내부에 전자레인지도 있고, 정말 잘 되어 있다! 날씨 좋을 때는 루프탑으로 가면 좋을 것 같다. 바람도 솔솔 불고 광합성 제대로 받아서 건강체험 할 것 같다. Robot을 대신해 줄 벤딩머신도 많았다.

  천장에 나비를 달아뒀다. 공간의 미를 예술적으로 승화시켜 곤충 좋아하시는 분들 눈도 즐거우실 것 같다.

  옆에 돋보기가 있어서 가까이도 봤는데, 완전 동화나라에 주인공이 된 기분이다. 마지막 하이라이트는 정원에 꽃도 많고 큰 연못도 있어서 산책하기에 좋다. 흩어진 내 마음을 정리하는데 힐링 장소로 안성맞춤이다.

35년의 사랑과 추억이 가득한 옛 봉주르의 뒤안길에서 콩당콩당 뛰었던 벅찬 가슴과 낭만과 그리움은 사라지고 아쉬움이 가득하다. 사랑하는 사람들과 장작불 피워놓고 황토방 주막에서 부추전 안주 삼아서 동동주 마시면서 지난날의 추억과 사랑이 활짝 피었다가 지금은 사라졌다. 그러나 어쩌랴! 900만 서울시민과 천만이 넘은 수도권의 국민 건강과 행복을 위해서라면 팔당 수자원의 안전한 보호는 당연한 이치였다.

 질서 없는 야시장처럼 술주정뱅이가 판을 치고 무질서에 환경이 파괴되고 국민 건강에도 적색 신호등이라서 폐업은 당연했다. 국보와 보물을 소장한 절 아래에서 정법을 무시하고 춤추고 술판을 차리는 것과 같다고 본다.

 도깨비불처럼 팔당의 주막집이었지만 사라짐은 당연했다. 그래도 인공지능 시대에 신 봉주르라는 대형 카페가 입소하게 되어서 천만다행이다.

 남양주 팔당에 봉주르 스퀘어는 녹색 미 본에 친환경 카페라고 목록에 추가했으면 좋겠다.

- 역시나! 보리굴비 맛이라면 세영이네! 안성의 맛집(한정식)이다.

 딸한테 핸드폰이 왔다 예고 없이 세영이네 맛집에서 보리굴비를 먹고 싶다는 전화다. 우리 집 딸과 사위는 보리굴비를 무척이나 좋아한다. 세영이네 맛집처럼 정갈하고 싱싱하고 통통한 굴비의 맛은 처음이라고 신바람이 났다. 입안 가득히 퍼지는 최고의 맛깔과 소화하면서 기운이 솟는 기분이다. 우리 집 식구들은 건강미가 넘치고 보리굴비를 즐겨 먹었더니 피부도 보리굴비처럼 윤기가 있고 아름답게 변신한다.

이제는 단골집이 되었고 사장님께서도 가족처럼 따뜻한 사랑과 배려가 돋보이신다.

나는 보리굴비를 선호한다.

세영이네 맛집 사장님은 딸과 사위가 왔다고 반가워했고 활짝 웃는 모습은 행복한 삶의 현장이다.

세영 사장님의 보리굴비 맛과 향은 '바로 이 맛이야!' 탄성이 절로 나오는 맛의 여왕인 개그우먼 이영자도 깜짝 놀라게 할 것 같다. 천혜의 물량 확보와 요리의 손맛과 기술이 신의 경지이다. 임금님 상을 능가하는 정성과 맛이 최고다.

보리굴비의 독특한 맛을 연구하시면서, 세영 사장님의 노하우는 항상 문전성시를 이룬다. 그리고 나날이 발전과 성장을 거듭하고 있다. 건강을 위하여 운동도 열심히 하시고 말타기를 좋아히는 사장님은 비상하는 욕망이 거대하고 당차다. 언제나 따뜻한 정으로 손님들을 환영해 주시고, 보리굴비의 맛과 향에 취해서 세영이네 맛집을 자주 찾게 되는지도 모르겠다. 보리굴비 맛집 중에서는 최고의 맛과 향이 죽여 준다. 세영이네 맛집 보리굴비는 유난히 살이 통통하고 감미로운 맛이 대한민국 최고의 맛이다. 보리굴비를 먹으려면 녹차 물에 밥을 말아서 굴비를 얹어 먹으면 맛이 굿이다. 고소하면서도 향긋한 보리굴비의 특유의 향이 독특하며, 녹차 물이 깔끔하게 비린내를 잡아 준다. 보리굴비 식사 후에 나오는 후식은 부추 차와 토마토와 장뇌삼이다.

 수년 전에 서울문학에 손준식, 이연주 작가님과 헬레나 강명희 기자님이 안성에 있는 문학관 탐방과 명소들을 둘러보는 파노라마식 릴레이 문학 산책을 하였다. 맛의 달인들이라서 맛집을 찾던 중에 세영이네 보리굴비 맛집을 추천했다. 도착할 때는 사장님은 말 탈 때 입는 안전 복장을 하고 있었고 함박 같은 웃음으로 인사하고 서둘러 안으로 들어갔다. 나는 일행 선생님을 일일이 소개했다. 세영 사장님이 조금은 긴장했는지 떨리는 목소리로, 우리 선생님 잘 보살펴 주셔서 고맙다고 인사를 했다. 항상 따뜻하게 맞아 주는 세영이네 맛집 사장님이 고맙고 감사하다. 세영 사장님은 변신의 여왕이다! 금시 산뜻하게 정장 차림의 세영이네 맛집 사장님은 곱고 아름다웠다. 보리굴비 상차림은 으뜸이다. 빛나는 보석상처럼 각종 반찬 그릇에서 입맛을 돋우는 감칠맛 나는 향긋한 냄새가 좋다. 30여 가지의 반찬들은 정갈했고 최고의 맛을 자랑하는 귀한 손님에게 올리는 상차림이다. 세영이네 맛집은 굴비 살이 통통하고 신선도가 뛰어났으며 선생님들이 깜짝 놀랄 정도로 최고의 맛에 "바로 보리굴비는 이 맛이야!" 하면서 서로의 얼굴을 바라보면서 사랑과 행복을 만끽할 수가 있었다.

박지은 인기작가는 심장의 사랑 손가락 하트를 보이면서 "바로 이 맛이야!" 감탄사를 쏟아낸다. 그리고 다시 한 번 올 하트를 내보이면서 대한민국에서 일등 가는 보리굴비 맛은 세영이네 맛집이라고 굳힌다.

이연주 작가님은 보리굴비를 아주 좋아하고 선호하기에 전국 각지를 돌아다니면서 보리굴비 맛을 보았는데, 이런 맛은 처음이라고 좋아한다.

손준식 작가님도 보리 향이 가득한 맛깔스러운 보리굴비 맛은 평생 처음 맛본다고 감탄사에 불티가 난다.

강명희 대기자는 기자 정신을 발휘해서 당장 내일이라도 대한민국의 보리굴비의 맛집은 역시 "세영이네 맛집"을 기사화하겠다고 하신다.

나도 한마디 하겠다. 보리굴비의 맛은 세영이네 맛집이 으뜸이다. 입맛이 까다로운 우리 딸과 사위도 보리굴비를 너무 좋아하니, 세영이네 맛집을 자주 찾게 되었다.

사장님께서 한결같이 가족처럼 따뜻한 사랑과 정성으로 대해 주시니 고맙고 감사하며 소중한 인연이 된 것이다.

우리 가족은 세영이네 보리굴비의 독특한 맛을 홍보하게 되었다. 입안 가득하게 퍼지는 보리굴비의 맛과 향이 죽여 준다. 입에 착 붙는 촉촉한 감미로운 맛과 향기가 좋다. 세영이네 맛집 보리굴비는 소중한 인연이다.

세영이네 맛집 사장님의 전화가 요란하게 울린다.

작가 선생님들과 기자 선생님은 잘 드셨는지요?

올 굿입니다! 그리고 올 하트입니다. 보리굴비를 먹은 지 한 시간이 넘었는데도 기분이 좋다. 모든 것이 잘 될 것 같은 예감에 날아갈 것만 같은 마음이다.

세영 사장님! 선명하게 저의 마음을 가득 담아서 사인해 드리겠습니다.

Be Rich! (부자 되세요!)찾을 때마다 가족 같은 따뜻한 사랑과 정성으로 대해 주니 항상 고맙고 사랑합니다.

세영이네 맛집 주소 : 안성시 죽산면 장능리794-2
T. 031) 671-5504

제 4 장
비상의 민낯과 삼류 작가

"비상"은
사랑과 야망이 충천하다

그리운 선생님의 은혜!
포효하는 젊음과
지성과 낭만과 울분과
욕망을 추구한다

비상의 촉
A feeling of Emergency(flying)

"비상"은 나의 사랑이자 소중한 보물이다. 1972년에 브론즈(bronze)로 제작된 우리나라 유명 조각가 김창희 작가의 작품이다. 수많은 사연과 인연에서 내가 소장하고 있다. 50년 이상의 세월을 나는 "비상"과 함께 살아왔다. 저 높은 곳으로 비상하라는 뜻의 메시지이다.

"비상"은 사랑과 야망이 끝이 없어라!

그리운 선생님의 은혜!

포효하는 젊음과 지성과 낭만과 울분과 욕망을 추구한다.

"비상" 작품 이외에 1985년 작품 "비상"(55×80×75cm)이 눈에 선하다. 욕심 같아선 "비상"을 소유하고 싶다. 이 작품은 내가 존경하는 왕 선생님의 작품이다. 그는 조각 부문에서 한국을 대표할 만큼 명성이 높다.

나는 청소년 시기에 왕 선생님 가족들과 한 가족처럼 지냈다.

그래서 그리움에 "비상"이 전시되어 있던 미술관을 해마다 찾는다. 일심으로 저 높은 창공을 향하여…!

이런저런 사유로 지금은 강원도 속초를 지나 고성군 금강산 가는 나들목 바우지움 미술관에 전시되어 있다. 어쩌다가 이런 일이 있었을까! 나는 궁금했다.

이곳은 조각가 잉꼬부부가 그림 같은 미술관을 2015년에 개장한 곳이다. 내가 소장하고 있는 "비상"은 포효하는 자의 꿈이다. 파란만장한 굴곡진 나의 삶의 동반자이다. 꿈과 희망을 준 빛나는 상아탑이다. "비상"과 타인의 "비상"은 몸통은 다른 모습이나 힘차게 비상하라는 뜻은 동일할 것으로 생각된다.

나의 자존심인 "비상"은 언제나 건재하다. 50년이 된 비상은 나의 서가에서 오늘도 힘찬 미소를 보낸다. 그동안 파란만장한 내 인생에 꿈과 희망과 도전의 길을 인도했다. 작품으로 들어가 본다. "비상"은 내 인생과 함께했다. 모든 일에 최선을 다하라는 스승님의 가르침이다.

중학교 때 미술 선생님은 허약한 나에게 꿈과 희망을 주셨다. 선생님의 지나친 사랑과 관심으로 나는 공부에 몰입하게 되었다. 나는 선생님을 좋아했다. 그래서 선생님에 대한 "그리움"으로 스승 찾기 프로그램에 선뜻 응했다. 나의 제자가 방송국에 있다. 기자와 인기 방송작가도 있다. 지난봄에 그리운 선생님을 찾는 데 도움을 요청했다. 하나에서 열 가지 모든 것을 챙겨주는 지나친 사랑과 관심에서 나는 그리운 선생님의 안부가 궁금했고 살아 생전 꼭 뵙고 싶었다. 내가 청년이 되었을 때 선생님께서는 가장 아끼는 자기 모델로 제작한 브론즈의 작품 "비상"(1972년 작)을 대학입학 축하 선물로 주셨다.

선생님의 남편은 지나친 사랑과 배려에서 격하게 축하해 주셨다. 저 높은 곳을 향하여 약진하라는 "flying"이었다. 선생님의 남편은 국전 심사위원이면서 서울 시립대학교에 미술 학장님이셨다. 나는 학장님을 왕 선생님 또는 은사님이라고 불렀다. 청소년기에는 공부하면서 선생님의 작업실에서 알바까지 자청했다. 브론즈의 작품세계도 어깨 너머로 배워서 청년 시절에는 알짜배기 진흙 속에 보석의 제자라는 칭호도 받았다. 나는 조각가의 꿈을 가졌지만 왕 선생님은 냉담하셨다. 은사님은 자연과 인간이란 주제를 사실적으로 다뤄온 작가이다. 환경조각이 국내 조각계에 자리 잡기까지 선구적인 역할을 해 오셨다. 세계적인 조각가 한국 브론즈의 일인자로 명성이 높았다. 국전 심사위원장으로 한국 예술계의 국보급이다.

왕 선생님의 부인이 나 어릴 적 중학교 때 미술 선생님이다. 선생님은 미모만큼이나 구수한 경상도 사투리에 자신의 연애사를 공개했다. 한 편의 드라마 같은 가슴 설레는 자서전을 웅변의 화법으로 내 마음을 푹 빠지게 하는 농담과 재치의 달인이셨다. 그리고 긴장과 위기에서의 탈출과 지혜를 유감없이 선보이셨다.

감동의 일화는 수십 년이 지났지만 내 가슴과 두뇌에서 그리움으로 남아있다. 선생님의 일화이다.

《때는 이른 봄이다. 국방 마크가 새겨진 낡은 지프차 한대가 김천 시골집으로 찾아왔다. 군복을 입었고 계급장을 보니 이등병의 육군 졸개 3명이다. 제대를 앞둔 결혼을 약속한 김 병장님의 부하라고 하면서 호출 명령이라고 해서 얼결에 비좁은 군용 지프차에 승차했다. 흙먼지를 일으키면서 2시간 이상을 달려온 곳은 부대가 아니라 깊고 험준한 산골이었다. 그곳은 범죄자의 소굴이었다. 군부대가 아니라 나병환자 집성촌이었다. 순간 호랑이를 만나도 정신만 차리면 살 수 있다는 생각을 했다.

마음을 모질게 먹고 제대를 앞둔 병장 약혼녀 미스 검도의 지혜가 발동했다. "종합무술 10단의 미스 검도는 당황하지 않으리라!" 탈출을 굳게 결심했다. 죽음을 각오하고 지혜로운 여걸답게 검도 3단의 힘과 기술을 발휘해서 10명이나 되는 나병 환자들을 순식간에 격파시키자! 처음에는 속았다는 분개에서 피가 거꾸로 섰지만 낯선 지리에 힘이 열세인지라 기발한 지혜와 순간의 선택을 신중히 했다. 두목으로 보이는 험악한 얼굴의 산적 같은 상처가 심한 곰이 옆에 앉는다.

술 시중하라고 초면인데 거칠고 진물 나는 갈고리로 윽박을 질렀다. 일그러진 얼굴을 두건으로 감추고 있는 산적 두목이 불쌍했다. 벤허에서 보았던 영화를 상기하면서 환경이 연약한 사막에 나병 촌, 사람들의 병마와 죽지 못하는 고통을 상기해 보았다.

그러나 정의는 바로 서야 하기에 정면 승부로 마음을 굳혔다. 불안했지만 다소 안정을 찾고 기회를 엿보고 있었다. 10여 명의 졸개 나병환자들도 부어라 마셔라 술에 취해서 옆방인데 몸을 가누지를 못했다.

침침한 방안에 거대한 항아리에는 진땡 막걸리가 대형 항아리에 넘치고 넘쳐났다. 처음에는 심부름시켰고 두 번째는 술 시중까지. 범죄자들은 모두 다 진땡 막걸리 독술에 흠뻑 취해 있었다. 시간을 지체하면 곧 술에 고주망태가 되어서 승산이 보였다. 두목은 술에 취해서 미스 검도를 겁탈하려고 했다. 이왕에 연애할 것이면 교양 있게 하자고 설득했다.

두목은 뱀같이 징그럽게 웃으면서 거품을 물고 잠자리에 들자고 보챘다. 그래서 큰 사발로 진땡 막걸리를 마음껏 들자고 애교로 폭력을 무디게 했다. 두목은 좋아라 마셨고 진땡 막걸리 술을 연호하면서 연거푸 마셨다. 신세 한탄 헛소리로 사랑 타령을 하더니 그녀를 어설프게 껴안으려 했다.

순간 종합무술 10단의 검도와 태권은 실력을 유감없이 발휘했다. 앞발치기 옆발치기 돌려차기 등….

검도와 태권 실력을 제대로 보여 주었다. 두목은 한방에 기절했고 졸개들도 겁을 먹고 식칼과 지팡이로 비겁하게 공격했으나 발차기로 두서너 명이 나가떨어졌다. 무리는 조폭의 포악한 막가파를 데려왔다고 도망하면서 숨기에 급급했다. 미스 검도는 용감하게 탈출을 결심했다. 기회는 이때라 정신을 쫑긋 세우고 한밤중에 지옥의 소굴에서 탈출에 성공할 수 있었다.

이른 새벽에 파출소를 찾았을 때는 격렬했던 몸싸움에 옷이 모두 남루해 있었다. 창피함도 없이 경찰의 졸속한 행정을 맹비난하면서 분개했다.

"소록도에 가 있어야 할 나병환자들이 왜 산 좋고 물 좋은 속리산에 있는 가요?" 나병환자 집성촌의 일화이다. 미스 검도는 지혜와 미모가 출중함에 반한 병장은 프러포즈를 굳혔고 곧 결혼을 서둘게 되었다. 그리고 주말 부

부로 알콩달콩 산다…!》

　충남 당진 유명산의 조각상은 왕 선생님의 야심 찬 브론즈의 전시장이다. 하루 종일 산책하면서 예술의 경지와 혼을 직감할 수 있었다. 신비하면서도 생동감 넘치는 작품들이 차고 넘쳤다. 브론즈의 거장이신 왕 선생님의 작품은 초년기에는 오묘한 여인상이다. "비상(1972년 작)"을 내면서 저 높은 곳을 향하여 끝없는 욕망을 내게 심어주시면서 모든 일에 최선을 다하는 자가 되라고 하셨다.

　왕 선생님은 수많은 예술인을 감동하게 했다. 열광하는 예술인들이 지천이었다. 중년기에는 화목한 가족의 사랑과 행복을 우선시하는 작품들이 많았다. 그중에 대표적인 것이 브론즈로 제작한 "비상(1985년 작)"이 있다.

　가족의 사랑과 행복을 추구하면서 하늘 높이 비상하는 일심동체인지라 가족의 화목은 생동감이 있다. 왕 선생님은 수백 수천 점의 작품들을 선보이셨다. 그야말로 혼신을 다 하신 위대한 예술품들이다.

　한국 조각계의 대혁명이다. 전국 각지에 산재되어 있어서 "당진 왕 선생님"의 작품을 쉽게 찾을 수가 있었다. 호암미술관, 국립현대미술관, 서울관, 덕수궁관, 과천관 청주관, 그리고 화랑, 각계 예술기념관, 신세계, 롯데백화점, 기타 등등 ….

교수님의 작품은 수를 헤아릴 수 없을 만큼 많고 빼어난 보물들이다. 북남아메리카와 유럽, 중국, 일본에도…. 세계 어디를 가도 은사님의 작품이 넘쳤고 세계적인 조각가의 큰 바위 얼굴이다.

초창기에는 주로 미모 여성의 나체 브론즈가 주류를 이루었다. 중반기엔 가족의 화목과 행복의 브론즈와 석상이 전국을 강타했다. 말년에는 파산과 함께 전쟁터에서 살아남은 외롭고 쓸쓸한 한라산 1,100고지에 흰 사슴의 조각상이다. 이제는 1,100고지의 랜드마크가 되어버린 팔각정 휴게소 아래 365일 변함없이 방문객들을 반겨주는 흰 사슴 상은 하얀 겨울과 하나가 되어 1,100고지를 내려다보고 있다. 한라산 백록담을 올려다보며 항시 그 자리에 듬직하게 서 있다. 모든 것을 잃고 밤마다 찾아와 울어대는 고라니 소리만이 친구가 되어서 구슬픈 인생을 보내고 계셨다.

왕 선생님 조각의 특색은 독특한 각선미와 작품이 튀어 보였다. 멀리에서도 빼어난 여인상이라면 교수님의 작품일 가능성이 농후했다. 일평생 주옥같은 브론즈 역작에 고개가 절로 숙여진다. 특히 미모의 검도! 미스 내조는 작품 속에서도 여실하게 드러나 있었다.

나는 "비상"이라는 브론즈의 작품을 지금도 소장하고 있다. 고등학교 3학년 당시에 학력고사 시험을 치르고 K대학교 공과대학에 합격해서 선생님으로부터 받은 국보급의 선물이다.

 "비상(40×28×82cm)"은 세상에 하나밖에 없는 소중한 브론즈로 스승님의 가르침이다. 스승의 지휘봉이다. 그동안 수없는 유혹을 받아 왔으나 나는 이 작품을 목숨처럼 여기고 살아왔다. 50년간 우리 집 보물 1호로 나와 함께 오늘도 저 높은 곳을 향하여 힘차게 비상하고 있다. 그런데 나는 "국보급의 비상"의 개인소장을 고민하고 있다. 브론즈인 "비상" 이외에도 "김홍도의 서당"(지인으로부터 받은 것)과 "신라의 천마총"(35년 전 호암미술관에서 받은 것)이 있다. 내가 소장하고 있는 예술품들을 감정해서 보니 진품이라고 한다면 개인소장보다는 많은 사람이 보고 감상할 수 있도록 하는 것이 옳다고 생각해 본다. 여태껏 고민했던 것은 나는 삼류 강사에 삼류 작가이지만 "수학과 문학의 만남 기념관"의 개장을 꿈꾸고 차일피일 미루어 왔다. 가능성이 없다고 판단이 되면 내가 사랑하고 그리움이 가득한 미술관에 기증을 신중하게 고민해 보겠다.

 어릴 때부터 나는 미술에 지대한 관심이 있었다. 손재주가 없고 몸이 불편하니 선생님과 왕 선생님이 강하게 반대하셨다. 그래서 나는 조각가의 꿈을 접고 작가가 되고 싶었다. 그러나 고3 담임 선생님은 문학은 살아가는 데 힘들다고 하시면서 나를 이공계로 추천하셨다. 결국 공과대학을 나와서 나는 삼류 강사이자 입시인이 되었다. 뒤늦게 삼류 작가가 되어서 글을 쓰고 계간지와 월간문학 등에 많은 글을 발표하고 있다.

2024년 9월 10일에는 한국예술인 복지재단으로부터 예술인 (문학)완료의 문자를 받았다. 앞으로 5년 동안 작품 활동을 보장 받을 수 있는 것이다. 왕 선생님의 수많은 작품 중에 중반기에 대표작인 "비상"은 1985년 작품이다. 국립현대미술관에 소장하다가 2015년에 개관한 강원도 고성군 "바우지움" 미술관에 지금은 소장되어 있다. 나는 30년 동안 해마다 국립현대미술관을 다녔다. 선생님의 그리움! 사랑과 은혜에서 "비상"은 소장하고 있지만 13살 연하인 "비상 2"의 그리움으로 잠을 설칠 때가 많았다. 더 진솔하게 말하자면 선생님의 그리움에서일 것이다

나의 첫사랑은 어느 날 바람처럼 사라졌지만, 선생님의 큰 사랑은 60년이라는 길고 험한 인생에서 지금도 창창하게 살아있다. 나는 지금도 선생님이 그리울 때면 왕 선생님의 작품 속으로 빠져든다.

"비상"은 강원도 고성의 바우지움 미술관에 소장되어 있다. 미술관은 뫼산자 모양으로 3개의 전시관과 5개의 정원으로 구성되어 있다. 거친 돌과 벽면으로 인하여, 브론즈와 대리석 등의 조형 작품들을 더 돋보이게 배려한 부분들이 특이하다. 가족의 비상을 알리는 "비상 2"를 확 트인 가슴으로 시간제한도 없이 그리운 선생님을 생각하면서 작품을 제대로 몰입할 수가 있었다.

2025년 을사년 새해가 되었으니 개장 10년이 다가온다. 갈 때마다 작품의 가치는 소중하게 보였다. 청아하게 빛나면서도 강렬했다. 자연과 예술이 잘 어울린다. 미술관으로 들어가는 길

은 마치 다른 세상에 온 듯한 느낌이다. 돌담으로 둘러싸인 좁은 길이 인상에 남는다. 복도를 따라가다 보면 다양한 작품들을 접하게 된다. 걷는 순간순간마다 새로운 예술의 경험을 만끽할 수가 있다. 실내 전시관은 밝고 넓으며 투명한 유리벽으로 둘러싸여 있어서 자연광이 작품을 비추는 모습이 인상적이다.

그런데 눈에 확 들어오는 작품이 있었다. "비상"이다. 언제 보아도 비상은 비상이었다. 저 높은 창공을 향하여 무한 비상하고 있었다. 왕 선생님 가족의 사랑과 행복을 작품 속에서 읽을수가 있었다.

"비상"은 저 높은 곳을 향하여 줄기차게 비상하는 것, 존경하는 왕 선생님의 대작인데 내 눈을 의심하게 하였다. "비상"이 전시된 전시관 내에서 바라본 바깥 풍경은 마치 하나의 커다란 예술 작품처럼 느껴진다. 국립현대미술관의 소장보다도 더 빛나고 생동감이 넘쳤다. 물가의 조경은 미술관의 차분함과 고요함을 더욱 부각해 주었다. 자연과 하나가 되는 듯한 편안함을 느낄 수 있다. 그래서 그리운 선생님 생각에 미술관을 자주 찾게 되었다. 비상의 민낯을 공개하는데 어려움이 많았다.

제자들의 덕분에 그리운 스승님을 30년 만에 만남이 이루어질 것 같다. 겨울이 오기 전에 선생님을 뵐 것 같다. 삼류 작가의 신고식을 그리운 선생님을 모시고 왕 선생님의 작품이 있는 곳에서 조촐하게 하고 싶다.

"비상"을 소장한 미술관

　그리운 선생님의 만남은 뵌 지 30년이 되었다. 선생님의 우울증과 정신분열로 인하여 면회가 불가했다. 몇 차례 당진에 세워진 왕 선생님의 미술관을 찾았지만 은사님께서는 요양원에 있다면서 일체 함구하셨다. 끝내 선생님의 부군께서도 날 외면하면서 만남을 달갑게 생각지 않았다. 물론 이해는 간다.

　2025년 현재 88세의 연세에 요양원이 아닌 무너진 미술관을 지키면서 두문불출하시는 왕 선생님의 울분과 포효를 누가 감히 알아줄 것인가? 시대가 급변해서 기운이 있을 때 작품도 알아준다.
　국보급의 예술인의 작품도 그의 능력이 상실되면 쓸모없는 고철이다 돌처럼 전락하는 예술의 추모관으로 생각이 든다. 전자로봇 인공지능 시대에 우리는 살고 있다. 돈과 권력이 사회를 지배하고 초고속 문명의 포화로 예술의 빛과 가치도 많이 퇴색되고 있는 것 같다.

골동품과 미술품의 전시장도 급속도로 사라지고 AI 과학과 로봇의 출연으로 예술변천사에서 요동치면서 예술의 빛과 꿈이 안개처럼 사라지는 느낌이다.

예술은 퇴화하고 로봇 원자 수소 AI의 급부상으로 국보의 예술도 쓰나미의 잔존재로 전락하지는 않을까 심히 염려가 된다. 그러나 나는 왕 선생님께서 예술의 혼이 아직은 건재하며 국보급 보물 작품이라고 확신한다. 한국예술 부문에서 브론즈의 천재인 대가이기 때문이다.

수차례에 걸쳐 나는 왕 선생님을 방문하였다. 복잡 다양한 작업실이 안타깝게도 폐허가 된 지 오래되었다. 사람들은 망한 집안이라고 수군댔다. 방문할 때마다 왕 선생님은 뵙지 못하지만 주변 사람들의 이야기를 경청하면서 선생님의 근황을 알아보는 데 주저하지 않았다. 그리운 선생님의 근황도 들을 수 있었다. 그리고 왕 선생님께서는 작은 언덕 위에 조립식 주택에 기거하고 계셨다. 거의 두문불출하시면서 면회도 거부하고 계셨다.

나는 국립현대미술관을 해마다 찾는다. 서울관, 덕수궁관, 과천관, 심지어 청주관까지 국립현대미술관의 단골손님이다. 조각에 관심이 많고 특히 왕 선생님의 작품을 좋아한다. 많은 작가의 예술의 미도 감상할 수 있으니 내 마음은 한층 여유롭고 성숙함을 가지려 한다.

2025년 걷잡을 수 없는 대통령 탄핵 정국의 혼란에서도 예술의 빛과 발전은 끝없는 도전이다. 나는 지난해 가을에 한국예술인 복지재단에 예술인 등록을 완료했다. 문단 데뷔 6년 만이다. 그래서 을사년 새해에는 더욱 글쓰기에 정진할 생각이다.

지난해 9월 10일은 나도 예술인의 입문과 함께 한강의 노벨상 수상의 속보는 내 가슴에 황금알은 품은 하얀 밤을 지새우면서 가슴 터지도록 열광했다.

나는 예술의 소재를 찾기 위하여 종합예술이라고 할 수 있는 뮤지컬의 VIP 회원이다. 국립극장은 수십 년 가까이 뮤지컬 관람객 중에서 광란의 삼류 작가이다. 국립극장과 예술의 전당의 뮤지컬에 반해서 나는 늦은 나이에 작가가 되었는지도 모르겠다. 작가 7년 차에 지금까지 많은 글의 소재와 글쓰기에 열중하고 있다. 나는 일평생 온전치 못한 몸으로 음지에서 수학 강사로 살아왔다. 지금은 수필 소설 시나리오를 쓰는 삼류 작가이다. 남다른 위치에서 먹고 살기 위하여 나는 평생 수학 강사 입시인으로 열심히 살아왔다.

고목나무의 꽃, 삼류 강사이지만 수험생들에게 꿈과 희망을 심어주고 공부를 잘할 수 있도록 열과 성의를 다하고 있다. 수험생들의 활기찬 얼굴에서 삶의 보람을 느낀다. 20년 전 생각이 불현듯 머리를 스쳐 지나간다. 거대한 지진과도 같은 내 인생의 파란만장한 삶의 한 페이지를 회고해 보았다. 그 당시에는 삶과 죽음의 갈림길에서 내 가정은 중심을 잃고 순식간에 몰락하고 끝도 없이 추락하고 있었다.

　전 재산을 잃은 낭패와 수모, 그리고 내 주위의 대부분 사람이 떠났다. 하루아침에 바보 곰둥이로 추락해서 엄청난 충격으로 몸과 마음은 깊은 절망으로 떨어지고 있었다. 친구이자 학부모기도 한 친구에게 원룸을 짓는 데 연대보증을 한 것이 잘못되어서 고스란히 상환해야 하는 꼴이 되었다. 순식간에 전 재산은 법원에서 가압류가 들어오더니 강제 경매가 진행되었다. 엄청난 충격에 나는 아주 힘든 생활을 하였다. 그런 와중에도 우리 가족은 삶을 포기하지 않았다. 지혜롭게 극복하고 있었다. 수험생 지도에 몰입하였다. 생활의 절반은 눈물의 번개 여행이었다. 그리고 지혜를 짜는데 정성을 다했다.

　전국의 야생화 단지를 모두 답사할 만큼 긴 시간 방황하였다. 봄을 고대하는 야생화는 나에게 꿈과 새 희망을 주었다. 자연스럽게 야생화의 성격을 익히게 되었다. 누가 심은 것도 아닌데 끈끈이 대나물 야생화가 집안에 가득했다. 그해 성탄이 다가오는데 끈끈이대나물 야생화가 베란다에 함빡 피어 있었다. 베란다 밖 거친 차가운 시멘트에 붙어서 모진 눈보라도 마다하지 않고 내 집과 가정을 지켜 준 것 같다. 끈끈이대나물 야생화의 사랑과 정성인지는 몰라도 2007년 성탄과 함께 고마운 형제와 친구가 삶을 지켜주었다. 아주 빠른 속도로 잃었던 재산과 명예를 회복할 수가 있었다.

　안성의 명물 삼부 아파트 베란다에는 끈끈이대나물꽃이 무수하게 피었는데, 아파트 주민들이 놀라움과 화제가 되었다. 우리 집 이층 베란다에는 꽃이 가득 피었다. 12월 성탄이 다가오는데 베란다 바깥 시멘트에서도 기생하여 함초롬히 피어있는 것은 놀라운 일이다. 많은 사람의 시선을 끌기에 충분하였다. 모든 일들이 다 잘 될 것 같은 예감이 들었다. 베란다 밖 거친 시멘트벽에 생명의 소중함을 알게 해 준 야생화는 나에게는 잃었던 기력을 찾고 오뚝이 같은 인생을 체험하게 했다.

그 해에 소중한 딸이 대학에 입학했다. 나의 절친의 친구 B. k. 의 도움을 많이 받았다. 입학금은 물론 생활비까지도! 물심양면으로 친구의 우정은 돋보였다. 친구는 딸이 넷인데 전기 제품 판매와 전기공사를 하는 넉넉지 못한 생활에서도 형제 이상의 우정으로 어려운 시기에 디딤돌이 되어준 유일한 친구이다. 내 친구 중에는 부자들도 많지만, 나의 어리석고 우둔한 사회생활에 심한 폭언을 퍼부으면서 모두 다 외면하는데 유독 한 친구는 날 걱정하면서 지켜주었다. 35년 동안 한결같은 소중한 친구이다. 거의 매일같이 만나는 친구이니 입맛도 취미도 일상생활에서도 닮음이 많아졌다. 김치찌개와 청국장을 좋아하며 변함없는 우정에 함께 식사하고 차 마시고 열 친구 부럽지 않고 편안한 친구다. 물심양면으로 이리 왈 저리 왈 수완이 좋은 친구의 온정에 나는 나의 삶을 이어왔고 이제부터는 나의 유일한 베스트 플랜드이다.

수년 전에 산업도로에서 졸음 운전자에게 당한 심각한 교통사고가 있었다. 그때에도 가장 먼저 생각나는 사람이 B. K였다. 친구가 잠결에 뛰쳐나와 비는 오는데 정신이 없는 날 돌보아 주었고 뒤처리를 깔끔하게 처리하는 지혜롭고 생명 같은 친구가 되었다. 이 세상 끝까지 함께 할 영원한 친구이다.

나는 연대보증으로 한없이 추락하고 있었지만, 친구는 한마음 한뜻으로 나를 지켜주었다. 무남독녀 외동딸은 전 학기 학자금 융자와 생활비까지도 배려해 주었고, 4년 동안 기숙사 생활도 보장해 주는 학교의 배려가 돋보였다. 엄청난 위기에서 꿈과 희망을 주시는 대학 담당자와 지인들의 온정과 배려에 감사했다. 물심양면으로 친구의 사랑과 배려에 깊은 감명을 받았다. B. K 친구의 소리 없는 찐 우정이다. 이제부터는 내가 친구의 힘이 되었으면 좋겠다.

내 주위에는 고마운 많은 사람이 많지만 꺾인 모습을 보이질 않아서 지인들은 나의 마음을 읽지 못하였을 것이다. 미리내 실버타운의 신부님과 소중한 친구들은 날 사랑받기 위하여 태어난 사람이라고 추켜세웠다.

나는 몸이 자유롭지 못하지만 나보다 더 어렵고 힘든 사람들에게 작은 정성을 표했다. 어려운 삶에서도 연말이 오면 음성 꽃동네를 찾아 어려운 형제님들과 함께하면서 호주머니를 다 털고 와야 직성이 풀렸다. 그래서 부자의 조건에서 배제된 것 같다. 힘 있는 미소에서 나는 참사랑을 느꼈다. 사랑은 편하고 따뜻했다. 나는 고집스럽게 자유롭고 순수했다. 사람은 칭찬하는 데서 꿈도 이루어진다고 한다.

　나는 드라마 작가로 명성이 있는 제자가 있다. 지난봄에 나는 제자에게 그리운 선생님을 찾아 달라고 부탁을 한 적이 있다. 그 제자도 왕 선생님의 가족과 예술 분야에서 절친이다. 그로부터 몇 개월이 지났다. 선생님께서는 건강이 호전되었다고 하였다. 그리고 만남을 주선하고 있다는 연락을 받았다.

　2025년 찜통더위는 한풀 꺾이고. 가을에는 선생님을 찾아뵐 것이다. 선생님을 보살펴 줄 사람은 나의 제자인 방송작가 P이다. 그리운 선생님과 제자와 나는 향이 짙은 청포도 사랑이다. 제자 P는 청포도가 익어가는 가을에는 좋은 일들이 팡팡 터질 것 같은 예감이라고 유종의 미를 확신했다. 그러나 나는 걱정부터 앞선다.

　그리운 선생님의 만남에서 내가 해 드릴 수 있는 일은 무엇일까! 그것은 다음의 문제이고 지금 나는 한껏 마음이 들떠 있다. 만남의 장소를 물색하다가 바우지움 미술관으로 굳혔고, 그래서 왕 선생님의 직품 "비상"이 전시된 바우지움 미술관도 세심하게 사전에 답사를 마칠 생각이다. 드라마 작가 P의 전격 제안이 있다. 그곳은 한산하고 끝도 없는 동해바다를 보면서 그리움을 마음껏 표출할 수 있을 것 같다.

　나는 P작가의 호혜를 전격 수용하게 되었다. "비상"이라는 브론즈 작품에 매력을 느껴서 나는 P작가와 함께 선생님을 모시고 추억과 사랑을 만끽할 생각이다. 올가을에는 출판기념과 함께 그리운 스승님을 모시고 바우지움 미술관에서 왕 선생님의 비상을 찾아볼 생각이다.

  P작가는 자귀나무 꽃사랑이다. 언제나 환희의 기쁨을 주기 때문이다. 그리운 선생님의 만남을 주선한 것이다. 미국 캘리포니아 LA에서 드라마 촬영 중에 그리운 선생님을 찾아뵈었다고 했다. 미국에서 작은 갤러리를 운영하는 선생님의 따님의 댁에서 선생님을 찾아뵙고 올해에는 상봉이 이루어진 것이라고 제자 P의 목소리는 활기차 있다.

  나는 선생님께서 우울증이 심해서 날 알아보지 못한다 해도 좋다고 했다. 올가을 상봉은 "비상의 사랑과 그리움" P작가의 야심작이다. 물론 여기에 주인공은 나와 그리운 선생님이 될 것이다. 그리고 선생님과 상봉에는 작가 P가 동행할 것이다.

  바우지움 미술관 실내 전시관은 밝고 넓다. 투명한 통유리 벽으로 둘러싸여 있다. 자연광이 작품을 비추는 모습이 인상적이다. 조각 작품들이 자연 속에서 빛을 발하는 순간들은 사진으로 담기에는 한계가 있을 정도로 생동감이 넘치고 있다.

  왕 선생님께서는 작품 중년기에는 가족의 사랑과 행복을 주제로 많은 작품을 내셨는데 브론즈의 "비상"이 대표적인 작품이다. 전시관 내에서 바라본 바깥 풍경은 마치 하나의 커다란 예술 작품처럼 느껴진다. 물가의 조경은 미술관의 차분함과 고요함을 더욱 부각해 준다. 자연과 하나가 되는 듯한 편안함을 느낄 수가 있다. 이곳은 미술관의 야외 공간으로 고요한 자연 속에 자리한 인공 연못이 인상적이다. 연못의 맑은 물과 그 위에 비친 하늘의 모습이 한층 평온하게 느껴진다. 자연과 인공 구조물이 완벽하게 조화를 이루고 있어 잠시라도 일상의 번잡함을 잊고 평화로운 시간을 보낼 수 있는 장소이다.

이곳은 김명숙 조형관으로 작가님이 만든 작품도 전시되어 있었는데 이국적인 느낌이 새로웠다. 맑은 하늘과 멀리 보이는 설악산이 이곳의 이국적인 아름다움을 더욱 강조하고 있다. 단순한 미술 작품 이상의 예술적 공간임을 느끼게 한다. 미술관 이외에 설치된 인물 조각 작품들도 있다. 고전적이면서도 당당한 모습으로 자연 속에서 차분하게 앉아 있는 이 조각상은 마치 지식을 상징하는 듯 책을 곁에 두고 있다.

잔디밭에 앉아 있는 작은 조각상들도 눈에 띈다. 어린아이들의 모습을 담고 있다. 순수함과 평온함이 자연 속에서 더욱 돋보인다. 나무들로 둘러싸인 작은 쉼터도 있다. 나무 그늘에 놓인 작은 조각 작품들이 이 공간에 자연스러운 예술적 터치를 더 해주고 있다. 조각품들이 마치 숲속에서 여유롭게 휴식을 취하는 듯한 느낌을 준다. 잔디밭 한가운데 놓인 조각 작품들과 아늑한 정원은 마치 전원주택을 연상시킨다.

푸른 자연은 고요함과 평화로움을 선사한다. 유리로 이루어진

외관이 주변 자연을 그대로 반사하고 있다. 건물 전체가 하나의 예술 작품처럼 보인다. 실내 야외에도 야외 테라스가 있어 시원한 공기를 마시면서 커피 한 잔을 즐길 수가 있다. 이곳 카페 내부에는 체험활동도 가능하다. 여러 사람이 모여 앉자 다양한 창작 활동 등의 예술을 직접 체험할 수 있는 즐거움을 제공하고 있다. 미술관 입장권을 소지한 사람들에게 제공하는 커피 한 잔은 미술관 관람 후에 잠시 쉬어가는 여유가 좋았다.

이곳은 미술관은 깔끔한 흰색 건물에 독특한 디자인의 원형 창문들이 인상적이다. 이곳에서 다양한 예술 작품들을 사들일 수도 있다. 산뜻한 외관과 정리된 공간은 방문객들에게 신선한 느낌을 주며 미술관에서의 경험은 우리의 감성을 더욱 풍부하게 만들어준다.

자연과 예술이 공존하는 이 특별한 공간은 바쁜 일상에서 벗어나 마음의 여유를 찾을 수 있는 여행이다. 나 역시 작가로서 이곳을 방문하면서 또 다른 예술의 매력을 발견했다. 그리고 예술의 민낯을 알게 되었다. 그 감동은 내 전신에서 영원히 살아있다. 특히 왕 선생님의 비상 작품에 몰입되어서 더더욱 바우지움 미술관이 빛나 보인다.

강원도 고성의 바우지움 조각미술관의 여행은 나의 수많은 국내외 여행 답사를 되돌아봐도 가장 뜻있고 그리움과 사랑이 풍만한 행복한 여행이다. 겨울이 오기 전에 그리운 선생님을 만나 포효하는 비상의 열기를 받고자 이곳 바우지움 미술관을 방문할 생각이다. 그리운 선생님께서 건강과 기운이 넘쳐나시기를 바라면서 오늘따라 그리운 선생님이 더욱 보고 싶다.

왕 선생님과 나의 일기장
Mr. Wang and My Diary

30년 전에 일이다. 당진 유명산에 대단위 조각공원을 세우고 계시는 왕 선생님과 그리운 선생님께 찬사와 축하를 드리고자 아내와 함께 억수 같이 쏟아지는 폭우를 헤치고 찾은 적이 있었다.

아뿔싸! 폭우 속에 어렵게 찾은 미술관은 참혹했다. 이런 일이 있을 수가 있는가? 웅장한 미술관은 폐허된 고대 로마의 낡은 성곽과 닮은꼴이었다. 미술관은 차가운 기운이 안팎으로 감돌고 있었다. 좁은 산길을 따라 미술관 작업실로 보이는 곳에 차를 주차했다. 사람의 기척이 없었다. 얼마 후에 초췌한 모습으로 낯익은 사람이 작업실 앞으로 올라오고 있었다. 나와 아내는 공손하게 인사를 올렸다. 인사를 받는 것인지 외면하는 것인지 남루한 신사는 한마디 말도 없이 작업실로 들어갔다.

"낯익은 노신사는 왕 선생님 같은데 왜 우리를 외면하는 것인가?" 나는 의아했다.

나무 벤치에 앉아서 아내와 함께 많은 시간을 지체했다. 그리고 차 트렁크에서 포도 상자를 들고 무작정 작업실로 들어갔다. 노신사는 놀란 기색도 없이 무심했다.

"누구신지, 그리고 무엇 때문에 오셨는지요?"

소파에 앉아서 TV에만 집중하고 계셨다. 틀림없이 왕 선생님인데!

나는 당당하게 "여기가 김창희 미술관이 맞죠? 선생님의 제자 김기범입니다." 나는 큰 소리로 소속을 알렸다.

노신사는 바로 왕 선생님이었다. 은사님은 깜짝 놀라시면서

"이게 누구신가! 내 자식 같은 김 선생이 아닌가?"

왕 선생님은 갑자기 기운이 나서 반겨주셨다.

인터넷에 검색해 봤던 당진 유명산의 브론즈 작품들이 뇌를 빠르게 스쳐 지나갔다. 유명산에 자연과 함께 수십 개의 작품이 눈에 선하다. 고향에서 세계적인 거대한 미술관을 꿈꾸고 계셨다. 그러나 공든 탑은 순식간에 무너졌다. 신문 방송 등 매스컴에서 유명산의 야외 브론즈 상들이 소개가 되고 당진에 대단위 조각공원을 예고했는데 하루아침에 된서리 맞은 지방과 중앙의 졸속 행성에 충격을 금할 수가 없었다.

포효하는 기백은 간데없이 낙심한 은사님의 분노는 최고치다. 왕 선생님은 당황하고 계셨다. 신문에서 보도되었던 800억의 대망의 도전은 당진시의 외면으로 수포가 되었다고 하셨다. 그래서 은사님은 분개하고 계셨다. 극한 울분은 날 화내게 할 정도다. 졸속의 지방 행정에 소름이 끼친다. 은사님은 나와 아내를

번갈아 돌아가면서 본다. 처음에는 낯선 이방인으로 생각하시는 것 같았다. 만나 뵌 지 십수 년이 되었다. 그래서 몰라볼 수도 있겠지만…!

  내 소개를 먼저 했다. 그리고 아내와 함께 인사드리려 왔다고 했다. 그때서야 반갑다고 나를 격하게 포옹하셨다. 은사님은 긴 시간 나의 손을 잡고 눈물을 하염없이 보이셨다. 아내는 선물로 가져온 안성의 명물 청포도와 거봉 마스카트 포도 3박스를 하나씩 작업실로 옮겨 놓고 있었다.

  은사님은 날 끔찍이도 사랑했던 선생님의 부군이다. 서울 시립대학교 미술대학 학장님이셨다. 대한민국 미술 국전 심사위원장으로 명성이 자자하셨다. 고교 시절부터 대학까지 나는 줄기차게 시도 때도 없이 선생님을 찾아뵈었다. 언제나 따뜻하게 은사님은 사랑과 배려로 보살펴 주셨다. 은사님을 나는 왕 선생님이라고 불렀다. 어릴 때부터 지금까지 쭉 왕 선생님이라고 불렀다.

  왕 선생님의 작업실은 30여 평이 되었다. 작업실 옆에 침실과 주방이 있었다. TV는 3대가 나란히 각기 다른 방송을 시청하고 계셨다. 작업실에는 국내외 수많은 잡지에 실린 여성 모델 사진으로 가득했다. 그리고 색연필과 스케치북과 노트가 탁자에 주방에 화장실에도 한 무더기씩 흐트러져 있었다. 나는 그 어지러운 집안 물건들이 작품의 소재라고 생각했다. 버팀목이라 생각했다. 모두 다 소중하고 은사님의 남다른 노력의 현주소를 보는 듯했다.

 나는 가슴이 뿌듯했다. 여기 오기를 잘했다고 회심의 미소를 짓고 있었다. 아내는 거봉과 마스카트, 청포도를 주방에서 허락도 없이 수돗물로 깨끗하게 씻었다. 그리고 황금빛 나는 큰 접시에 3송이를 올려서 은사님께 대접했다. 은사님은 크게 기뻐하시면서 식탁에 함께 앉자고 하셨다. 미국에서 온 초콜릿 과자도 한 상자 내놓으셨다. 금쪽같은 제자가 왔으니 며칠 푹 쉬었다 가라고 후의를 베푸신다.
 은사님은 한참을 심각한 얼굴로 침묵으로 일관하셨다.
 무슨 일이 있으셨나!
 신문 방송에서 은사님께서 당진에 수천 평의 미술관을 800억을 투자해서 세계적인 "김창희 미술관"을 우미산을 중심으로 건립할 것 이라는 소문이 자자했다. 나는 아내와 함께 축하해 드리려고 이곳에 온 것이다. 안성에 포도를 7 상자와 미술 선생님과 중학교 때 찍은 다정다감한 사진을 표구 액자로 만들어서 가져갔던 것이다.
 나는 기다렸다. 그리운 미술 선생님이 보이질 않았다. 중학교 때 사랑과 정성으로 끔찍이도 생각해 주셨다. 모정의 사랑만큼이나 진하고 아낌없는 물심양면의 지원을 받아서 나는 공부를 할 수가 있었다. 선생님께서 상급학교로 진학시켰다. 선생님은 날 수재로 이끌고자 했다.

"실력 없인 인생을 밝힐 수 없다."라고 언제나 나를 채근하셨다. 안청중학교를 명문중학교로 만들겠다는 욕망으로 가득하셨다. 긴 시간 침묵으로 일관하시던 은사님이 말씀하셨다.

"당진은 내 고향이기에 그동안 서울에서 명예와 돈을 벌어서 고향으로 낙향하였네. 세계적인 조각공원 개장을 앞두고 몰방해서 미술관에 투자했는데 사기에 횡령에 허가 조건도 까다로워서 빈 깡통이 되었다."고 피 터지는 억울함과 울분과 자괴감을 느낀다고 분개하셨다.

왕 선생님은 1938년 9월 2일 충남 당진군 대호지면에서 출생하셨다. 홍익대학 미술대를 졸업했다. 그 후 홍익대학교 미술대학 조각과 대학원을 졸업하셨다. 모스크바 동양 예술 박물관 초대전을 비롯하여 뉴욕 한국문화원 초대전, 동경 한국문화원전, 오사카 영사관 초대전 등을 개인적으로 초대받았을 정도로 세계적인 조각가이자 대한민국을 빛낸 예술인이다. 왕 선생님은 한국 구상 조각의 전통에 기반을 두어 인간상을 주제로 인체의 비례와 볼륨, 양감과 질감 등을 통한 독창성을 추구하셨다. 자연과 인간의 관계에 관심을 두고, 지연과 사회 속에서 작품이 어우러져야 한다는 신념은 예술의 공공성을 위해 사회적 공간에 많은 조각을 제작한 것에서 잘 드러난다.

왕 선생님이 제작한 대부분의 인간상은 눈, 코, 입 등의 세부 묘사보다는 온화한 자태가 특징적이다. 여성의 인체를 통해 조형적 아름다움을 표현했고 유려한 형태미와 매끈한 표현을 연마한 청동 질감을 통해 조각의 풍부한 미감을 효과적으로 전달하고 있다. 나는 미술관 중에도 가장 많이 찾는 곳은 국립현대미술관이 아니다. 지금 있는 바우지움 미술관도 아니다. 내가 가장 많이 찾고 오래된 곳은 에버랜드에 있는 호암미술관이다. 왜냐하면 왕 선생님의 작품이 야외 전시장에 많았다. 공작새도 많아서 빼어난 왕 선생님의 작품 앞에서의 공작새의 비상을 나는 "비상 3"이라고 이름을 붙였다.

화려한 공작새 비상의 연출은 자유와 사랑과 행복과 저 높은 곳으로 비상하는 완벽한 예술의 경지를 느끼고 있기 때문이다. 수십 마리의 공작새들은 창살 없는 대자연에서 생활하면서 왕 선생님의 브론즈 앞에서의 연기와 예술의 극치는 어떠한 뮤지컬보다도 생동감 넘쳤고 아침햇살을 받아서 스펙트럼에서 수십 가지의 빛을 창출해 내는 비상의 예술이라고 자신 있게 말하고자 한다.

나는 힘찬 박수와 뛰는 심장을 진정하기 힘들 정도의 환희를 절감하게 되었다. 앞에는 호수가 있고 봄이 되면 꽃 천국이 된다. 호암미술관 행사에 나는 수십 년을 빠짐없이 참석했다.

38년 전 나는 이곳에서 보석과 순금으로 제작된 "천마총의 금관"을 사들인 적이 있었다. 호암미술관에서 최고가로 경매가 되었는데 선뜻 내가 입찰했고 지금도 소장하고 있다. 금관은 황금으로 만든 관이다.

  천마총의 금관은 1,262g 정도라고 해설사가 말하고 있는데 은을 조금 섞었고 부위별로 순도가 조금씩 다르다고 했다. 기술력이 부족한 것이 아니라 의도적으로 순도를 낮춘 것이라고 해설가는 말했다. 내가 소유하고 있는 천마총 금관은 진품은 아닐지라도 수제로 제작한 것으로 진품과 빼닮게 제작되어 있었다.

  우리 집 보물 금관은 산山 모양 장식을 겹쳐 올려 출出자 형태이다. 3단인 관총 서봉총 천마총으로 겹쳐 올린 입식을 세웠다. 뒤쪽에는 사슴뿔 모양 장식 한 쌍을 달았다. 봉황 모양을 옥으로 화려하게 꾸민 것이다. 나는 이것을 나의 "비상 3"이라고 이름을 지었다.

  공작새의 화려한 부채춤에서 비상하는 금빛 찬란한 천마총의 금관! 나는 늙고 고목 나무에 꽃과 단풍이 되었는데 금빛 찬란한 비상으로 새 아침을 맞는다. 그런데 세상은 박절하다. 그런 위대한 천재 예술가를 농락하고 이웃이나 지인들이 남 잘되는 꼴을 못 보는 고향의 인심이라니 분통이 터진다. 화난 호랑이가 병을 얻게 되니 천신, 지신, 수신에 기도하고 있는데 정성이 부족해서인지는 몰라도 기도발이 듣지를 않는구나!

  왕 선생님의 말씀인즉 "지인들과 부동산 중계자와 지방공무원들로부터 엄청난 사기를 당했네. 독수공방 폐허에 가까운 미술관을 지키는 노숙자와 다름없는 예술가로 추락했다네!" 하시면서 눈시울을 붉히셨다.

막대한 투자로 꿈꾸었던 세계적인 김창희 조각미술관은 토지 매입은 물론 웅장한 건축물로 공사착수에 들어갔는데, 갑자기 충남도청과 시에서 허가가 취소되었다고 하셨다.

"세상 살다가 이런 실수와 낭패는 있을 수 없다네."

예술의 창의성과 위대함을 무참히도 짓밟고 무시했던 제7공화국에 신물이 난다. 민주투사라는 사람이 어느 날 갑자기 실명제를 한다고 해 놓고 예술가를 탄압하고 발전을 저해하는 꼴불견의 중앙행정과 당진 지방 행정이다 하시면서 신랄하게 비난을 퍼붓더니 이내 눈물을 보이신다. 세계적인 예술가 브론즈의 거장의 눈물은 한이 서려 있었다. 참지 못하는 울분은 활화산의 분출로 살아 있었다. "그리고 자네를 친자식 이상으로 좋아했던 내 안식구는 충격에 경기도 광주군 퇴촌에 M 정신병동에서 생활하고 있네.

자네를 엄청이나 좋아하고 10년 교직에 수제자 일등 제자라고 했네! 면회는 되지를 않네. 좀 나아지면 데려올 생각이며 오게 되면 잊지 않고 자네한테 제일 먼저 연락을 주겠네."

은사님은 일방적으로 잊지 못하는 선생님의 근황을 두서없이 말씀하고는 식사하러 나가자고 했다. 나는 은사님과 선생님의 건강과 식생활을 묻고 은사님의 작업실에서 집밥을 먹자고 고집했다. 은사님께서는 찬거리가 없다고 했지만….

아내는 눈치 빠르게 쌀통에서 쌀을 씻고 있었다. 반찬은 가게에서 주문한 것으로 보이는 배추김치와 알타리와 고추장과 된장이 있었다. 작은 냉장고에는 돼지고기가 조금 있었다. 아내는 김치찌개도 끓이는 것 같았다. 은사님께선 스크랩된 모델 사진들을 보여 주셨다. 전국각지에 당신의 작품들을 소상하게 설명하고 계셨다. 에버랜드 호암미술관과 유명산에 전시된 수많은 나체의 여신들을 보여 주시면서 작품의 기법과 브론즈 상의 가치와 평가에 대하여 진중한 실력을 보여 주셨다.

 TV 3개를 각기 다른 채널로 틀어놓고 동시에 시청하셨다. 집중력을 삼각형 중심에 모을 수 있는 몰입의 기적도 터득할 수가 있었다. 그리고 수많은 모델 잡지와 색연필과 4H 스케치 연필은 메모지와 함께 무질서하게 흩어져 있었다. 좋은 생각과 엔도르핀이 발생할 때 기회를 잡기 위한 전시라고 하셨다.

 선생님은 10년 교직 생활을 하셨다. 은사님을 도와서 지금껏 내조하시다가 지난해에 꿈에 그리던 미술관 파산의 충격으로 화를 참지 못하고 조현병(정신분열병 : 환청, 환각)으로 비화하여 격리 수용되어 있다고 슬픈 사연을 말씀하고 계셨다. 그리고 아들은 미국에서 결혼해서 부부가 평범한 미술 교사로 어렵게 생활한다. 어쩌다가 안부를 전하는 효가 부족한 멍청한 아들이다. 딸도 미국에서 조각 부문의 애송이 작가이다. 사랑에 눈이 멀어서 건달을 만나 동거하는데 부모와 인연을 끊었다고 단호한 어조로 말씀하셨다. 나는 오직 잊지 못할 선생님의 근황을 더 듣고 싶었다. 날 지도하셨고 중학교 1학년부터 3년간 물심양면으로 열과 성의를 다하신 분이다. 사모님께서도 충격에 병이 나셔서 요양원에 나가게 되는 풍파에 휩싸이게 되었다. 은사님과 연애 중에 속리산에서 나병 환자들에게 납치되어 긴장감 넘치는 탈출 과정을 말씀하시면서 꿈과 자신감을 심어주시는 선생님, 하면 된다는 자신감을 강하게 심어주었던 잊지 못할 선생님이다.

내가 고교 시절에는 서울 관악구 남성동 넓은 자택에 브론즈 조각상들이 가득하였다. 토·일요일도 없이 전국에서 많은 예술인이 몰려왔고 지도를 받으려는 사람들로 초만원이었다.

내가 18살 때 가정교사를 할 수 있었던 것은 선생님의 도움이 컸다. 토요일마다 서울 종로구 화동에 하버드 독서실로 찾아오셔서 어린 나에게 정성을 다 쏟으셨다.

서울은 낯선 곳이다. 거처할 곳이 없어 독서실을 전전하면서 라면으로 허기진 배를 채우면서 2년간 어렵게 공부했다. 서울의 부잣집 친구들은 초라하고 보잘것없는 시골뜨기라면서 '거지집단의 반란'이라고 비아냥거렸다. 서울로 유학해서 출세해 보겠다는 것은 쉬운 일이 아니다. 가난과 신체적인 약점에서 희망은 없었고 어처구니없는 삶에 차가운 눈물을 많이도 쏟았다. 선생님의 야심 찬 계획은 성공했어도 나는 이를 이겨내지 못하였다. 아름다운 서울은 나에게는 지옥 같은 삶이다. 중학교 졸업과 동시에 믿었던 담임 선생님께서는 캐나다로 몸이 아파서 가셨다. 선생님께서 학교를 그만두셨다. 은사님의 브론즈 작업실에서 내조의 힘으로 새 역사를 창조하셨다. 낯선 서울에서 방황하고 있을 때 선생님께서는 늘 내 곁을 지켰다. 선생님도 학교를 그만두시고 부군의 아내로서 충실하셨다. 토·일요일은 선생님과 식사하고 영화도 한 편 보면서 날 물심양면으로 헌신하신 고마운 선생님이다. 선생님의 소개로 나는 서울 영등포구 도림동 양계장집 가정교사가 되었다. 파란만장한 삶이다. 이것이 내 인생의 과외교사가 되었고 삼류 강사의 시발점이다.

 아침에 일어나니 세상은 변해 있었다. 2년 동안 라면으로 허기진 배를 채우는 거지 같은 삶이었는데! 계란찜에 고기라니! 꿈을 꾸고 있는 것 같은 삶이다. 개인의 자유는 제한적이었으나 삶의 여유가 좋았다. 삶에 만족했다. 그때부터 나는 삼류 강사가 예고되었다. 가정교사-그룹과외- 학원 강사로 전전했다. 수많은 제자가 내 재산이 되었다. 어언 50년! 줄잡아 내가 지도한 학생이 수천, 수만 명에 이른다.
 2025년에는 "나의 삶과 기행"이라는 수필집을 낼 생각이다. 주변의 지인들로부터 찬사를 받고 큰 상도 받았다. 나는 지옥의 삶이었지만 바늘구멍에서 나오는 햇살을 기대하면서 이곳저곳의 문을 두드려 보았다. 내 주위의 모든 사람은 떠나버리고 변해버렸다. 바보 같은 곰퉁이 생활이었다 해도 나는 후회하지 않는다. 이것이 삼류 강사의 일화이다. 위기! 위기에 위기가 거듭되었지만, 여행은 내게 엄청난 힘과 생각하는 힘에 지혜와 사랑을 주었다. 다시 시작하라는 하늘의 계시를 엄숙하게 받아들였다.나는 입시계의 최고라고 할 수 있는 입시학원의 시간제 강사이다. 그리고 과외교사이다. 입시 현장에서 수험생들과 함께 호흡을 맞추고 생활하는 것이 좋다. 나는 삼류 강사이기에 가능하다고 본다.

  일류 강사가 되고도 싶지만 나는 삼류 강사이기에 이 자리를 지키고 있다고 생각한다. 수험생들도 부담이 없이 내게로 다가온다고 생각한다. 일류 강사가 되어야 돈도 벌고 인기도 있겠지만, 나는 정상적인 몸을 가지지 못하였으나 인기가 쳐지고 오랜 경험과 비법에서 도전해도 체력에서 밀리게 되니…! 아쉬움이 가득하다.

  항상 일류 강사는 아니기에 나는 삼류 강사로 만족한다. 2011년 6월, 용인 처인구 백암에 있는 구봉산에서 찍은 MBC 드라마에서 공부의 신에서 스포트라이트를 집중 받았다. 이에 2012년 7월 9일에 홈 스터디를 개원했다. 나는 60을 바라보는 나이에 학원을 개원한 것이다. 시샘과 비아냥거리는 사람들도 있었다. 그러나 수많은 제자가 있어 자신감이 있었다.해마다 기적의 대입 합격자들을 배출하게 되었다.

  2018년도 가을에는 친구의 추천으로 "나의 삶과 인생"이라는 수필을 써서 계간지 서울 문학에서 신인상을 받고 문인이 되었다. 중앙경제신문사 대기자의 추천으로 나는 짧은 시간에 화제의 인물로 급부상했다. 칼럼니스트 대기자 선생님과 인연이 되었다. 아침에 일어나니 나의 어제와 오늘의 기사들이 인터넷에 도배가 되어 있었다. 12월 20일에는 "수학 명강사"라는 타이틀로 서울시청 프레스센터 19층 기자클럽에서 2018년도 10대 화제의 인물에 선정되었고 권위 있는 잡지사인 리더피플에서 대상을 받았다. 수많은 스포트라이트를 받은 것이다.

2019년도에는 3·1절 100주년 기념 대한민국 모범 시민상을 받는 영광도 안았다. 교육부와 교육개발원에서 수학상과 창조상을 받았다. 3·1절 100주년 기념식에서 수학상을 수상했다.

"수학 강사 일검" 이름이 호명되자 2층에 있는 수험생들이 열광했다. 서울시청 대강당에는 제자들의 하트 사랑으로 시선을 집중시켰고 열기가 후끈했다. 많은 장애인에게 꿈과 희망을 심어주고 도전의 의지를 보여 주기 위한 호혜에 감사했다.

2025년의 새 아침은 구름 한 점 없이 찬란했다. 정치 사회는 지난해 말 대통령의 비상계엄으로 혼탁하고 무정부 상태가 요지경이다. 수입은 나날이 줄어들고 "수학과 문학의 기념관"은 물거품이 되고 있지만, 나의 정성과 사랑을 모아 모아서 2025년 봄과 함께 "비상의 서가" 오픈을 앞두고 있다. 을사년에는 모든 일들이 잘될 것 같은 예감이다.

비상의 서가
3rd rate writer in 2025 /**'s Bookshelf in 2025

나는 누구인가? 나는 그동안 소설 같은 삶을 살아왔다. 그리고 살고 있다. 내일은 분수에 맞게 낮은 자세로 노년답게 살려고 한다. 고목나무에 꽃 피우겠다고 헛된 꿈을 꾸지 않겠다. 베스트 작가의 꿈도 꾸지 않겠다. 나는 삼류 수학 강사이자 작가이다. 분수에 맞게 정서적으로 불평불만 없이 나만의 서가에서 조용하게 사색하고 글을 쓰면서 살아갈 것이다.

그리고 날씨가 따뜻해지면 꽃길 따라 자전거를 좀 더 많이 탈 생각이다. 나는 사계절 매일같이 자전거를 탄다. 자전거 타기는 나의 유일한 운동이다. 걷다가 넘어지는 일은 빈번해도 자전거 타면서 넘어지거나 다치는 일은 거의 없다. 자전거 타는 일은 일상생활이 되었고 아주 중요하다. 내가 할 수 있는 유일한 운동이기 때문이다. 60년 동안 줄기차게 자전거를 탔다. 70대로 접어드니 다리의 힘은 어느 날 갑자기 빠져나갔다. 꺼져가는 팔다리의 힘을 키우고 전신 운동을 할 수 있는 자전거 타기 운동이야말로 나의 수족과도 같이 소중하게 생각하고 있다. 2025년 을사년에도 저 높은 곳을 향하여 비상할 것이다.

나는 1972년 작품의 보물인 브론즈로 제작된 "비상"을 소장하고 있다. "비상" 작품은 브론즈의 대가 왕 선생님의 작품으로 저 높은 곳을 하여서 비상하는 연인의 포즈이다. 언제나 나의 서가를 지키고 있다. 봄이 오면 "비상의 서가"를 곧 개원할 것이다. 생동감이 넘친다. 브론즈 대가의 작가는 내가 중학교 때 미술 선생님의 부군이다. 선생님 덕분에 나는 공부할 수가 있었다.

초등학교를 졸업하고 중학교 앞 가구점에서 기술을 배우면서 일하고 있는데 선생님께서 몸도 불편한데 힘겹게 일하는 모습을 보고 내게 다가오더니 어느 날 모락모락 김 나는 따뜻한 찐빵과 만두를 먹으라고 주셨다. 이튿날도 그 전날도 오늘도 선생님의 그리움에 나도 모르게 선생님이 좋아졌다. 나는 고마운 선생님이라고 생각했다. 선생님은 퇴근길에는 내가 일하는 상구가구점으로 매일같이 찾아 오셨다.

비가 오는 날이다. 저녁에 선생님이 날 보러 오셨다. 나는 일을 마치고 퇴근하는 길인데 웬 행운에 복이야! 가슴이 뛰었다. 선생님은 우산을 빌려달라고 했다. 종일 비가 와서 파란 우산과 흰 비닐우산이 있었다.

나는 파란 우산을 드렸다. 내가 쓰던 우산이라서 선뜻 내드렸다. 선생님은 내 어깨를 바짝 끌면서 비가 많이 온다고 함께 식사하자고 했다. 저녁을 사주시겠다고 하셨다. 나는 어리벙벙했다. 가슴 저리도록 짝사랑하는 선생님이 내게 러브 콜을! 나는 가슴이 콩당 콩당 뛰었다. 우시장 사거리인데 미화장이라는 간판이 호화찬란했다. 안성에서 하나밖에 없는 최고급 양식집이다. 나는 양식을 먹어 본 적이 없어서 스프가 뭔지 돈가스가 뭔지를 몰랐다. 완전 거먹골 산내천의 촌놈이다. 나는 조금은 어색하고 쑥스러웠지만 선생님 얼굴만 봐도 기분이 좋아지고 가슴이 두근 두근했다. 나는 선생님께 용기 내서 고백할 것이 있다고 했다. 선생님은 궁금해 하시면서 호기심이 발동했다. 영화배우만큼이나 아름답고 예쁘셨다. 나는 겁은 났지만 고백했다.

"선생님! 언제나 고맙습니다. 그런데 선생님 제가 좋아해도 될까요? 선생님이 좋아요. 일하면서도 자꾸만 선생님이 생각이 나서 학교를 두리번거리곤 해요!"

그러자 선생님은 보석 같은 눈으로 윙크하셨다.

"오케이! 오늘부터 선생님이 너의 친구가 되어줄게. 솔직하고 용기가 있어서 좋구나!"

선생님은 화내지 않으시고 활짝 웃으면서 내 손을 덥석 잡았다. 내 눈동자에서 좋아하는 것을 읽고 최고급 양식집에서 식사하고 싶었다고 하셨다.

"기범이라고 했지? 기범이가 선생님을 좋아하고 보고 싶었다고 하니 선생님 마음도 안심이 된다. 선생님도 기범이한테 관심이 많고 좋아한다. 오늘은 선생님 봉급날이라서 주머니가 두툼

하다. 맛있게 많이 먹자." 선생님 얼굴은 열정이 넘치는 동백꽃 사랑이다. 영화배우 "문희"보다도 더 예쁘고 꿈만 같았다. 선생님은 칼로 돈가스를 자르고 호크로 찍어 먹는 법을 상세히 설명해 주셨다. 선생님 몫도 절반은 덜어서 내게 주셨다. 이렇게 으리으리하고 멋진 음식점은 처음이고 돈가스도 처음이며 호크로 찍어서 먹는 것도 처음이다. 그리고 식사하면서 대화하는 것은 몸에 익지를 않았다. 우리 집에서는 식사 중에 대화는 바로 죽음이다.

식사 중에 엄마를 찾다가 아버지로부터 작대기로 얻어터진 적이 한두 번이 아니다. 그런데 선생님과의 식사 중 대화는 조금은 어색했지만 나는 마냥 좋고 행복했다.

"기범아! 우리 학교는 친구들도 있겠다."

선생님은 내가 불쌍하게 보였는지 학교 친구들을 물어봤다. 세상에서 유일하게 나를 인정해 주시는 선생님이 고마웠다. 나는 고마운 선생님께 친구와 누나 이야기를 해주었다.

"제 친구가 입학시험에서 일등했어요. 신인구입니다. 그리고 3학년 이숙이 누나가 저의 외갓집 누나입니다."

순간 선생님의 큰 눈이 왕눈으로 변한다.

"와! 훌륭한 친구에 멋진 누나가 기범의 가족이라니! 숙이는 학교를 빛낸 웅변의 천재란다. 경기도와 전국 웅변대회에도 출전하여 우승한 무섭도록 똑똑한 학생이다!"

선생님은 입이 마르도록 숙이 누나 칭찬의 일색이었다. 그리고는 나의 신원조회가 궁금하셨는지 꼭 찍어서 나의 아픈 가정사가 궁금하셨다.

"그런데 기범이는 왜 중학교에 진학을 못 했니? 외갓집에 웅변의 천재도 있는데…!"

선생님은 내 눈을 빨아들이는 반짝이는 눈동자에서 사랑과 관심을 읽었다. 그리고 궁금하신 선생님께 지나온 이야기를 상세하게 말씀드렸다.

"저도 중학교 입학시험에서 일등했으면 갈 수 있었는데 못했어요. 아버지께서 가구점에서 기술을 배우라고 취직시켜 준 것입니다. 저의 집은 가난해서 학교에 갈 형편이 못돼서요."

그로부터 며칠 후에 외삼촌과 누나가 가구점으로 날 찾아왔다. 외삼촌은 농업고등학교 원예 선생님이었다. 학교 사택에서 생활하고 계셨다. 입학시험 때에 외갓집에서 일주일 넘게 신세를 진 일이 있다. 그런데 천사 선생님께서 누나한테 내가 일하는 곳을 알려준 것이다. 방학 때면 외갓집에서 공부하고 놀았는데 내가 찜한 친구 같은 누나였다. 누나는 또 외삼촌한테 선생님 이야기를 한 깃 같다. 외삼촌께서 나에게 재수해서 공부하자고 하셨다. 결국 아버지의 뜻을 거역해서 나는 집에서 쫓겨나 외갓집에서 생활하게 되었다. 학교 사택에서 6km나 되는 비포장도로를 통학해야만 했다. 외갓집 선생님은 숙이 누나에게 파란 신사용 자전거를 사 주셨다. 누나는 명덕초등학교까지 통학을 도맡아 도와주었다. 돌부리에 넘어져서 무릎에 상처가 성한 날이 없었다. 6학년을 두 번 다니는 수모에서도 공부에 몰입했다. 담임 선생님은 이번에는 어느 중학교에 가든지 수석 합격할 수 있다고 장담하셨다. 그런데 입학시험을 한 달 앞두고 외삼촌은 남한 원예고등학교로 전근을 가신다 했다. 누나는 당돌하게도 나와 헤어질 수 없다고 반항했다. 시골집 뒷동산 방공호에서 숨어 지냈다. 소문은 삽시간에 퍼져서 황순원의 "소나기" 속편이 나왔다고 일파만파 장안에 화제다. 머리에 피도 마르지 않은 청소년의 일탈이며 불미스러운 마지막의 이별로 누나는 안개처럼 사라졌다.

이런저런 수난에서도 입학시험에서 나는 수석 합격했다. 학교에서 실시하는 모의고사에서 연속 만점을 이어왔다가 중학교 입학시험에서도 흔들리지 않고 수석 합격했다. 올백 만점을 받았다. 그것도 진학을 물심양면으로 이끌어 주신 미술 선생님이 계신 곳에 안청중학교를 선택했다.

나는 어린 마음에서도 저 높은 곳을 향하여 비상의 꿈을 활짝 펴서 보이겠다는 욕망으로 가득했다! 선생님께서는 시험발표날 수석 소감을 묻는 선배와 선생님들 앞에서 단상으로 올라오셔서 드디어 네가 해 냈다고 하면서 나를 격하게 안아 주셨다. 나는 수석 소감에서 선생님의 큰 사랑의 결실이라 했다. 모든 일에 최선을 다해서 유종의 미를 거둘 수 있도록 하겠다고 자신했다. 다음에는 숙이 누나를 대신해서 또 다른 웅변의 여신 남옥자 누나가 나를 뜨겁게 환영하며 사랑한다고 웅변의 진면모를 보였다.

그로부터 6년 후에 선생님은 학교를 그만두셨다. 서울로 상경해서 조각의 신, 브론즈의 신이신 왕 선생님을 내조하여 서울 남성동의 자택과 작업실은 브론즈의 여신상들로 가득했다.

나는 사학의 명문 K대학교 공과대학에 입학을 했다. 선생님께서는 가장 아끼고 소중히 여겼던 브론즈의 여인상 "비상(1972년 작품)"을 선뜻 합격의 선물이라면서 주셨다. "비상"은 우리 집의 보물 1호로 나와 함께 동거한 지도 53년이 되었다. 그런데 왕 선생님은 당진 미술관 건축에 800억의 전재산을 투자하여 시기와 시대를 잘 못 태어나 적색 수표로 추락했다. 선생님은 큰 충격을 감내하지를 못하셨다. 그동안 우울증과 조현병으로 수년 동안을 병원에서 전전하다가 쾌차하셔서 미술에 뜻을 둔 미국에 거주하는 딸과 사위의 효도로 병세가 많이 호전되셨다고 한다.

나는 뜻하지도 않게 나의 수제자 방송작가로 일하고 있는 P작가의 호출을 받았다. 수일 내에 만남이 이루어질 것으로 생각한다. 바우지움 미술관에는 많은 사람이 사진을 찍고 진기한 풍경이 정겨웠다. 특히 정면 중앙에 세기의 보물 "비상 2"(1985년 작)의 브론즈는 내가 만나고 있는 선생님 부군의 작품으로 가족의 사랑과 행복을 위하여 하늘 끝까지 함께 비상한다는 뜻을 담고 있다.

신체적인 약점에서 나의 삶과 인생은 안개 속에 오뚝이 삶이다. 일어났다 쓰러지고 불타오르다가 꺼져버리고…! 그래도 나는 아주 불리한 조건에서 긍정적인 삶을 추구했다. 지체 장애를 극복하기 위해서 사회개혁과 복지를 주장했지만, 빛 좋은 개살구로 전락했으며 속 터진 울분으로 남다른 가시밭길을 걸어왔다. 1985년 결혼 일 년 차에 나는 29회 행정고등고시와 25회 사법고시에 도전한 적이 있다. 29회 행정고등고시 동기생들의 우정은 두터웠다. 난다는 정치의 실세들이 조금은 부러웠다.

100명 선발이었던 행정고등고시는 2차까지 합격하고 세종로 정부중앙청사 9층 면접시험에서 나는 낙방했다. 10분 면접시험에서 탈락의 주인공이 되었다. 나는 5공의 실세와 실정을 두서없이 신랄하게 비난했다. 경찰서에서 얻어터지고 삼청교육대가 아닌 시골로 추방당했다.

바람 부는 데로 불편한 몸이지만 전국을 누볐고 나는 일평생 수학 강사의 삶을 이어왔다. 수학 부문에서는 꼭짓점의 황금상까지 석권했다. 2018년 가을에 문학에 입문하자마자 불꽃놀이처럼 수학상과 작가상이 차고 넘쳤다. 사랑과 행복한 삶을 살아왔다고 자부한다. 그런데 2020년 코로나로 가정학습은 통째로 쓰나미로 침몰했다.

호사다마의 인생이라고 했던가! 코로나로 초조한 삶에 몸과 마음은 끝도 없이 추락하고 있었다. 전국의 난다는 기숙학원의 출강이 줄줄이 취소되었다. 문학의 산책과 호출도 빛을 잃게 되었다. 온라인 교육의 파장이 서서히 수면으로 뜨고 있었다. 나는 5년 전부터 온라인 교육을 착실하게 준비해 왔다. 홈 학습에서는 칠판 대신에 초대형 스크린에서 우리나라 스타강사들의 동영상을 시청할 수 있도록 배려했다. 내 인생의 가장 큰 위기에 직면해 있고 파란만장한 삶이다. 시대와 나이를 탓하기 전에 너무나 빠른 침몰인 것 같아서 화가 났다. 더구나 한 치의 오차도 없이 온라인 교육의 예측을 감지하고 선도적인 역할로 선보이면서 시행했는데 빗나가고 있다는 것은 가슴 아픈 일이다. 지인이 내게 이런 말로 위로했다.

"귀하는 깊은 산속 바위에 피어난 야생화 같다."라고 했다. 그는 청아한 불로초의 기운이라고 칭찬과 함께 격려해 주었다.

"삼천 강산 문장 백십이 루전대학중三千江山文章伯十二樓前大學衆" 초등학교 견여진 후배가 대형표구로 제작해 준 명언이다. 학원의 발전과 번영을 위하여!

많은 지인이 교육 열기로 뭉친 사조직을 만들고 새로운 아이디어를 창출해 보라고 충고했다. 과거에는 꽃이 피었지만, 지금은 꽃이 지고 있다. 미래에는 다시 꽃이 피기를 고대해 본다. AI 교육도 고심하고 있다.

항상 나는 "비상"과 가슴으로 대화한다. 나의 서가에서 나와 동고동락한 지가 벌써 다섯 고개를 넘어서 since 1972 벌써 53년이 되었다. 입학선물로 국보급의 보물 브론즈 "비상"의 저 높은 곳을 향하는 포효하는 기상은 끝이 없어라! 나 자신을 위로해 본다. 오늘도 "비상"의 힘찬 미소로 새 아침을 연다.

제5장
늦깎이 카톡 인생

어울림 미니홈피에서
늘봄의 필명을 가진 연극배우와 나는
어울림의 카톡친구였다

바쁜 일과에도
카톡으로 돈독히 정을 쌓았고
그리움이 넘치는 사랑의 카톡과
매일의 글들은 나의 마음을 설레게 했다

사랑이 싹트는 소리

2004년, 내 나이는 44세였다. 어울림 미니홈피에서 늘봄의 필명을 가진 연극배우와 나는 어울림의 카톡친구였다.

바쁜 일과에도 카톡으로 돈독히 정을 쌓았고 그리움이 넘치는 사랑의 카톡과 메일의 글들은 나의 마음을 설레게 했다. 그녀는 매일 아침에 시적인 편지글과 자작시를 내게 보내왔다. 사계절 그리움이 가득했다.

"노을 지는 강가 찻집에서
당신을 처음 만나던 날
여린 가슴 콩닥 거리는 소리 들으셨나요
사랑이 싹트는 소리였는데…!"
당신이 보고플 땐
에세이에 모자이크하듯 곱게 수놓아 담습니다.

글 속의 당신
미소 지으며
날 사랑한다 하더이다.

당신의 사랑
내 가슴에 영원히 촉촉이 스며들 거라 생각합니다.

흰구름 떠 가는 쪽빛 하늘에
당신 이름 내 이름
꼭꼭 새겨 놓았어요.

사랑이 넘치는 별들의 궁전에서
당신과 영원히 살고 싶습니다.

별 초롱한 밤 은하수 강 언덕에서
당신의 하얀 가슴에 처음으로 안겨 보고픈데….
괜찮아요?

당신도 수줍다고요?
사랑의 기쁨을 알게 해 준 당신 고맙습니다.

그런 당신을

먼~ 훗날까지 영원히 사랑하렵니다.

그녀는 나에게 적극적인 사랑의 카톡을 보내왔다. 나는 7년을 한결같이 어울림에서 카톡을 주고받으면서 인연은 깊어만 갔다. 여러차례 만남을 그녀는 요구해 왔다. 그러나 입시를 앞둔 학생들의 지도에 바쁘다는 이유로 나는 차일피일 만남을 기피했다.

나는 매일같이 그녀와 카톡과 메일을 주고 받았다. 그러나 나의 약점을 말하지 않았다. 보고 싶은 마음은 굴뚝 같으나 선뜻 만날 용기가 나질 않았다. 그녀는 30대 초반의 미혼녀다. 나는 그녀와 연락을 하면서 시간이 나면 카톡에 광적이다. 사진으로 볼 때 예술적인 미모에 목소리도 곱고 리더십이 있고 적극적이면서 소심한 여인 같았다.

나는 어릴적 소아마비로 경미하게 오른쪽 다리가 불편했다. 그러나 절망하지 않고 나는 창창한 내일의 꿈과 희망을 품고 열심히 살면서 좋은 모습을 보이겠다고 항상 낮은 자세로 임했다.

나는 수학 강사이다. 수험생과 학부모들의 인기로 삶을 연명했고 그녀는 소극장 대공연을 모두 소화하는 실력 있는 연극인이다.

나는 신체적으로 아주 불리한 조건에서도 자전거로 전국을 투어할 만큼 운동을 좋아했고 악발이었다. 서울 명문학원을 두루 걸친 수학강사이나 돈과는 인연이 없었다. 쉽게 번 돈 쉽게 나가는 악순환이 반복되었다.

  7공화국에서는 IMF로 학원과 서점에 막대한 피해를 경험했고 21세기 첫해에는 친구이자 학부모에게 연대보증 건으로 전 재산을 탕진했다.

  아주 어렵고 힘든 상황인데, 나는 어울림 미니홈피에서 그녀를 알았다 카톡을 매일 주고 받으면서 사랑이 싹트고 있다.

국립극장의 뮤지컬

나는 그 당시에 뮤지컬에 관심이 많았다. 예술인의 모체인 국립극장 뮤지컬을 귀빈석보다도 좋은 연극배우 가족석에서 볼 수 있는 행운이 주어졌다.

죽마고우 마리아의 큰 딸은 "필"이다. 성은 허씨에 이름은 "필"이라는 외자를 쓰고 있었다. 나는 필의 수양아빠가 돼서 3년간 국립극장의 모든 뮤지컬을 볼 수 있는 호혜를 누릴 수가 있었다.

필은 수 년전에 아빠가 교통사고로 하늘 나라로 소천하셨다. 나는 엄마의 소중한 친구이기에 필은 아빠이상으로 나를 좋아하고 의지했다. 자주 만남의 자리를 가졌고 쉬는 날에는 여행이나 백화점 쇼핑을 하면서 수양아빠와 딸의 사랑이다.

내가 거동에 불편이 있으니 항상 팔짱을 끼고 다녔고 국립극장에서는 효녀문을 따로 만들어주겠노라 했다.

"저의 젊은 아빠가 되어 주셔서 감사합니다. 어머니께서는 죽마고우 친구라고 엄청나게 자랑했어요."

필은 날 멋진 아빠라고 추켜세우면서 친딸 이상으로 어리광과 재치와 유머로 다가왔다. 필은 아빠 사랑을 모르고 성장했기에 사랑이 남달랐다.

친구 같은 아빠! 연인 같은 아빠! 선생님 같은 아빠…!

필은 날 보면서 백 가지 얼굴을 가진 멋쟁이 아빠라고 좋아했다. 나는 딸과 언제나 손을 잡고 대화했다. 학생들이 공부를 등한시할때나 마음이 불안할 때 손을 잡고 기를 심어주면 효과가 좋아진다. 아주 오랜 세월 학생들을 밤낮없이 지도하다 보니 그들의 눈을 보면 생각과 진로가 보인다.

어느 때는 나 자신을 보면서 놀랄 때도 있었다. 철학이나 심리학을 공부한 것도 아닌데 상대방의 마음을 읽기 때문이다. 수양딸 필은 뮤지컬 배우로 대성의 기질이 확실했고 흑진주의 두 눈에서 강렬한 혼불이 불타고 있었다.

나는 필과 마주 앉자 다정다감하게 커피를 마시면서 어머니는 인정과 배려심이 돋보이셨다고 전해 주었다. 지난날의 젊음과 사랑과 낭만에 대하여 이야기를 거침없이 해 주었다.

"아빠께서는 우리 엄마 무진장 좋아하셨을 것 같아요.

아무튼 좋아요!" 필은 신바람이 났다.

"제가 수양 딸이 되어서 행복하게 해 드릴게요."

장소에 구애받지 않고 내가 만나자하면 신바람이 났다. 그때부터 국립극장 뮤지컬 배우들은 물론 관계자들도 나에게 극진한 대접을 해 주었다.

필은 한양대를 졸업하고 연극계에 혜성처럼 나타나 국립극장 뮤지컬의 주연배우가 되었다. 뛰어난 가창력과 춤에서도 당연히 톱스타였다. 뮤지컬에 아빠의 자리를 마련해 주는 사랑과 정성이 돋보였다. 특출한 미모와 덕성을 고루 갖춘 능력이 있는 천재 배우였다. 그렇게 3년간 국립극장 뮤지컬의 톱스타 필 가족이 되었다.

나는 적극적인 필의 호출로 인하여 예술에 관심을 가지게 되었고 훗날 예술인협회에서도 활동하는 기회의 삶이 되었다.

은밀한 사랑의 카톡

　어울림 미니홈피에서 봄이의 호출을 받는다. 자칭 나의 제자라고 밝힌 봄이는 연극배우였는데 필의 선배였으나 나에게 이렇다 할 연극배우라고 떠벌이지 않았다.

　나는 그녀와 까톡에서 연인 같은 친구가 되었다. 연극 배우였기에 활기찼고 직선적인 사랑이 좋았다. 아침 인사는 일상적이었고 사사로운 일까지 문의하는 연인같은 사랑이다. 내가 보내는 카톡글을 그녀는 좋아했다. 늦은 밤까지 은밀한 대화에 그리움은 쌓이고 폭발하기 직전으로 감정을 주체할 수 없는 경지에 이른것이다.

　2011년 여름이다. 나는 마음이 울적했다. 그녀에게 죄를 짖지 말고 진실을 말하고 싶었다. 신체적인 약점을 진솔하게 고백했다. 그리고 장문의 편지를 써서 보냈다. 편지 속에는 내가 아직도 결혼을 못한 이유도 상세하게 써서 보냈다.

  내 생일은 음력 7월 7일, 칠월 칠석날이다. 견우와 직녀가 만나는 날이 지났으니 내 나이도 이제 51세가 되었다.

지난날의 사랑과 고행

　나는 외갓집 4촌 누나를 좋아했다. 초등학교를 졸업하고 나는 읍내에 한 가구점에 취직했다. 오동나무 장롱도 만들고 판매도 했던 소문난 가구점이다. 그런데 2개월 만에 쫓겨났다. 아버지가 무서워서 집에는 들어갈 수 없었다.
　어머니가 외삼촌 집에서 누나와 동생들과 함께 생활하기를 원했다. 외삼촌은 1남 5녀의 대가족이었다. 나는 외갓집 덕분에 공부할 수 있었다.
　누나는 몸집이 또래보다 크고 성숙했으며 6km의 비포장도로인데 자전거를 태워서 통학을 시켜주었다. 그런데 중학교 입학시험을 한 달 앞두고 연말에 교사 이동이 있었다. 외갓집은 전근을 앞두고 어수선했다. 차가운 생이별로 이산가족이 되었다.
　나는 그리운 누나에게 매일 편지를 썼다. 누나도 매일 내 꿈을 꾼다고 눈물로 얼룩진 감성의 편지를 보내왔다.
　그리고 3년 후에 만났다. 누나를 만나기 위하여 눈 속에 갇히는 죽음도 경험했다. 나는 누나가 편안하고 좋았다.

둥근 달이 유난히도 밝았다. 남한산성으로 뻗은 곧은 신작로에는 아직도 녹지 않는 눈길로 환상의 설경이 펼쳐졌다. 사랑으로 올인하자고 완전히 미친 누나가 야밤에 날 유혹한다. 칼바람은 정지상태인데 보름달이 소나무 가지 위에서 활짝 웃고 있었다. 그 옛날 헤어짐이 아쉬워 동굴 속에서 동침했던 일화에 누나는 회심의 미소를 지으면서 몸이 으스러지도록 껴안고 어설픈 사랑을 했다.

얼마나 지났을까! 첫사랑을 축하라도 해 주듯 하늘에 있는 둥근 달무리가 선명하게 내리쏟고 있었다. 그로부터 7년 후에 누나는 바람처럼 사라졌다.

두 번째 인연은 펜팔 친구였다. 양동이로 쏟아붓는 빗속에서 천둥번개와 벼락도 두렵지 않았다. 시골 집에 놀려 온 경란과 자전거를 타고 6km가 넘는 읍내 고속버스 정류장에 도착했다. 속살이 훤히 보이는데 생쥐가 되어서 고속버스를 탔다. 서울에 도착하니 강남고속도로 정류장은 물바다가 되어 있었다. 그래서 서초 육교에서 날 밤을 새웠던 추억이 있는 절친의 친구였다.

최전방 감악산이 있는 파주에 사는 25살 동갑내기 친구이다. 학생 때부터 6년 동안 허물없는 친구로 지내다가 결혼을 생각하고 있었는데 부모님의 호출을 받았다. 나는 서울 은평구 불광동 시외버스를 타고 최전방 적성면 마지리까지 갔다. 부모님은 나에게 후하게 음식을 대접했다.

  친구 아빠는 눈썹을 추켜세우면서 터놓고 이야기를 하자고 곱씹었다. 친구의 아버님께 술 시중을 드렸다. 만나지 않겠다는 각서를 쓰고 사인과 인장을 찍으라고 했다. 나는 반항하지 않고 순종했다. 정신적 피해 위로금으로 일천만 원의 거금을 주겠다고 했다.

  이른 새벽에 친구는 초췌한 모습으로 얼굴과 팔다리에는 붕대를 감고 있었다. 인간의 폭력과 잔인성을 알았다.

  세 번째 인연은 인간 존중의 말기를 보았다. 몸이 불편한 자는 결혼 조건에서는 빵점을 경험했다. 나는 시골의 한 여자를 선보게 되었다. 전화는 몇 번 주고 받던 여자였다. 같은 동리 S보험 설계사인데 삼은리에 사는 여자가 내게 관심을 두는 것 같다고 하면서 연결해 주겠다고 했다.

  나는 하루 전에 그녀한테 전화가 와서 만나기로 했다. 다방에서 차 마시고 카페에서 양식 먹고 영화 구경까지 생각했다. 유신고속버스정류장 앞 다방에서 만나기로 했다. 그런데 그녀는 오지 않았다. 설계사는 약속했으니 기다려보자고 했다.

  약속 시간 30분이 지나 그녀 대신 무식한 아버지라는 사람이 왔다. 나는 의자에서 일어나 정중하게 인사 올리고 부동자세를 취하고 있었다. 불곰 같은 그 남자는 나에게는 관심이 없고 설계사 아주머니에게 시비를 걸고 있었다.

  "절름발이 불구자는 내 사위가 될 수 없다!" 하면서 벼락같이 소리친다.

 기가 막힌다는 조롱과 비웃음이 지나쳤다. 다방에 손님들의 시선이 일제히 나에게로 쏠린다. 살기 돋친 눈을 부라이면서 그 남자는 광기를 부렸다. 삽시간에 다방은 아수라장이 되었다. 나는 화가 머리끝까지 솟구쳐 쓰러지기 직전이다.

카톡 인생

나는 죄인이다. 봄이에게 용서와 함께 이별을 통고했다. 그런데 며칠이 지난 후에 뿔이 난 그녀가 예고없이 찾아왔다. 학원 강의가 막 끝났는데 상담실에 어느 낯선 여인이 찾아왔다. 나는 소스라치게 놀랐고 얼굴이 화끈거렸다. 그녀가 상담실에서 기다리고 있었다.

애써 첫인사는 자연스럽다. 매일 보는 사람처럼 밝고 아름다운 그녀는 전혀 낯설지 않았다. 날씬한 체구에 두 눈은 호수같이 맑고 빛났다.
"선생님, 안녕하세요?"
그녀의 목소리는 차분했고 공손했다. 나는 죄인 심정으로 그녀에게 악수를 청했다.
"반갑습니다."
그녀는 두 손으로 그동안의 애정을 담아서 내 손을 꼭 잡았다.

몇 초 동안을 날 쏘아보면서 얼굴이 굳어 있었다.
 할 말을 잃고 나는 "식사하러 갈까요?" 하면서 헛말까지 나왔다.
 깜짝 놀라는 그녀다. 숨을 고르며
 "넷...? 좋지요 저도 배가 출출합니다."
 그녀는 여유가 있었다.

 어둠은 깔리고 자동차 안이다. 그녀도 긴장한 탓일 것이다.
 "차가 안정감 있고 좋네요! 오늘 맛있는 것 사주세요?"
 "아니, 제가 사드리겠어요!
 제가 오늘 봉급을 탔거든요."
 그녀는 조금은 당황한 듯 질서 없는 말과 행위가 조금은 어색했지만 성격이 급한 것 같다.
 나는 겁먹은 얼굴로 그녀의 시선을 맞추고
 "죄송합니다. 메일은 읽어보셨는지요?" 하고 물었다.
 그녀는 대수롭지 않다는 뜻으로 내 눈을 맞추면서 차분함을 애써 표현했다.
 "네, 두 번 세 번 하루 종일 선생님 메일만 봤어요. 저의 마음을 울리는 감동적인 수필이었습니다. 그래서 제가 선생님을 존경하고 좋아한 것 같아요!"
 나는 그녀에게 용서를 구했다.
 "용서하십시오! 7년동안 죄목이 너무 크고 황당합니다."
 갑자기 그녀의 얼굴이 붉어진다. 금방이라도 울음이 폭발하기

일보 직전이다. 두 손을 모아서 나를 뚫어지게 쳐다보면서도 떨고 있었다. 눈에는 눈물이 가득했고 사랑을 고백했다.

"저의 사랑은 일편단심입니다. 선생님의 이별 서신은 저를 화내게 했어요. 제가 선생님을 얼마나 좋아하고 사랑하는 줄 아시나요? 매일 아침저녁으로 선생님과 함께….

7년이라는 세월동안 많이 생각하고 고민을 했는데 선생님의 장문의 글은 저의 도움을 필요로 하는 선생님의 눈물의 고백으로 생각합니다. 예전에 선생님이 몸이 조금 불편하신 것 알아요. 제가 재수생 시절에 선생님의 강의를 들은 적이 있어요.

서울역 명문학원에서요."

그녀의 말은 거침이 없었다. 그리고 나는 말문이 막혔다.

"선생님을 뵐 때면 저의 아빠 생각이 나요. 저의 아빠께서는 저를 엄청나게 좋아하고 사랑했어요."

그녀의 말은 거침이 없었다.

"죄송합니다. 저는 선생님에 대하여 관심이 큽니다. 선생님께서 화내시면 저의 꿈과 희망이 산산이 조각이 나서 메일에서는 말씀을 못 드렸어요. 이제부터 선생님의 수족이 되어드리면 안 될까요?"

그녀는 불안한 내 마음의 천사였다.

"고마워요. 이해해 주시니 이제 긴장이 풀립니다. 내 제자라니 정말 몰라봐서 미안합니다. 그리고 반가워요."
　나는 말꼬리를 흐리면서 주관을 잃고 있었다.

"선생님의 이별 메일은 사랑을 일깨워 주었습니다. 선생님의 남모르는 아픔과 울분을 누가 알겠어요."
　그녀의 언변은 내가슴을 녹였다.

"저는 7년을 한결같이 카톡친구로 선생님 생각뿐이었어요.
　너무 아끼고 사랑하기 때문에 이별을 통고하셨는데 저는 수용할 수 없습니다. 글 한 줄 한 단어에서도 선생님의 사랑은 간절했어요. 선생님의 마음을 일사천리 읽을 수 있었습니다. 용서하세요! 선생님…!"
　그녀의 말과 행동은 직선적이었다.

늦깎이 사랑

가로등 불빛 아래 자동차 안이다. 그녀의 애교 있는 눈물샘이 터졌다. 눈물로 가득한 그녀의 두 눈은 추하지 않았다. 내 마음이 흔들린다. 겁 없는 돌발 행위에 나는 당황했다.

사무치는 그리움에 완전 이별의 사랑은 180도 역전이 되어서 그녀의 사랑에 혼이 나갔다. 좁은 공간에서 중심을 잃은 나 자신의 초라함이 싫었다. 나는 조심스럽게 그녀를 관찰하고 있었다.
"울지 마세요. 봄이 님! 임의 마음을 헤아리지 못해서 미안합니다."
나는 울고 있는 그녀의 눈에서 불타는 사랑을 읽었다. 살며시 안고 사랑을 고백하고 싶다!
그런데 갑자기 내 오른쪽 어깨로 얼굴이 돌진한다. 나는 안전벨트를 풀고 눈물로 얼룩진 그녀를 격하게 포옹했다.
초면인데 어색함은 없었다.

"선생님! 죄송합니다. 선생님을 만나 뵈니 감정을 주체할 수가 없어요. 이렇게 따뜻한 선생님인데 이별 통지문은 없던 것으로 하겠습니다."

그녀의 목소리는 그리움과 사랑이 충만했다. 나는 그녀의 기분을 맞춰주고 있었다.

"알겠어요. 내 곁에 봄이가 있으니 나도 행복합니다."

오늘 나는 처음으로 사랑을 고백했다. 어울림 미니 카페에서 매일처럼 글로 그녀의 마음을 유혹했지만 차 안에서 첫 만남인데 전신이 후끈 달아올랐다.

"선생님! 저는 선생님이 전부입니다.

선생님 없이 하루도 못 살아요. 꿈에도 선생님뿐입니다."

그녀는 목타는 사랑을 고백했다.

나는 그녀의 이마에 가볍게 입맞춤을 했다. 순식간에 그녀는 내 입술을 훔치고 있었다. 나는 소극적인데 그녀는 적극적이다. 어울림 카페에서도 지금의 차 안에서도 …!

그녀는 경남 하동에서 어머니께서 농업에 종사한다고 했다.

섬진강 상류 끝자락, 쌍계사 가는 십리 벚꽃길에서 차를 재배하시는 어머님이 살고 있다고!

아빠께서는 고교 시절에 운명하시고 어머니가 혼자 산촌에 사신다고 했다.

나는 시골에서 어머님 혼자서 차 재배 농사를 하느냐 물었다. 그녀는 우물쭈물하더니 표정이 바뀌면서

"네! 오늘 어머니를 찾아뵈어야 하는데 선생님의 호출로 가지 못했어요." 하면서 그녀는 갑자기 눈물을 글썽인다.

"엄마께서 많이 아파요. 생사를 오가는 위암 3기랍니다." 하면서 울먹인다. 나는 깜짝 놀랐다.

"봄이 님! 무슨 말을 하세요 ? 제정신입니까?

당연히 엄마한테 가야죠 !"

나는 머리가 띵하니 아팠다.

"네 맞아요 .선생님의 이별을 받아들이고 마지막 인사를 드리려고 선생님을 찾아뵌 것입니다."

"그녀는 다시 흐느끼면서 운다. 도깨비에 홀린 기분입니다."

나는 그녀의 마음을 달래고 있었다.

도깨비가 된 기분

하동집으로 갑시다. 나는 고속주행하면서 속도를 높이고 있었다. 그녀는 자신의 삶이 나의 삶과 닮은꼴이라 했다. 그래서 나를 좋아하게 되었고 사랑할 수 있다고 했다.

나는 반문했다.

"이 야심한 밤에 봄이네 집을 가도 되는지요?"

그녀가 답했다.

"엄마가 좋아하실 겁니다. 제가 엄마한테 선생님 말씀드렸어요. 낯선 서울에서 선생님을 만나 많은 지도와 도움을 받고 있다고 했어요."

서울 예술전문대를 지원했는데 낙방했어요. 재수하면서 서울역 명문학원 종합반에서 선생님의 강의를 여러 번 수강했어요. 지금도 머리에 생생합니다.

그리고 선생님께서 몸이 불편하신 것 어머니는 알고 계십니다.

어머니께서는 불편한 몸으로 대단하시다고 칭찬하셨어요. 그렇게 도움을 많이 받는다면 동거한 것 아니냐고 의심하셨어요. 그래서 저는 엄마한테 선생님 모시고 살고 싶다고 했어요.
　엄마는 가문의 영광이라고 했습니다!
　나는 그녀가 소설을 쓰고 있는 이야기를 경청했다. 이러한 사연은 카톡방에서도 아주 생소한 이야기였다.

　카톡과 메일에서 오랜 세월 그리움에 사랑을 고백했어도 지금껏 동거나 결혼 이야기는 주고 받지 않았다. 한결같이 오늘과 내일의 할 일을 찾고 그리움과 사무치는 사랑과 울분을 나누었을 뿐이다. 그녀는 걱정하지 않아도 된다고 했다. 나를 꼭 동행해서 엄마한테 선보일 생각인 것 같았다. 도깨비에 홀린 기분 같다.
　그녀는 갑자기 가느다란 손가락으로 얼굴을 가리고 깜찍하게 예쁜 도깨비가 되겠다고한다. 그러더니 두 손을 활짝 펴면서 우리는 이제 한 쌍의 도깨비가 엄마를 찾아뵙는 것이라고 커다란 두 눈이 반짝이고 있었다. 환상의 도깨비 같다. 봄이는 나에게는 착하고 예쁜 도깨비다.

　7년을 한결같이 사랑의 카톡 글만 해도 수십 권의 수필이나 소설의 소재로도 활용할 것 같은 분량이다. 이 많은 사연들을 책에 낸다면 나는 수백가지의 러브스토리의 실체를 사랑으로 표출할 수 있을 것 같다. 먼 훗날에 작가가 되여서 굶주린 그녀에게 사랑과 행복을 선물하고 싶다. 우리의 사랑 이야기는 아주 특별하기 때문이다.

 7년 동안 나는 땅속에서 그녀에게 두더지 편지를 썼고 그녀는 암흑속에 피어난 야생화를 보듯이 온정의 손길이 우리의 사랑이다. 나는 그녀를 차에 태우고 야밤에 미친 듯이 지리산을 향하여 달리고 있었다. 고속도로는 전세를 낸 듯 한산했고 그녀의 사랑은 건재했다.

산중 휴게소에서의 사랑

 도깨비 혼에 빼앗겨 지리산 산중 휴게소까지 왔다. 휴게소의 전광판도 꺼져 있었고 간혹 차도의 외등만이 쓸쓸하게 졸음 쉼터 같았다. 남원을 지나 한참을 왔는데 휴게소 간판불도 꺼져 있어서 휴게소 이름도 읽지를 못했다.
 야밤에 먼 길까지 왔는데 이러지도 저러지도 못하는 심정이었다. 20분이 지났는데도 그녀는 꿈속 여행을 제대로 하고 있었다. 고개를 편하게 기댈 수 있도록 배려해 주었고 아름다운 그녀에게 이별 선언인데 복이 넝쿨째 굴러왔다. 나는 운수가 좋은 날이다.
 아니 봄이가 내 사랑이라면 나는 세상을 전부 얻은 기쁨일 것이다. 봄이를 아끼고 이 세상 끝까지 사랑할 것이다. 그녀는 초심부터 적극적 사랑이었다.
 나는 자신감을 잃고 소극적 사랑이었는데 오늘부터는 그녀를 갖고 싶은 욕망이 싹트고 있었다. 그런데 갑자기 그녀가 잠꼬대한다.

"○ 선생님! 저 선생님 떠나면 못살아요."

"○ 선생님, 저 선생님 많이 사랑해요."

그녀의 잠꼬대가 심한 것 같았다. 나는 침착하게 그녀의 안전띠를 풀고 흔들어서 잠을 깨웠다. 잠결인지 그녀는 순식간에 얼굴을 내 가슴에 묻는다. 그리고 목멘 낮은 소리로 아끼던 사랑을 고백한다.

"사랑해요! 선생님…!"

그녀는 두 팔로 내 허리를 힘껏 끌어당기고 있었다. 나는 탄력있는 그녀를 안고 있었다. 이성의 사랑의 밤은 깊어만 갔다.

아침 산책

그녀와 하얀 밤을 새웠는데도 피곤은 감쪽같이 사라진다. 경남 하동의 차 밭의 기운과 그녀와의 사랑의 힘으로 기운이났다. 그녀의 하동의 차 밭은 지리산 자락에 위치했다. 아침안개와 지리산의 맑은 공기가 피곤을 한방에 털어버렸다. 섬진강의 영향을 받아 최적의 차 재배 환경을 갖추고 있었다.

그녀의 집은 화개면 화개중학교 주변의 야생화 차밭인데 수령 300년이 넘은 차나무들이 자생하고 있어, 그 역사적 가치가 높다고 했다. 경사진 산비탈을 따라 계단식으로 조성된 차밭의 모습은 어머니의 정성과 사랑을 엿볼 수가 있었다. 나는 그녀와 함께 끝도없는 차 밭을 산책했다. 차밭에 쉼터와 긴 나무의자와 그네도 만들어 놓으셨다. 그녀는 내가 올 줄을 알고 엄마께서 만들어 놓으셨다고 했다. 순간 나는 몸과 마음에 엔돌핀이 활짝 피어나는 것 같았다. 그녀도 신바람 났다. 그네를 함께 타자고 했다.

나는 그녀와 함께 그네도 타고 긴 의자에 앉아도 보았다. 그녀는 어제부터 나한테 짝 붙어 있었다.
"저 한번 안아주세요?"
상큼하게 그녀는 작은 얼굴을 내민다. 나는 무안했다. 어머니가 우리의 산책 모습을 지켜보시는 것 같았다.

그녀는 행복한 미로의 꿈과 야망을 머리에 그리고 있었다. 청춘으로 돌아간 기분처럼 행복한 아침이었다. 그녀는 내 팔을 두 손으로 꼭 잡고 걸으면서 이제부터는 청춘처럼 살자고 했다. 팔팔한 청춘의 욕망으로… 그녀의 신바람 노래가 좋았다.
"퇴직하면 함께 이곳에서 살아요! 이곳에 오면 결혼해서 행복하게 함께 살아요. 저 아내로서 자신있어요. 선생님은 복덩이를 얻은 것입니다!"
그녀는 모든면에 자신감이 차 있었다.

계단식 차밭 중앙의 흔들의자에 앉았다. 그녀가 다시 바짝 붙여 앉는다. 내 눈을 뚫어지게 쳐다본다. 그리고는 돌연 돌발적이다.
"안아줘요. 추워요! 해가 뜰 때까지만 꼭 안아주세요!"
그녀의 목소리가 사랑스럽다. 일출 직전이다. 섬진강 삼백리 벚나무 초록 녹음이 장관이다. 금빛 찬란한 햇살을 받으면서 나는 그녀를 뒤에서 힘있게 안고 있었다. 그리고 달콤한 아침키스도 주고받았다.

어머니와 상면

그녀의 모친은 병색이 완연했다. 자신이 손수 재배하시는 차밭은 천여 평이 된다고 했다. 그녀가 고등학교에 입학하는 날 아버지는 교통사고로 화개장터에서 운명을 하셨다고 했다. 홀로 단신 외동딸 그녀를 위하여 살아오셨다고…!

아버지는 소아마비로 한쪽 다리를 잘 못 쓰셨는데 사고로 그녀가 여고 시절에 하늘에 별이 되셨다고 어머니는 눈시울을 붉혔다. 아버지의 끔찍한 사랑을 받아온 그녀는 서울 명문학원에서 날 만나 카톡으로 인연을 맺고 냉가슴으로 짝사랑하면서 아버지 생각이 절절했다고 술회했다.

이 무슨 운명의 장난인가! 나는 어머님께 큰 절을 올렸다. 안절부절을 못하시는 어머니는 내 손을 덥석잡았다. 우리 딸을 지켜달라고 말씀하셨다. 아빠는 그녀가 17살에 돌아가셨는데 보육원 출신이라서 일가친척이 없다고 하셨다.

그녀의 아빠는 외동딸이 신동이란 소문이 자자해서 날마다 신바람나게 차밭 농사에 집중하셨다. 하동고등학교 입학시험에서도 그녀는 수석을 차지하여 화개장터에서 화제의 인물이었고 잔치를 마치고 오던 중에 버스에서 내려다가 넘어져 사고가 난 것이다. 한 가족의 사랑과 행복과 평화는 쑥대밭이 되었다.

방황하는 그녀는 서울로 가출했다. 대학로를 서성이다가 한국모델센터의 매니저의 눈에 띄었다. 잡지 모델로 전격 제안을 받고 예술인의 꿈과 야망으로 고집이 불통이지만 혜성처럼 떠오르는 연극계에 스타가 꿈이었다. 필 동생같은 국립극장의 오페라 주연배우가 되는 것이었다.

우연히도 어울림 미니홈피에서 나는 봄이를 만났고 새침데기 봄이는 학원 선생인 날 만나 사랑하게 된 것이다. 어울림 미니홈피에서 함께 친구를 맺은 벗인데 여태껏 새침을 떼고 있었던 그녀는 온화한 성격에 카리스마가 있었다.

그녀는 정갈한 아침상을 차렸다. 엄마는 하나에서 열가지 모두다 나에게 소상하게 말씀하셨나. 갑자기 내 손을 꼭 잡고 봄이의 아빠와 얼굴도 닮았다고 하셨다. 부부의 정이 돈독함과 그리움이 얼굴에 가득하셨다.

어머니는 일벌레라 하시면서 봄이를 끔찍하게도 사랑했다고 말을 잊지를 못하셨다. 나는 너무 과한 진수성찬 밥상에 몸둘 바를 모르겠다고 말씀을 올렸다. 너무 맛있게 잘 먹었다고 말했다.

어머니께서는 나에게 차에 대하여 소상하게 말씀하셨다. 차는 이곳이 최고의 맛과 모체라고 자평하셨다. 차는 토양에 따라서도 맛과 향이 다르다고 하셨다. 차 향이 은은하면서도 아주 부드러운 맛이 일품이다.

어머님은 위암 3기인데 항암치료 끝내고 병원에서 기적적으로 많이 호전되었으니 안심해도 된다고 하셨나요?
 모친은 "그래, 염려하지 말아라! 병원에서 아주 좋아졌다고 하니까 너무 걱정하지 않아도 된다."고 하셨다. 한 달 전만 해도 자다가도 통증과 고통이 심했는데 지금은 전혀 아픔과 고통이 없다고 창백한 얼굴이지만 자신감 넘치는 표정이다. 나는 어머님께 건강을 챙겨야 한다고 하였다.
 첫째도 건강, 둘째도 건강 셋째도 건강입니다. 건강해야 모든 일이 이루어집니다. 어머니는 이별의 그늘이 얼굴에 나타나 있었다. 이별이라는 두 눈에 선명하게 쓰여 있는 것을 나는 홀로 읽고 있었다. 이별이 내 가슴을 사정없이 쥐어짜고 있었다.

"선생님. 부족한 제 딸 잘 챙겨주시고 항상 사랑해주셔서 몸둘 바를 모르겠습니다. 앞으로 이곳에 자주 오셔서 힐링도 하시고 자주 뵈면 좋겠습니다."
 그녀의 모친은 진중하게 말씀하셨다. 그리하겠다고 나는 굳게 약속했다.

8월의 생일 케이크

2025년 여름이 왔다. 유난히도 더웠던 찜통 더위는 꺽이고 가을이 왔다. 나는 64살이다. 아내는 53살이다. 내가 아내보다 11살 연상이다. 그리고 12세 외동딸을 두었다.

아내는 13년 전에 카톡 사랑으로 연극계에서 퇴사했다. 어머님 유언대로 계단식 차밭도 유산 받았다. 낡은 건축물을 개축하고 그림 같은 카페를 개업했다. 내가 사는 곳은 2017년 국가중요농업유산 제11호로 지정이 된 지역이다.

2022년에는 하동지역의 전통차 농업이 유네스코 세계중요농업유산으로 등재되어 있다. 코로나로 위기도 있었지만 좌절하지 않고 성업 중이다. 마른 대추와 수제 빵도 판다. 급경사 산비탈에 녹차밭이 펼쳐지고 아내는 동화에 나오는 그림 같은 카페와 집을 꾸몄다.

예술의 마술사답다. 그리고 그 곳은 일방 통행길이다. 비포장도로에 급경사이니 안전운전에 각별히 조심해야 된다. 주차장은 녹차밭을 뒤엎고 시멘트로 포장했다. 승용차 10여 대도 댈 수 있는 공간이 확보되어 있다.

　나는 사계절 아내와 주말 부부로 13년을 이곳에 살고 있다. 모친의 유언에 따라 아내는 "늘봄카페"를 개업한 것이다. 나는 수도권에서 기숙학원 강사라서 출퇴근이 불가했다. 더구나 전임강사를 맡고 있어서 특별한 일을 제외하고는 학원에서 수험생들과 호흡을 함께하면서 기거해야 한다.
　나는 아내에게 항상 미안하게 생각한다. 내게 과분한 소중한 복덩이다. 그래서 나는 항상 사랑을 입에 달고 산다. 함께 있는 날이면 나는 아내와 도깨비 번개여행을 즐긴다. 한밤중에 지리산을 투어한 적도 있다. 그런데 한 달에 한두 번 밖에 만날 수 없다.
　내가 집에 가는 날에는 화개장터까지 아내가 마중 나온다. 결혼식은 아직 올리지 못했지만, 항상 신혼부부같이 꿈도 많고 재미도 쏠쏠하다.

　상봉하면 늘 나는 애처로운 마음에 아내의 거친 두 손을 잡고 그리고 격하게 안는다. 아내는 많이 놀라워했다. 그러나 지금은 익숙해져서 만날 때면 아내는 두 눈에 "사랑해"라는 보석을 담고 신바람이난다. 날마다 붙어 살면 그런 감정은 없을 텐데 우리는 언제나 신혼처럼 만나면 화끈한 사랑이다.

올해에는 가마솥 같은 역대급 더위가 줄곧 이어졌다. 나는 기숙학원에 전임강사로 있어서 24시간 입시생들과 함께 호흡한 지가 20년이 넘었다. 사주에 바람 부는 대로 물 결따라 사는 인생이라고 스님이 말씀 하셨는데 맞아 떨어지는 것 같다. 아침 저녁으로 우리집 가족은 카톡으로 그리움을 노래한다. 빨리 결혼식을 간소하게라도 올려야 할 텐데!

아내의 생일은 양력 8월 7일이다. 내 생일이 음력 7월 7일이니 우연히도 올해에는 약력으로 보면 11살 연상 연하지만 같은 날 같은 시각의 출생이다. 생일 선물로 99% 순금으로 건강을 위하여 목걸이를 준비했다. 아내는 떨 듯이 기뻐하면서 목소리가 날아갈 것 같았다. 덤으로 팔지까지 해 주고 싶은데 요즘 금값이 천정 부지로 오르고 있어서 다음 기회로 생각했다. 아내가 경제권을 가지고 있어서 7돈인데 400만 원을 신용 카드로 결재했다.

여름방학은 특강이 있어서 주말 시간도 빡빡한데 시간을 냈다. 집을 향하여 자동차는 쉬지 않고 달렸다. 집으로 전화를 하니 소희가 전화를 받았다.

아차! 그런데 소희 선물을 준비하지 못했다. 소희한테 무슨 선물을 해 줄까를 물었다. 최신형 핸드폰을 갖고 싶다고 대답한다. 학년 전체에서 일등을 하면 원하는 핸드폰을 사준다고 엄마가 약속하고 지키지 않는다는 불만이 대단했다.

그리고 엄마는 생일 케이크 준비하러 읍내에 가셨다고 했다. 나는 소희에게 엄마는 약속을 지킬 것이라고 했다.

그때 한 통의 문자가 왔다.
"교통사고, 보호자 호출"/ 하동의원 응급실
나는 깜짝 놀랐다.
놀란 가슴을 쓸어내리고 차를 스포츠 모델로 변속을 했다.
차는 요란한 굉음을 내면서 고속주행을 하고 있었다.

오만가지 지나온 날들이 머리를 스쳐 지나간다.
"아내가 많이 다치지를 않기를…!
어렵게 늦은 나이에 만난 사랑입니다. 우리 가족에게 시험에 들지 않도록 하소서!
죄가 있다면 나를 벌 하소서!"
나는 심장이 멎는 충격에 가슴을 진정하면서 차는 질풍처럼 달리고 있었다.

어울림 미니 카페에서 우리의 사랑은 특별한 인연이다. 카톡에서 7년 동안 연인 같은 친구로 지내왔다. 그리고 2011년 아내가 임신하게 되면서 동거하게 되었다. 혼인신고도 했다.

그녀는 시와 예술과 문학을 사랑하는 억척같은 여인이다. 서울에서 연극인으로 살다가 나를 만나 연예계를 접고 이제는 섬진강 상류 하동의 명물 유네스코에도 등재된 계단식 녹차밭의 주인이다. 화담에서 바라보는 계단식 녹차밭 풍경이 환상이다. 그 곳에 늘봄카페가 있다. 카톡 사랑으로 우리는 주말 부부로 13년이 되었다.

 달콤한 손길로 급속 건조시킨 왕대추 맛이 언제나 변함없이 최고야!
 화담카페에서 바라보는 계단식 차밭에 늘봄 카페는 동화속에 나오는 그림같은 명품의 차 전문집이다. 우리의 따뜻한 깊은 산중에 새둥지같은 거주지이다. 나는 항상 입시인으로 시간에 쫓기는 삶이지만 쉬는날이면 가족들과 함께 지리산을 산책한다. 그리고 해마다 한 두번은 뮤지컬을 감상한다. 활짝 웃는 아내의 웃음에 피로와 스트레스가 바람처럼 사라진다.

 외동딸 소희가 러브콜을 보내왔다.
 아빠, 사랑해요.
 아빠, 힘내세요. 우리 엄마 깨어났어요

가족이라는 묵은 정원에 만개滿開한
순애보殉愛譜와 삶의 그림자
- 일검 김기덕 수필집 『나의 삶과 기행』에 붙여 -

이 충 재(시인, 문학평론가)

1. 첫 원고를 대하면서 맞닥뜨린 느낌

김기덕 작가의 수필집에 대한 원고를 읽다가 오래전 가슴을 스치고 지나갔던 양서良書들이 주마등처럼 다가와 가슴을 따스하게 어루만져 줌을 느낄 수 있었다. 원고를 읽다가 멈추기를 반복하면서 오늘날 대한민국이 직면한 사회의 편견과 외압과 장애로 인한 절대적인 불이익과 가정의 이면사("순기능적 환경"과 "역기능적 환경"의 충돌로 인하여 운명이 뒤바뀌는 숱한 현상들과 사건 사고)가 떠 올랐다.

여전히 대한민국의 가정사는 개개인에게 치명적인 불행이자 행복을 가르는 기준점이요, 대단한 영향력을 미치고 있음에 대해서 자신 있게 부인할 사람들은 없을 것이다. 그만큼 한반도가 지정학적으로나 역사적 환경적으로 쉼 없이 역경에 직면케 했다는 역사적 반증이기도 하다. 그래서 그 역기능적 가정사를 극복하고, 치유하기 위해서 필독했던 양서들이 김기덕 작가의 원고(《나의 삶과 기행》)를 읽으면서 다시 떠 오르기 시작했다.

《어머니는 누구인가》(스테판 B. 폴더), 《어머니의 노래》(이유진), 《어머니》(강상중), 《가족이라는 병》(사모주 아키코), 《가족의 두 얼굴》(최광현), 《우리가 선택한 가족》(에이미 블랙스톤), 《가족을 위로한다》(오거스터스 네이피어. 칼 휘태커), 《아름다운 가족》(버지니아 사티어) 외에도 문득 스쳐 지나가는 도서로는 《아버지의 노릇》, 《아버지의 부엌》, 《나는 아버지입니다》(딕 호이트). 《가정의 건축가인 아버지의 영성 회복》(이충재) 등이 생각난다. 이만큼 가족과 가정은 떼려야 뗄 수 없는 중요한 관계성을 낳고 있다. 이들 도서 다음으로 김기덕 작가의 수필집 《나의 삶과 기행》을 놓아도 결코 부족함이 없을 것 같다는 느낌이다. 독자들의 심금을 울리고도 남을 만큼 사실적이고도 진실적이고 교훈적인 면이 깊고 짙다.

김기덕 작가의 이번 수필집은 한마디로 설명하기에는 간단하지 않다, 한 가정의 아픈 그리고 애절한 역사 기록물이며, 작가 개인의 삶을 가로지르는 비즈니스의 성공과 실패를 가감 없이 노출시킨 용기와 결단과 김기덕 작가 한 사람의 잊을 수도 꾸며 읽힐 수도 없는 애절한 순애보殉愛譜 성격이 짙다. 마치 《사랑하였으므로 행복하였네라》(유치환)와 《그대 안에 내가 있음이여》

(이충재),《D에게 보낸 편지》(앙드레 고르),《옥중 연서》(디트리히 본회퍼),《순애보》(박계주)에 버금가는 사랑하는 이와의 변절할 수 없는 애틋한 사랑이 순수하게 읽히고 있어서 좋았다. 그 곁에 김기덕 작가의 수필집을 살짝 올려놓아도 전혀 무방할 만큼, 아름다운 사랑의 순수한 모습들이 노출되고 있어서 참으로 좋았다.

2. 김기덕 작가의 수필적 특징과 가치와 의미

이 수필집은 단순히 한 권의 일반적 도서로 구분 지울 수는 없다. 붓 가는 대로 자유 의지를 가지고 쓴 한 권의 수필집이라고 명명하기에는 작가의 삶이 주는 아픔과 고뇌와 처절할 만큼 작가를 괴롭혀 온 시대적 상황과 사업의 성공과 실패 그 이면의 역사 속으로 밀려와 수없이 많은 나날 가슴을 쳐 대기만 했던 시대적인 상황이 연출하여 낳은 인간들과의 관계성의 송곳 같은 상황들이 혐오스러울 만큼 작가를 괴롭혀 왔다는 사실이 가감 없이 기술되고 있다는 것이다.
물론 수필의 가장 아름다운 특징은 글 쓰는 이의 솔직 담백함이고, 섬세함이며 또한 자율성이다. 시와 소설은 그 문장과 단어와 수사법이란 장치로 시인이나 소설가의 삶을 숨기거나 얼마든지 피해 갈 수 있다. 그러나 수필은 그 장르에 비하여 수사법 활용이나 그 영역이 넓지 않아 금방 독자들에게 노출된다. 그 특징이 위의 수필집에 그대로 살아있어서 감동적이며 동시에 교훈적이어서 원고를 읽는 내내 눈을 뗄 수 없어 원고 전 꼭지를 집중하여 꼼꼼하게 다 읽을 수 있었다.

  동시에 순애보(사전적 의미 - "사랑을 위해 모든 것을 바치는 유형의 이야기")는 마치 한 편의 영화를 보는듯한 감동을 자아내기에 충분히 진실 되고, 순수하며 또한 애절하다. 또한 그 문장 하나하나가 마음으로 다가와 한 편의 동화나 사실적 소설로 연출되어 세상에 내놓아도 손색이 없을 듯 위대함을 느꼈다.

  오늘날처럼 사랑이 형편없이 퇴색되어 버린 시대에서, 이토록 순수하고도 진실된 영혼의 소통이 이루어질 수 있었다는 것을 두 가지로 설명할 수 있겠다. 첫째, 작가의 영혼이 맑고 순수하다는 것이고, 둘째로는 자신의 삶(처지)을 돌아보아 철저하게 자신을 내려놓을 줄 아는 겸손과 자아의 진정성이 살아 있다는 것이다.

  이처럼 한 사람의 삶과 영혼과 행위와 진실됨과 미래를 향한 비전과 확신 등 삶 하나하나를 제대로 간파하여 중심을 볼 줄 아는 선한 의식과 분별력 있는 맑은 영혼과 진실성이 아름다운 사랑으로 연결되어 한 사람을 살리고 아름다운 가정을 이룰 수 있었다는 여인을 향한 존경심이 돋보이기도 하였다.

  오늘날처럼 재고 또 재고 쉬 평가하고, 외형에만 반하여 프러

포즈하는 통에 이혼율이 세계에서 가장 높다는 부끄러운 평가를 받고 있지를 않은가. 김기덕 작가의 순애보는 많은 독자에게 특히 연인들에게 읽혀 참사랑을 배워가는 귀한 교훈서로의 역할을 하기에 필요 충분조건을 모두 갖춘 대표적인 순애보라고도 할 수 있다.

또한 김기덕 수필의 특징은 실패가 성공의 어머니라는 옛 명언에 부흥하는 용기 있는 도전 의식을 심어주고 있으며, 자신의 가정사를 블라인드 하나 장치하지 않고 가장 솔직하게 드러내 대한민국의 아픈 가정사를 치유하고 회복할 수밖에 없는 당위성을 많은 독자에게 제공해 주고 있다는 점에서도 그 어느 도서보다도 훌륭하고 모범이 될 요소를 충분히 갖추고 있다고 할 수 있다.

이 수필집에 수록된 모든 꼭지의 사연들 어느 하나 소홀이 읽고 가볍게 평가할 수 없는 작품들로 가득하다. 그럼에도 불구하고 기억 속에 오래 남겨 두고 싶은 작품들이 눈에 띄는 것은 어쩔 수 없는 사실이다. 〈우리 가족 & 역사의 향기〉, 〈모정의 혼불〉, 〈신혼여행〉, 〈신혼의 아침〉, 〈제29회 행정고등고시〉, 〈나만의 사랑과 행복〉, 〈여행의 맛과 삼부 과외〉, 〈어머니 전상서〉, 〈왕 선생님과 나의 일기장〉, 〈사랑이 싹트는 소리〉, 〈은밀한 사랑의 카톡〉, 〈늦깎이 사랑〉, 〈산중 휴게소에서의 사랑〉, 〈8월의 생일 케이크〉 등은 감상 내내 마음을 울리는 서사적 숙명이 드러나 있어서 큰 감동의 울림통이 되어 다가왔다.

3. 수필집 감상을 모두 마치고 김기덕 작가를 생각하며

이 한 권의 수필집에는 작가의 인생이 고스란히 녹아 있음을 발견할 수 있었다. 한 사람의 인생 드라마 즉 인생 자서전이며 또한 평전을 감상하는 듯한 느낌을 지울 수가 없었다.

단순히 말로만 설명할 수도 없을 만큼 한 사람의 삶의 운명과 숙명이 씨줄 날줄이 되어 지금까지의 삶을 이끌어 올 수 있었다는 것만으로도 충분히 감동적이다. 이 한 권의 도서로 한 사람 가장의 삶을 다루기에는 평자의 입장에서 평가하건대 작가의 삶이 주는 애환과 고통과 실패와 성공의 입체적 삶과 그 모든 것을 포용하여 사랑할 줄 아는 진정한 사랑이 생생하게 기술되어 있어서 시리즈로 출간이 되어도 좋겠다고 생각한다. 뿐만 아니라 각본으로 연출되어 극장에서 연극 혹은 영화로 상영이 되어도 손색이 없을 만큼 감동적이다.

왜 이러한 도서가 집필 출간되어야 하며, 많은 독자에게 반드시 읽혀야 하는가에 대한 당위성을 다섯 가지 이유로 설명해 보기로 한다.

첫째, 김기덕 작가가 자신의 치부가 될 수 있는 부자연스러운 건강 문제(소아마비)로 인해 세속적 성공의 장애가 되었음에도 불구하고 긍정적인 마음으로 극복하고 더 나은 비전을 제시하고 노력하여 나름대로 성공의 단맛을 느끼는 삶을 경험하였다는 것이다. 둘째로는 많은 사람이 실패한 뒤에 절망과 낙담으로 인하여 인생을 포기하거나 주저앉아 더 이상 일어서지 못하게 되는 경우를 많이 목격하는데도 불구하고 저자는 굳은 신념으로 극복하고 더 높은 곳을 향하여 도약하는 에너지를 재충전시키는 용기 있고, 신념과 의지가 있는 삶을 살았다는 것이다. 셋째는 당시의 군부라는 정치적 압력으로 더 이상의 의지를 펼 수 없을 것 같은 시대적 상황에 굴하지 않고, 자기 삶을 정면으로 돌파하여 당당하게 자기 삶을 개혁해 나갔다는 의지의 표상이다. 넷째로는 편견과 맞닥뜨려 당당히 승리를 거머쥐었다는 것이다. 대한민국은 여전히 편견의 지배를 받아 많은 불온한 형편의 사람들이 불이익을 받아 오고 있음이 사실이다. 그러나 저자는 그 불편한 세속적 편견과 당당히 겨루어 자신의 인생을 성공시킨 장본인이다. 다섯째로는 사랑이다. 그 누구도 모방할 수 없는 순애보의 주인공으로의 삶을 살아오고 계신다는 것이 그 이유다. 온갖 어려움을 극복하게 한 사랑하는 여인의 친밀한 관계성과 기다려줌과 솔직한 고백과 독려와 사랑으로 한 영혼을 거듭나게 하는 동력과 동기를 잃지 않고 끌어안을 수 있는 절호의 기회를 잡을 수 있는 목표가 분명한 삶의 주인공이라는 점이다.

위의 다섯 가지 이유로 인하여 위의 자전적 수필은 많은 독자를 향하여 그리고 온 지구 가족들에게 널리 읽혀야 할 당위성을 낳고 있다. 온 인류는 점점 망가지고 질서가 깨지고 인성이 형편

없이 망가지고 있어 동물적 근성이 은근히 도지고 있는 상황이 설정되어 가고 있다. 사회적으로는 불신이 도를 넘어서고 있으며, 탐욕이 순수 목적을 잠식하여 법이 무색해지고 있으며, 경제를 구축하는 데도 일정 분량의 상도가 있는 법인데, 그 순응주의가 외면당하고 있다. 이 모두가 무분별한 성공 주의(물적 성취에 초점을 맞춘 성공 주의)가 만연한 탓이기도 하다. 사랑은 또 어떤가. 순정이 침탈당하고 혼전 성관계가 아무렇지 않게 자행되고 있으며, 서로에 대한 신뢰를 바탕으로 한 사랑이 사라지고, 외연적인 평가로 쉬 하나가 되었다가 죄의식을 잃은 채 이혼을 반복하는 불온한 시대에서 건강한 가족관계를 회복해야 함에 있어서 바람직한 대안을 제시하는 지침서이자 본을 보여 주는 삶의 자료로 평가하기에 전혀 손색이 없다. 이렇듯 인류를 향하여 가감 없이 자아를 살리고. 가정을 살리고, 편견을 버리고, 궁극적 의지를 부활시켜 자신이 목적한 바를 당당히 이루어 나가는 그런 사람들이 의기소침한 모습을 버리고 자신 있게 살아갈 수 있는 기회를 제공해야 하는 테스트 북으로 평가받아도 전혀 손색遜色이 없다.

김기덕 작가의 이 한 권의 자전 수필이 빛을 잃고 방황하는 세상을 향해 점점 더 빛을 밝히는 별과 달과 햇빛의 역할을 충분히 해 내기를 기대하고 확신한다. 김기덕 작가의 더 이상의 삶이 소개되지 않는다 치더라도 이 한 권의 수필집으로도 충분히 그 역할을 감당할 수 있다고 장담하고 확신하는 이유다.

이 한 권의 자전적 수필을 통하여 우리는 다시 한번 가정의 소중함과 사랑의 애틋함과 부부의 역할과 가치 추구와 건강한 성공담과 사업의 올바른 목적성과 인간 평등성을 잊지 않고 마음에 새겨야 비로소 가정 해체의 수준을 차단시킬 수 있으며 천민 자본주의로부터 가족과 인성을 보호하고, 건강한 자아와 건전한 사회를 재구성하고 지지키고 회복시킬 수 있게 된다.

"여자는 태어나는 것이 아니라 만들어지는 것이다"라는 시몬 느 드 보부아르의 말처럼, "남자(아버지)도 역시 태어나는 것이 아니라 만들어지는 것이다(아리스토텔레스)." 처럼 서로 노력하여 성숙 되고 끊임없이 성장하는 가치 있는 삶을 살도록 애써야 한다. 그렇게 할 때 김기덕 작가의 귀한 고백의 서책가 빛을 발할 수 있으리라 확신한다.

『아버지로 산다는 것』의 저자 카를 게바우어의 고백도 이와 같은 맥락에서 아버지는 태어나는 게 아니라 만들어지는 것이며 동시에 낡은 기억 속 아버지들의 이미지를 버리고, 김기덕 작가와 같은 건강하고도 의미 있는 삶을 살아갈 수 있다면, 충분히 건강한 가족관계를 재구축하고, 행복한 삶을 살기에 부족함이 없으리라. 결코 흔들림 없는 가족관계, 건강한 자아, 만민이 부러워하는 사랑 관계를 위한 튼실한 주춧돌을 놓을 수 있으리라 확신한다.

한 사람의 남성, 한 사람의 가장, 한 사람의 사업가, 한 사람의 교사, 한 사람의 개인으로서의 본을 충분히 보여 준 김기덕 작가의 이 한 권의 수필집이 대한민국 모든 독자에게 널리 소개되고 읽혀 전적으로 타락한 분위기를 차단하고 속히 회복되기를 간절히 기원한다.

나의 삶과 기행

초판 인쇄 | 2025년 10월 21일
초판 발행 | 2025년 10월 27일

지은이　김기덕
펴낸곳　다솜미디어
펴낸이　박미옥

주소　서울·중구 충무로5길 2, 502호
전화　02-2269-9885
팩스　02-2273-3198
이메일　ample2485@naver.com

ISBN　979-11-987082-9-8(03800)
값 18,000원

• 무단 전재 및 복제를 금하며 잘못된 책은 교환해 드립니다.
• 저자와 협의로 인지는 생략합니다.